ABD-RU-SHIN

IM LICHTE DER WAHRHEIT

GRALSBOTSCHAFT

Band I

VERLAG ALEXANDER BERNHARDT
VOMPERBERG · TIROL

EINFÜHRUNG

Die Gralsbotschaft von Abd-ru-shin richtet sich an den Einzelmenschen ohne Rücksicht auf Religion, Glaubensbekenntnis, Nationalität oder Rasse, weil er allein auch die Verantwortung zu tragen hat für alles, was er denkt, sagt und tut.

Die Gralsbotschaft vermittelt das Wissen vom Aufbau der Schöpfung. In einfachen Worten erklärt sie lückenlos die Zusammenhänge und gibt einen umfassenden Überblick über das Schöpfungsgeschehen. Durch die Kenntnis der vollkommenen und damit auch Willkürakte ausschließenden Schöpfungsgesetze öffnet sich dem Menschen das befreiende Verständnis des Weltgeschehens.

Die Gralsbotschaft gibt eingehende Erklärungen, was der freie Wille des Menschen wirklich ist, was Verstand und Empfindung, Seele und Geist bedeuten, welche Aufgaben sie haben und in welchem Verhältnis sie zueinander stehen.

Die Gralsbotschaft behandelt klar und sachlich wichtige Fragen, die den suchenden Menschen bewegen: Sinn und Zweck des Daseins, das Schicksal, die Erbsünde, Geburt und Tod, das Jenseits, die Inkarnation und die Reinkarnation, das Sexualproblem, die Ehe, das Geheimnis Luzifer, das Jüngste Gericht, die Weltenwende, der Heilige Gral, die Gralsburg, die Mission und der Kreuzestod des Gottessohnes Jesus und die Mission des verheißenen Menschensohnes Imanuel.

Die Gralsbotschaft steht selbstverständlich voll und ganz auf dem Boden der reinen und unverfälschten Lehre Christi. Sie vermittelt dem Menschen ein Wissen, das ihm jene Sicherheit gibt, aus der anstelle eines unsicheren Glaubens die heute notwendige Überzeugung wächst.

Abd-ru-shin, »Im Lichte der Wahrheit« Gralsbotschaft. Taschenbuch-Ausgabe, Band I. 13. Auflage 1989. Verlag Alexander Bernhardt, Vomperberg, Tirol. In Lizenz herausgegeben von der Stiftung Gralsbotschaft, Stuttgart, Bundesrepublik Deutschland, und ihres Verlages.

Druck der Offizin Chr. Scheufele, Stuttgart. Printed in Germany.

ISBN 3-87860-172-7

VERZEICHNIS DER VORTRÄGE

Band I

Um das Wissen der Gralsbotschaft besser erfassen zu können, empfiehlt der Verfasser, die nachfolgenden Vorträge in ihrer Reihenfolge zu lesen und nicht einzelne Vorträge herauszusuchen, um danach das Werk beurteilen zu wollen.

Verzeichnis der Vorträge von Band II und III im Anhang.

LÖSE DICH VON ALLEM DUNKEL!

WER SICH NICHT MÜHT,

DAS WORT DES HERRN AUCH RICHTIG

ZU ERFASSEN,

MACHT SICH SCHULDIG!

ZUM GELEITE!

Die Binde fällt, und Glaube wird zur Überzeugung. Nur in der Überzeugung liegt Befreiung und Erlösung!

Ich spreche nur zu denen, welche ernsthaft suchen. Sie müssen fähig und gewillt sein, sachlich dieses Sachliche zu prüfen! Religiöse Fanatiker und haltlose Schwärmer mögen ferne davon bleiben; denn sie sind der Wahrheit schädlich. Böswillige aber und die Unsachlichen sollen in den Worten selbst ihr Urteil finden.

Die Botschaft wird nur solche treffen, die noch einen Funken Wahrheit in sich tragen und die Sehnsucht, wirklich Mensch zu sein. Allen denen wird sie auch zur Leuchte und zum Stab. Ohne Umwege führt sie heraus aus allem Chaos jetziger Verwirrung.

Das nachstehende Wort bringt nicht eine neue Religion, sondern es soll die Fackel sein für alle ernsten Hörer oder Leser, um damit den rechten Weg zu finden, der sie zur ersehnten Höhe führt.

Nur wer sich selbst bewegt, kann geistig vorwärts kommen. Der Tor, der sich dazu in Form fertiger Anschauungen fremder Hilfsmittel bedient, geht seinen Pfad nur wie auf Krücken, während die gesunden eignen Glieder dafür ausgeschaltet sind.

Sobald er aber alle Fähigkeiten, welche in ihm seines Rufes harrend schlummern, kühn als Rüstzeug zu dem Aufstiege verwendet, nützt er das ihm anvertraute Pfund nach seines Schöpfers Willen und wird alle Hindernisse spielend überwinden, die ablenkend seinen Weg durchkreuzen wollen.

Deshalb erwacht! Nur in der Überzeugung ruht der rechte Glaube, und Überzeugung kommt allein durch rücksichtsloses Abwägen und Prüfen! Steht als Lebendige in Eures Gottes wundervoller Schöpfung!

Abd-ru-shin

WAS SUCHT IHR?

Was sucht Ihr? Sagt, was soll das ungestüme Drängen? Wie ein Brausen geht es durch die Welt, und eine Sturmflut Bücher überschüttet alle Völker. Gelehrte graben in den alten Schriften, forschen, grübeln bis zu geistiger Ermattung. Propheten tauchen auf, zu warnen, zu verheißen... von allen Seiten will man plötzlich wie im Fieber neues Licht verbreiten!

So tobt es zur Zeit über die durchwühlte Menschheitsseele hin, nicht labend und erquickend, sondern sengend, zehrend, saugend an der letzten Kraft, die der zerrissenen in dieser Düsterheit der Gegenwart noch blieb.

Auch regt sich hier und da ein Flüstern, Raunen von wachsender Erwartung irgend etwas Kommendem. Unruhig ist ein jeder Nerv, gespannt von unbewußtem Sehnen. Es wallt und wogt, und über allem lagert düster brütend eine Art Betäubung. Unheilschwanger. Was *muß* sie gebären? Verwirrung, Kleinmut und Verderben, wenn nicht kraftvoll die dunkle Schicht zerrissen wird, die geistig jetzt den Erdenball umhüllt, die mit der weichen Zähigkeit des schmutzigen Morastes jeden aufsteigenden freien Lichtgedanken aufnimmt und erstickt, bevor er stark geworden ist, die mit dem unheimlichen Schweigen eines Sumpfes jedes gute Wollen schon im Keime unterdrückt, zersetzt, vernichtet, ehe eine Tat daraus erstehen kann.

Der Schrei der Suchenden nach Licht aber, der Kraft birgt, um den Schlamm zu spalten, er wird abgeleitet, verhallt an einem undurchdringlichen Gewölbe, das gerade die mit Fleiß errichten, die zu helfen wähnen. *Sie bieten Steine statt des Brotes!*

Seht Euch die unzähligen Bücher an:

Der Menschengeist wird durch sie nur ermüdet, nicht belebt! Und das ist der Beweis der Unfruchtbarkeit alles Dargebotenen. Denn was den Geist ermüdet, ist niemals das Rechte.

Geistiges Brot erfrischt unmittelbar, Wahrheit erquickt, und Licht belebt!

Einfache Menschen müssen doch verzagen, wenn sie sehen, welche Mauern um das Jenseits durch die sogenannte Geisteswissenschaft errichtet werden. Wer von den Einfachen soll die gelehrten Sätze, wer die fremden Ausdrucksweisen fassen? Soll denn das Jenseits nur für Geisteswissenschaftler gelten?

Man spricht dabei von Gott! Soll eine Hochschule errichtet werden, um darin erst die Fähigkeiten zu erlangen, den Begriff der Gottheit zu erkennen? Wohin treibt diese Sucht, die zu dem größten Teile nur im Ehrgeiz wurzelt?

Wie Trunkene taumeln die Leser und die Hörer von der einen Stelle zu der anderen, unsicher, unfrei in sich selbst, einseitig, da sie von dem schlichten Wege abgeleitet wurden.

Hört es, Verzagende! Schaut auf, Ihr ernsthaft Suchenden: *Der Weg zum Höchsten liegt bereit vor jedem Menschen! Gelehrsamkeit ist nicht das Tor dazu!*

Wählte Christus Jesus, dieses große Vorbild auf dem wahren Weg zum Lichte, seine Jünger unter den gelehrten Pharisäern? Unter Schriftenforschern? Er nahm sie aus der Schlichtheit und der Einfachheit heraus, weil sie nicht anzukämpfen hatten gegen diesen großen Irrtum, daß der Weg zum Licht mühselig zu erlernen ist und schwer sein muß.

Dieser Gedanke ist der größte Feind des Menschen, er ist Lüge!

Deshalb zurück von aller Wissenschaftlerei, dort, wo es um das Heiligste im Menschen geht, das *voll erfaßt* sein will! Laßt ab, weil Wissenschaft als Machwerk menschlichen Gehirnes Stückwerk ist und Stückwerk bleiben muß.

Bedenkt, wie sollte mühselig erlernte Wissenschaft zur Gottheit führen? *Was ist denn Wissen überhaupt?* Wissen ist, was das Gehirn begreifen kann. Wie eng begrenzt ist aber das Begriffsvermögen des Gehirns, das fest an Raum und Zeit gebunden bleibt. Schon Ewigkeit und den Sinn für Unendlichkeit vermag ein menschliches Gehirn nicht zu erfassen. Gerade das, was mit der Gottheit untrennbar verbunden ist.

Still aber stehet das Gehirn vor jener unfaßbaren Kraft, die alles Seiende durchströmt, aus der es selbst sein Wirken schöpft. Die Kraft, die alle täglich, stündlich, jeden Augenblick empfinden als etwas Selbstverständliches, die auch die Wissenschaft stets als bestehend anerkannte und die man doch mit dem Gehirn, also dem Wissen und Verstand, vergebens zu erfassen, zu begreifen sucht.

So mangelhaft ist nun die Tätigkeit eines Gehirns, des Grundsteines und Werkzeuges der Wissenschaft, und die Beschränkung zieht sich naturgemäß auch durch die Werke, die es baut, also durch alle Wissenschaften selbst. Deshalb ist Wissenschaft wohl gut für *Nachfolge*, zum besseren Verstehen, Einteilen und Sortieren alles dessen, was sie von der vorangehenden Schöpfungskraft fertig empfängt, doch sie muß unbedingt versagen, wenn sie sich selbst zur Führerschaft oder Kritik aufwerfen will, solange sie sich wie bisher so fest an den Verstand, also an das Begriffsvermögen des Gehirnes bindet.

Aus diesem Grunde bleibt Gelehrsamkeit und auch die Menschheit, die sich darnach richtet, stets an Einzelheiten hängen, während jeder Mensch das große, unfaßbare Ganze als Geschenk in sich trägt, vollauf befähigt, ohne mühsames Erlernen das Edelste und Höchste zu erreichen!

Deshalb hinweg mit dieser unnötigen Folter einer Geistessklaverei! Der große Meister ruft uns nicht umsonst entgegen: »Werdet wie die Kinder!«

Wer in sich festes Wollen zu dem Guten trägt und sich bemüht, seinen Gedanken Reinheit zu verleihen, *der hat den Weg zum Höchsten schon gefunden!* Ihm wird dann alles andere zuteil. Dazu bedarf es weder Bücher noch geistiger Anstrengung, weder einer Askese noch Vereinsamung. Er wird gesund an Körper und an Seele, befreit von allem Druck krankhafter Grübelei; denn jede Übertreibung schadet. Menschen sollt Ihr sein, nicht Treibhauspflanzen, die durch einseitige Ausbildung dem ersten Windhauche erliegen!

Wacht auf! Seht um Euch! Höret in Euch! Das allein vermag den Weg zu öffnen!

Achtet nicht auf Streit der Kirchen. Der große Wahrheitsbringer Christus Jesus, die Verkörperung göttlicher Liebe, fragte nicht nach Konfession. Was sind Konfessionen heute überhaupt? Bindung des freien Menschengeistes, Versklavung des in Euch wohnenden Gottesfunkens; Dogmen, die das Werk des Schöpfers und auch dessen große Liebe einzuengen suchen in von Menschensinn gepreßte Formen, was Herabzerrung des Göttlichen bedeutet, systematische Entwertung.

Jeden ernsthaft Suchenden stößt diese Art zurück, da er in sich niemals die große Wirklichkeit dabei erleben kann, wodurch sein Sehnen nach der Wahrheit immer hoffnungsloser wird und er zuletzt an sich und an der Welt verzweifelt!

Deshalb wachet auf! Zertrümmert in Euch dogmatische Mauern, reißt die Binde ab, damit das reine Licht des Höchsten unverstümmelt zu Euch dringen kann. Aufjauchzend wird dann Euer Geist sich in die Höhe schwingen, jubelnd all die große Vaterliebe fühlen, die keine Grenzen irdischen Verstandes kennt. Ihr wißt endlich, Ihr seid ein Stück von ihr, erfaßt sie mühelos und ganz, vereint Euch mit ihr und gewinnt so täglich, stündlich neue Kraft als ein Geschenk, das Euch den Aufstieg aus dem Chaos selbstverständlich macht!

DER SCHREI NACH DEM HELFER

SEHEN wir uns einmal alle Menschen näher an, die heute ganz besonders lebhaft einen geistigen Helfer suchen, die innerlich gehoben ihn erwarten. Nach ihrer Meinung sind sie selbst schon geistig gründlich vorbereitet, ihn zu erkennen und sein Wort zu hören!

Was wir bei ruhiger Betrachtung sehen, sind sehr viele Spaltungen. Die Sendung Christi hat zum Beispiel auf so viele Menschen sonderbar gewirkt. Sie schufen sich ein falsches Bild davon. Ursache dazu war, wie üblich, unrichtige Selbsteinschätzung, Überhebung.

An Stelle der früheren Ehrfurcht und Bewahrung einer selbstverständlichen Kluft und scharfer Abgrenzung zu ihrem Gott ist auf der einen Seite winselndes Betteln getreten, das immer nur empfangen, um keinen Preis aber selbst etwas dabei tun will. Das »bete« nahmen sie wohl auf, aber daß dabei noch »und arbeite« vorhanden ist, »arbeite an Dir selbst«, das wollen sie nicht wissen.

Auf der anderen Seite wieder glaubt man so selbständig zu sein, so unabhängig, daß man alles selbst tun kann und mit einiger Mühe sogar göttlich wird.

Es gibt auch viele Menschen, die nur fordern und erwarten, daß Gott ihnen nachzulaufen hat. Da er ja schon einmal seinen Sohn sandte, lieferte er damit den Beweis dafür, wie sehr ihm daran gelegen ist, daß die Menschheit sich ihm nähert, ja, daß er sie wahrscheinlich sogar braucht!

Wohin man blickt, dort ist in allem nur noch Anmaßung zu finden, keine Demut. Es fehlt die rechte Selbsteinschätzung. –

In erster Linie wird notwendig, daß der Mensch heruntersteigt von seiner künstlichen Höhe, um *wirklich Mensch* sein zu können, um als *solcher* seinen Aufstieg zu beginnen.

Er sitzt heute am Fuße des Berges geistig aufgeblasen auf einem Baume, anstatt mit beiden Füßen fest und sicher auf dem Erdboden zu stehen. Deshalb wird er auch nie den Berg ersteigen können, wenn er nicht vorher von dem Baume herunterklettert oder stürzt.

Unterdessen sind aber dann wahrscheinlich alle die, welche ruhig und vernünftig auf der Erde unter seinem Baume ihren Weg schritten und auf die er hochmütig herabsah, oben auf dem Gipfel angekommen.

Aber das Geschehen kommt ihm dabei zu Hilfe; denn der Baum *wird* stürzen, in ganz naher Zeit. Vielleicht besinnt sich dann der Mensch noch einmal eines Besseren, wenn er so unsanft von schwankender Höhe auf den Boden kommt. Dann ist es aber für ihn die allerhöchste Zeit, nicht eine Stunde bleibt ihm dabei zu versäumen übrig.

Jetzt denken viele, daß es in dem Schlendrian so weitergehen kann, wie es Jahrtausende gegangen ist. Breit und behaglich sitzen sie in ihren Sesseln und erwarten einen starken Helfer.

Doch *wie* stellen sie sich diesen Helfer vor! Es ist tatsächlich zum Erbarmen.

In erster Linie erwarten sie von ihm oder, sagen wir nur ganz richtig, *fordern* sie von ihm, daß *er* einem jeden einzelnen dessen Weg empor zum Licht bereitet! *Er* hat sich zu bemühen, Brücken für die Anhänger *jeder* Konfession nach dem Wege der Wahrheit zu schlagen! *Er* hat es so leicht und verständlich zu machen, daß es ein jeder mühelos verstehen kann. Seine Worte müssen so gewählt sein, daß deren Richtigkeit groß und klein aller Stände ohne weiteres überzeugt.

Sobald der Mensch sich selbst dabei bemühen und selbst denken muß, dann ist es nicht ein rechter Helfer. Denn wenn er berufen ist, durch sein Wort führend den rechten Weg zu zeigen, so muß er sich natürlich auch um die Menschen bemühen. *Seine* Sache ist es, die Menschen zu überzeugen, zu erwecken! Christus ließ ja auch sein Leben.

Die heute also denken, und es sind viele, die dazu gehören, die brauchen sich nicht erst zu bemühen, denn sie gleichen den törichten Jungfrauen, gehen dem »Zu spät« entgegen!

Der Helfer weckt sie sicher *nicht*, sondern wird sie ganz ruhig weiterschlafen lassen, bis das Tor geschlossen ist und sie nicht Einlaß finden können in das Licht, da sie sich nicht zu rechter Zeit aus dem Bereich der Stofflichkeit befreien können, wozu das Wort des Helfers ihnen den Weg wies.

Denn der Mensch ist nicht so wertvoll, wie er es sich eingebildet hat. Gott braucht ihn nicht, er aber seinen Gott!

Da die Menschheit in ihrem sogenannten Fortschritt heute nicht mehr weiß, was sie eigentlich *will*, wird sie endlich erfahren müssen, was sie *soll!*

Die Sorte Menschen wird suchend und auch überlegen kritisierend vorübergehen, wie auch so viele damals schon an *dem* vorübergingen, auf dessen Kommen alles durch die Offenbarungen schon vorbereitet war.

Wie kann man einen geistigen Helfer *so* sich denken!

Er wird der Menschheit *keinen Fußbreit* irgendwelche Konzessionen machen und *fordern* überall, wo man erwartet, daß er gibt!

Der Mensch jedoch, der ernsthaft denken kann, der wird sofort erkennen, daß *gerade in dem strengen, rücksichtslosen Fordern* eines aufmerksamen Denkens das Beste liegt, was die so tief in ihre Geistesträgheit schon verstrickte Menschheit zur Errettung braucht! Gerade damit, daß ein Helfer für das Verstehen seiner Worte von vornherein geistige Regsamkeit verlangt und *ernstes* Wollen, Sichbemühen, trennt er spielend Spreu von Weizen schon bei dem Beginn. Es liegt darin ein selbsttätiges Wirken, wie es in den göttlichen Gesetzen ist. Es wird den Menschen auch hierin genau nach dem, wie sie es wirklich wollen. –

Nun gibt es aber auch noch eine Sorte Menschen, die sich ganz besonders rege dünken!

Diese haben sich von einem Helfer natürlich ein ganz anderes Bild entworfen, wie man aus Berichten lesen kann. Es ist jedoch nicht weniger grotesk; denn sie erwarten darin einen ... Geistesakrobaten!

Es wird ja sowieso von Tausenden schon angenommen, daß Hellsehen und Hellhören, Hellempfinden usw. großer Fortschritt wäre, der es in Wirklichkeit jedoch *nicht* ist. Derartiges Angelernte, Großgezogene, sogar das als Begabung Mitgebrachte, kann sich niemals über diesen Erdenbann erheben, bewegt sich also nur in niederen Grenzen, die auf Höhe niemals Anspruch machen können und deshalb ziemlich wertlos sind.

Will man der Menschheit etwa *damit* zum Aufstiege verhelfen, wenn man ihr die gleichstufigen feinstofflichen Dinge zeigt oder sie sehen, hören lehrt?

Dies hat mit eigentlichem Aufstiege des Geistes nichts zu tun. Ebensowenig Zweck für irdisches Geschehen! Es sind geistige Kunststückchen, nichts weiter, für Einzelmenschen interessant, für die gesamte Menschheit *aber ohne jeden Wert!*

Daß alle solche sich auch einen gleichartigen Helfer wünschen, der es schließlich besser kann als sie, ist ja ganz leicht verständlich. –

Doch es gibt eine große Zahl, die darin noch viel weiter gehen, bis ins Lächerliche. Und die es damit trotzdem bitter ernst nehmen.

Diesen gilt zum Beweis der Helferschaft zum Beispiel auch als Grundbedingung, daß sich ein Helfer... nicht erkälten darf! Wer sich erkälten kann, der ist schon abgetan; denn das entspricht nach deren Meinung nicht einem idealen Helfer. Ein Starker muß auf alle Fälle und in erster Linie mit seinem Geiste über diese Kleinigkeiten ganz erhaben sein.

Das klingt vielleicht etwas gemacht und lächerlich, aber es ist nur Tatsachen entnommen und bedeutet eine schwache Wiederholung des einstmaligen Rufes: »Bist Du Gottes Sohn, so hilf Dir selbst und steig herab vom Kreuze.« – Das schreit man heute schon, bevor ein derartiger Helfer überhaupt in Sicht ist!

Arme, unwissende Menschen! Der, der seinen Körper so *einseitig* erzieht, daß er unter der Gewalt des Geistes zeitweise unempfindlich wird, der ist mitnichten ein hervorragender Großer. Die ihn bewundern, gleichen Kindern früherer Jahrhunderte, welche mit offenen Mäulchen und glänzenden Augen den Verrenkungen herumziehender Spaßmacher folgten, wobei der brennende Wunsch in ihnen wach wurde, auch solches tun zu können.

Und wie die Kinder damals auf diesem ganz *irdischen* Gebiete, nicht weiter sind sehr viele sogenannte Geistes- oder Gottsucher der Jetztzeit auf dem *geistigen* Gebiete!

Denken wir doch einmal weiter: Fahrendes Volk der alten Zeiten, von dem ich soeben sprach, entwickelte sich mehr und mehr, wurde zu Akrobaten in den Zirkussen, in den Varietés. Ihr Können wuchs ins Ungeheuerliche, und täglich sehen Tausende verwöhnter Menschen heute noch mit immer neuem Staunen und oft innerem Erschauern diese Darbietungen an.

Doch haben sie dabei *für sich Gewinn* davon? Was nehmen sie nach solchen Stunden mit? Trotzdem so mancher Akrobat bei seinen Darbietungen auch das Leben wagt. Nicht das geringste; denn auch in der höchsten Vollendung werden alle diese Dinge *immer* nur im Rahmen der Varietés und Zirkusse verbleiben müssen. Sie werden immer nur zur Unterhaltung dienen, doch nie zu einem Vorteil für die Menschheit führen.

Ein *derartiges* Akrobatentum auf *geistigem* Gebiete aber sucht man jetzt als Maßstab für den großen Helfer!

Laßt solchen Menschen die geistigen Clowns! Sie werden bald genug erleben, wohin solches führt! Sie wissen auch nicht, *was* sie eigentlich damit erstreben. Sie wähnen: Groß ist nur der, dessen Geist den Körper so beherrscht, daß dieser Krankheit nicht mehr kennt!

Jede derartige Ausbildung ist einseitig, und Einseitigkeit bringt nur Ungesundes, Krankes! Es wird mit diesen Dingen nicht der *Geist gestärkt*, sondern der *Körper nur geschwächt!* Das notwendige Gleichmaß für gesunde Harmonie zwischen dem Körper und dem Geiste wird verschoben, und das Ende ist, daß sich zuletzt ein solcher Geist viel früher loslöst von dem mißhandelten Körper, der für ihn nicht mehr die kraftvolle, gesunde Resonanz gewähren kann für irdisches Erleben. Dieses aber *fehlt* dem Geiste dann, und er kommt *unreif* in das Jenseits. Er wird sein Erdensein *noch einmal* leben müssen.

Es sind geistige Kunststückchen, nichts weiter, die auf Kosten des irdischen Körpers gehen, welcher dem Geiste in Wirklichkeit *helfen* soll. Der Körper *gehört* zu einer Epoche der Entwickelung des Geistes. Wird er aber schwach gemacht und unterdrückt, so kann er auch dem Geiste nicht viel nützen; denn seine Ausstrahlungen sind zu matt, um diesem die Vollkraft in der Stofflichkeit zu bringen, die er nötig hat.

Will ein Mensch eine Krankheit unterdrücken, so muß er geistig den Druck einer Ekstase auf den Körper herbeiführen, ähnlich wie im Kleinen Furcht vor dem Zahnarzt die Schmerzen verdrängen kann.

Solch hohe Erregungszustände hält ein Körper ungefährdet wohl einmal, vielleicht auch mehrere Male aus, aber nicht für die Dauer, ohne ernsthaft Schaden zu leiden.

Und wenn *das* ein Helfer macht oder rät, so ist er nicht wert, ein Helfer zu sein; denn er verstößt damit gegen die natürlichen Gesetze in der Schöpfung. Der Erdenmensch soll seinen Körper als ein ihm anvertrautes Gut bewahren und die gesunde Harmonie zwischen dem Geiste und dem Körper herbeizuführen suchen. Wird diese durch einseitige Unterdrückung gestört, so ist das kein Fortschritt, kein Aufstieg, sondern ein einschneidendes Hemmnis zur Erfüllung seiner Aufgabe auf Erden, wie überhaupt *in der Stofflichkeit.* Die Vollkraft des Geistes im Hinblick auf seine Wirkung *in der Stofflichkeit* geht dabei verloren, weil er dazu auf jeden Fall die Kraft eines nicht unterjochten, sondern mit dem Geiste harmonisierenden Erdenkörpers braucht!

Der, den man auf Grund solcher Dinge Meister nennt, ist weniger als Schüler, der die Aufgaben des Menschengeistes und dessen Entwickelungsnotwendigkeiten gar nicht kennt! Er ist sogar ein Schädling für den Geist.

Sie werden bald genug schmerzlich zu der Erkenntnis ihrer Torheit kommen.

Ein jeder falsche Helfer aber wird *bittere* Erfahrung machen müssen! Sein Aufstieg in dem Jenseits kann erst *dann* beginnen, wenn auch der *Letzte* aller derer, die er durch Geisteständeleien aufgehalten hat oder gar irreführte, zur Erkenntnis kam. Solange seine Bücher, seine Schriften hier auf Erden weiter wirken, wird er drüben festgehalten, auch wenn er unterdessen dort zu besserer Erkenntnis kam.

Wer zu okkulten Schulungen anrät, der gibt den Menschen Steine anstatt Brot und zeigt damit, daß er nicht einmal eine Ahnung von dem *wirklichen* Geschehen in dem Jenseits hat, noch weniger vom ganzen Weltgetriebe!

DER ANTICHRIST

MENSCHEN! Wenn die Stunde kommt, in der nach göttlichem Willen die Reinigung und Trennung auf der Erde vor sich gehen muß, so achtet auf die Euch verheißenen, zum Teile überirdischen Zeichen *am Himmel!*

Laßt Euch dann nicht irremachen von *den* Menschen und auch Kirchen, die sich lange schon dem Antichrist ergaben. Traurig ist es, daß nicht einmal Kirchen bisher wußten, *wo* sie diesen Antichrist zu suchen hatten, der doch schon so lange mitten unter allen Menschen wirkt. Ein wenig Wachsein, und sie mußten es erkennen! Wer kann denn antichristlicher noch handeln als die, die *Christus selbst* damals bekämpften und auch zuletzt mordeten! Wer konnte schlimmer und auch deutlicher als Gegenchrist sich zeigen!

Es waren Träger und Vertreter der irdischen Religion, denen die *wahrhaftige* Gottlehre im und durch den Gottessohn nicht in ihren eigenen Aufbau paßte. Die wahrhafte Gottesbotschaft konnte ja nicht dazu passen, da der Aufbau der geistlichen Erdenwürdenträger auf Erdeneinfluß, auf irdische Macht und Ausdehnung gerichtet war.

Ganz klar bewiesen sie damit, daß sie die Diener menschlichen Verstandes waren, der allein auf Erdenwissen, Erdenmacht gerichtet ist und feindlich, hindernd gegen alles steht, was außerhalb des irdischen Erfassens liegt! Da Gott nun völlig außerhalb des irdischen Verstandeswissens bleibt und auch das Geistige, so ist gerade der Verstand das einzig wirklich Hindernde dafür! Er ist in seiner Art deshalb auch Gegner alles Göttlichen und alles Geistigen! Und deshalb folgerichtig mit ihm alle Menschen, die ihren Verstand als Oberstes und Höchstes anerkennen, nur auf *ihn* zu bauen suchen!

Die damaligen Träger der Religion fürchteten, unter dem Volke Einfluß zu verlieren durch die Aufklärung des Gottessohnes. *Das* war, wie heute alle wissen, der vorwiegende Grund zu den Verleumdungen, welche sie gegen Christus auszustreuen suchten, und zuletzt auch zur Hinrichtung des Gottessohnes. Sie schlugen den als Gotteslästerer ans Kreuz, der von demselben Gott zur Aufklärung gesandt wurde, für dessen Diener sie sich ausgaben!

So wenig kannten sie in Wirklichkeit *den* Gott und dessen Willen, dem zu dienen sie die Menschen glauben machen wollten, zu dessen Ehre, dessen irdischer Verteidigung sie diesen Gottessohn, den Gottgesandten, aber... mordeten!

Es zeigte sich als unheilvolle Folge davon, daß sie Sklaven ihres Erdverstandes waren, welcher nur um seinen Einfluß damit kämpfte. Sie gaben sich als Henkerswerkzeuge des Antichristen hin, dem sie still in sich einen Thron errichtet hatten. Denn darin fanden sie Befriedigung menschlicher Schwächen, wie des Dünkels, Hochmuts, ihrer Eitelkeit.

Wer klareren Beweis erwartet, dem kann nicht geholfen sein; denn etwas Gegnerischeres gegen Christus, den Gottessohn, und dessen Worte gibt es nicht! Und Antichrist bedeutet ja den Kämpfer *gegen* Christus, gegen Menscherlösung in der Gottesbotschaft. Der irdische Verstand trieb sie dazu! Gerade dieser ist als giftiges Gewächs *Luzifers* ihm ein Werkzeug, das der Menschheit am gefährlichsten geworden ist!

Deshalb ist einst das unverhältnismäßige Zugroßziehen des menschlichen Verstandes zur Erbsünde gewachsen für den Menschen! Dahinter aber steht Luzifer selbst als Antichrist in eigener Person! *Er* ist es, der sein Haupt erheben konnte durch die Menschen! Er, der einzige wirklich Gottfeindliche! Er hat sich den Namen Antichrist durch den feindlichen Kampf gegen des Gottessohnes Mission erworben. Kein anderer hätte die Kraft und Macht dazu gehabt, zum Antichrist zu werden.

Und Luzifer bedient sich auf der Erde in seinem Kampf gegen den Gotteswillen nicht nur *eines* Menschen, sondern ziemlich der gesamten Menschheit, welche er damit auch dem Verderben unter der Auswirkung des göttlichen Zornes zuführt! Wer *das* nicht fassen kann, das Selbstverständlichste, daß nur *Luzifer selbst der Antichrist* sein konnte, der es wagt, sich wider Gott zu stellen, dem wird nie etwas zu verstehen möglich werden von allem dem, was außerhalb der Grobstofflichkeit, also des rein Irdischen, sich abspielt.

Und wie es damals war, *so ist es heute noch!* Sogar weit schlimmer. Auch heute werden viele Religionsvertreter ganz erbittert kämpfen wollen, um die bisher durchgeführten irdischen Verstandesregeln in den Tempeln und den Kirchen zu erhalten.

Gerade dieser alles edlere Empfinden einengende menschliche Verstand ist mit das raffinierteste der Zuchtgewächse Luzifers, was er unter die Menschheit streuen konnte. Alle Sklaven des Verstandes aber sind in Wahrheit

Diener Luzifers, die Mitschuld tragen an dem ungeheueren Zusammenbruch, der dadurch über die Menschheit kommen muß!

Weil nun kein Mensch den Antichristen unter dem Verstande suchte, war seine unheimliche Ausbreitung nur um so leichter! Luzifer triumphierte; denn damit schloß er die Menschheit ab von jeglichem Begreifen alles dessen, was außerhalb der Grobstofflichkeit liegt. Vom *eigentlichen Leben!* Von der Stelle, an welcher erst die Fühlung einsetzt mit dem Geistigen, das in die Nähe Gottes führt!

Er setzte damit seinen Fuß auf diese Erde als der Herr der Erde und des Hauptteiles der Menschheit!

Da war es auch nicht zu verwundern, daß er bis zu den Altären dringen konnte und irdische Religionsvertreter auch christlicher Kirchen ihm zum Opfer fallen mußten. Auch sie erwarten ja den Antichrist erst vor dem angekündigten Gericht. Die große Offenbarung in der Bibel blieb darin wie vieles andere bisher noch unverstanden.

Die Offenbarung sagt, daß dieser Antichrist vor dem Gericht *sein Haupt erheben wird!* Doch nicht, daß er erst kommt! Wenn darin ausgedrückt wurde, daß er sein Haupt erhebt, so zeigt es doch, daß er schon da sein muß, nicht aber, daß er erst noch kommt. *Er wird den Gipfel seiner Herrschaft haben* kurz vor dem Gericht, das soll damit gesagt sein!

Ihr, die Ihr noch nicht geistig taub und blind geworden seid, hört diesen Warnungsruf! Gebt Euch die Mühe, *selbst* einmal ganz ernsthaft nachzudenken. Bleibt Ihr darin noch weiterhin bequem, gebt Ihr Euch selbst verloren!

Wenn man vom Lager einer Giftschlange den sie deckenden Schutz abhebt und sie sich dadurch plötzlich bloßgelegt erkennt, so wird sie selbstverständlich gegen diese rücksichtslose Hand zu springen suchen, um zu beißen.

Nicht anders hier. Der sich entdeckt sehende Antichrist wird schnell durch seine Diener widersprechen, bei der Entlarvung schreien und alles Mögliche versuchen, sich auf dem Throne zu halten, den ihm die Menschheit willig bot. Das alles kann er aber nur durch die, die ihn in sich verehren.

Deshalb achtet nunmehr scharf auf Euere Umgebung, wenn der Kampf beginnt! Gerade an dem Schreien werdet Ihr sie um so sicherer erkennen, jeden, der zu ihm gehört! Denn diese werden *wieder* wie schon einstens wandeln in der Furcht vor einer reinen Wahrheit, in der Gegnerschaft!

Der Antichrist wird wieder suchen, seinen Einfluß auf der Erde krampfhaft festzuhalten. Achtet auf seine Unsachlichkeit in der Abwehr und im

Angriffe; denn wieder wird er nur verleumderisch, verdächtigend arbeiten, weil seine Anhänger nichts anderes zu tun vermögen. Vor die Wahrheit hinzutreten und diese zu widerlegen, ist nicht möglich.

So werden Diener Luzifers den Gottgesandten auch bekämpfen, genau wie einst den Gottessohn!

Wo ein derartiger Versuch geschieht, dort werdet aufmerksam; denn damit wollen solche Menschen Luzifer nur schützen, um seine Herrschaft auf der Erde aufrecht zu erhalten. Dort ist ein Herd des Dunkels, auch wenn die Menschen äußerlich ein helles irdisches Gewand zu tragen pflegen, auch wenn sie Diener einer Kirche sind.

Vergeßt nicht das Geschehen zu der Erdenzeit des Gottessohnes, sondern bedenkt, daß heute noch *derselbe* Antichrist mit noch viel größerem Menschenanhang sich müht, die Erdenherrschaft zu behalten, der Vernichtung zu entgehen und weiterhin den wahren Gotteswillen zu verdunkeln.

Achtet deshalb aufmerksam auf alle Zeichen, die verheißen sind! Es gilt für jeden einzelnen *letzte* Entscheidung. Rettung oder Verderben! Denn diesmal ist es Gottes Wille, daß verlorengehe, was sich nochmals gegen ihn aufzulehnen wagt!

Jede Nachlässigkeit darin wird Euch zum Gericht! – Nicht über einer Kirche werden Gotteszeichen stehen, nicht ein geistlicher Erdenwürdenträger wird den Ausweis tragen, daß er Gottgesandter ist! Sondern nur der, der mit den Zeichen untrennbar verbunden ist, sie deshalb auch lebendig leuchtend mit sich trägt wie einst der Gottessohn, als er auf dieser Erde weilte. Es ist das Kreuz der Wahrheit, lebend leuchtend in ihm, und die Taube über ihm! Sichtbar werdend allen denen, die dazu begnadet sind, Geistiges zu erschauen, um das Zeugnis davon abzulegen allen Menschen auf der Erde; denn es werden ihrer unter allen Völkern sein, die diesmal »sehen« dürfen, als letzte Gnade Gottes! – – –

Nie lassen sich diese hohen Zeichen der Heiligen Wahrheit vortäuschen. Das bringt auch Luzifer nicht fertig, der davor fliehen muß, noch weniger ein Mensch. Wer sich deshalb noch gegen diesen Ausweis Gottes stellen will, der stellt sich nunmehr gegen Gott als Gottesfeind. Er zeigt damit, daß er nicht Gottesdiener ist noch war, gleichviel, was er bisher auf Erden vorgegeben hat zu sein.

Wahrt Euch, daß nicht auch Ihr dazu gehört!

SITTLICHKEIT

Wie eine dunkle Gewitterwolke lagert es über der Menschheit. Schwül ist die Atmosphäre. Träge, unter dumpfem Drucke arbeitet die Empfindungsfähigkeit der einzelnen. Hochgradig gespannt sind nur die Nerven, die auf das Gefühls- und Triebleben der Körper wirken. Künstlich angestachelt durch den Irrtum falscher Erziehung, falscher Einstellung und Selbsttäuschung.

Der Mensch von heute ist in dieser Beziehung nicht normal, sondern er trägt einen krankhaften, bis auf das Zehnfache gesteigerten sexuellen Trieb mit sich, dem er in hundertfältigen Formen und Arten einen Kult zu erbauen sucht, der zum Verderben der ganzen Menschheit werden muß.

Ansteckend, übertragend wie ein Pesthauch wirkt dies alles mit der Zeit auch auf die, die sich noch krampfhaft anzuklammern suchen an ein Ideal, das ihnen im Verborgenen ihres Halbbewußtseins vorschwebt. Sie strecken wohl verlangend ihre Arme darnach aus, lassen diese aber seufzend immer wieder sinken, hoffnungslos, verzweifelt, wenn sich ihr Blick auf die Umgebung richtet.

In dumpfer Ohnmacht sehen sie mit Grauen, mit welcher Riesenschnelle der klare Blick für Sittlichkeit und Unsitte sich trübt, die Urteilsfähigkeit verlorengeht und das Begriffsvermögen darin wandelt, derart, daß man so vieles, das vor kurzem noch Abscheu und Verachtung ausgelöst hätte, sehr schnell als ganz natürlich hinnimmt und nicht einmal darüber stutzt.

Aber der Becher ist bald bis zum Rande gefüllt. Es muß ein furchtbares Erwachen kommen!

Schon jetzt geht es manchmal über diese sinnengepeitschten Massen wie ein plötzliches scheues Ducken, ganz mechanisch, unbewußt. Unsicherheit greift einen Augenblick an manches Herz; doch zum Erwachen, zu klarer Empfindung ihres unwürdigen Treibens kommt es nicht. Doppelter Eifer setzt daraufhin ein, um solche »Schwäche« oder »letzten Anhängsel« veralteter Gesinnungen abzuschütteln oder gar zu übertönen.

Fortschritt um jeden Preis soll sein. Fortschreiten aber kann man nach zwei

Seiten. Auf- oder abwärts. Wie man wählt. Und wie es jetzt steht, geht es abwärts mit unheimlicher Geschwindigkeit. Der Anprall muß die also Niedersausenden zerschmettern, wenn die Stunde schlägt, da sie auf einen starken Widerstand stoßen.

In dieser schwülen Atmosphäre zieht sich die Gewitterwolke immer dichter, unheilbringender zusammen. Jeden Augenblick ist nun der erste Blitzstrahl zu erwarten, der die Finsternis durchschneidet und erhellt, der flammend das Verborgenste beleuchtet mit einer Unerbittlichkeit und Schärfe, die in sich die Befreiung trägt für solche, die nach Licht und Klarheit streben, Verderben aber denen bringt, die kein Verlangen nach dem Lichte haben.

Je länger diese Wolke Zeit erhält, ihre Dunkelheit und Schwere zu verdichten, desto greller und erschreckender wird auch der Blitz sein, den die Wolke zeugt. Vergehen wird die weiche, erschlaffende Luft, die in den Falten ihrer Trägheit schleichende Lüsternheit birgt; denn dem ersten Blitzstrahle wird auch naturgemäß ein frischer, herber Luftstrom folgen, der neues Leben bringt. In kalter Klarheit des Lichtes werden urplötzlich alle Ausgeburten der düsteren Phantasie ihrer gleisnerischen Unwahrheiten entkleidet vor den Blicken der entsetzten Menschheit stehen.

Der Erschütterung eines gewaltigen Donners gleich wird das Erwachen in den Seelen wirken, so daß sich das lebendige Quellwasser ungetrübter Wahrheit brausend über den dadurch gelockerten Grund ergießen kann. Der Tag der Freiheit bricht an. Befreiung von dem Banne einer seit Jahrtausenden bestehenden und sich jetzt zur höchsten Blüte entfaltenden Unsittlichkeit.

Sehet Euch um! Betrachtet die Lektüre, Tänze, Kleidung! Die jetzige Zeit ist mehr, als je geschehen, bemüht, durch Niederreißen aller Schranken zwischen zwei Geschlechtern die Reinheit der Empfindung systematisch zu trüben, sie in dieser Trübung zu entstellen und ihr irreführende Masken aufzusetzen, sie, wenn irgend möglich, zuletzt zu ersticken.

Aufsteigende Bedenken betäuben die Menschen mit hohen Reden, die aber scharf geprüft nur aus dem innerlich vibrierenden Sexualtriebe heraufsteigen, um den Begierden auf zahllose Arten, geschickt und ungeschickt, in verdeckter und unverdeckter Weise immer neue Nahrung zu geben.

Sie sprechen von Auftakt zu freiem, selbständigem Menschentume, von einer Entwickelung innerer Festigung, von Körperkultur, Schönheit der Nacktheit, veredeltem Sport, Erziehung zur Lebendigmachung des Wortes:

»Dem Reinen ist alles rein!«, kurz: Hebung des Menschengeschlechts durch Ablegung aller »Prüderie«, um so den edlen, freien Menschen zu schaffen, der die Zukunft tragen soll! Wehe dem, der es wagt, etwas dagegen zu sagen! Ein derartig Verwegener wird sofort unter großem Geheul gesteinigt mit Anwürfen, ähnlich den Behauptungen, daß nur unreine Gedanken ihn bewegen können, etwas »dabei zu finden«!

Ein toller Strudel fauligen Wassers, aus dem eine betäubende, vergiftende Atmosphäre sich verbreitet, die gleich einem Morphiumrausche sinnverwirrende Täuschungen auslöst, in die sich dauernd Tausende und Abertausende hineingleiten lassen, bis sie erschlaffend darin untergehen.

Der Bruder sucht die Schwester zu belehren, Kinder ihre Eltern. Wie eine Sturmflut jagt es über alle Menschen hin, und tolle Brandung zeigt sich dort, wo einige Besonnene ekelerfaßt wie Felsen im Meere noch einsam stehen. An diese klammern sich viele, denen die eigene Kraft in dem Tosen auszugehen droht. Man sieht sie gern, die kleinen Gruppen, die wie Oasen in der Wüste stehen. Ebenso wie solche erquickend, zur Ruhe und Erholung ladend für den Wanderer, der sich mühsam durch den verderbendrohenden Samum kämpfen konnte.

Was heute unter all den schönen Mäntelchen zum Fortschritte gepredigt wird, ist nichts anderes als eine verblümte Förderung großer Schamlosigkeit, Vergiftung jeder höheren Empfindung in dem Menschen. Die größte Seuche, die die Menschheit je betroffen hat. Und sonderbar: es ist, als ob so viele nur darauf gewartet hätten, daß ihnen ein glaubhafter Vorwand gegeben wurde, sich selbst zu erniedrigen. Zahllosen Menschen ist es sehr willkommen!

Doch wer die geistigen Gesetze kennt, die in dem Weltall wirken, wird sich mit Abscheu von den jetzigen Bestrebungen wenden. Nehmen wir nur eines der »harmlosesten« Vergnügen heraus: »die Familienbäder«.

»Dem Reinen ist alles rein!« Das klingt so schön, daß man sich im Schutze dieses Wohlklanges so manches erlauben darf. Betrachten wir uns aber einmal die einfachsten feinstofflichen Vorgänge in einem derartigen Bade. Angenommen, es seien dreißig Personen verschiedenen Geschlechts und davon neunundzwanzig wirklich in jeder Beziehung rein. Eine Annahme, die von vornherein völlig ausgeschlossen ist; denn das Umgekehrte würde richtiger, sogar dann noch selten sein. Doch nehmen wir es an.

Der Eine, der Dreißigste, hat, durch das Sehen angeregt, unreine Gedanken, trotzdem er sich äußerlich vielleicht vollkommen korrekt verhält. Diese

Gedanken verkörpern sich feinstofflich sofort in lebendige Gedankenformen, ziehen nach dem Objekt seines Schauens und haften diesem an. Das ist eine Beschmutzung, gleichviel, ob es zu irgendwelchen Äußerungen oder Tätlichkeiten kommt oder nicht!

Die betreffende angeworfene Person wird diesen Schmutz mit sich herumtragen, der ähnliche umherirrende Gedankenformen anzuziehen vermag. Dadurch wird es dichter, immer dichter um sie herum, kann zuletzt beirrend auf sie einwirken und sie vergiften, wie ein schmarotzendes Schlinggewächs oft den gesündesten Baum absterben läßt.

Das sind die feinstofflichen Vorgänge bei den sogenannten »harmlosen« Familienbädern, Gesellschaftsspielen, Tänzen oder anderem mehr.

Nun muß aber bedacht werden, daß in diese Bäder und Vergnügungen auf jeden Fall gerade alle die gehen, die direkt etwas suchen, um ihre Gedanken und Gefühle durch solche Schau besonders anregen zu lassen! Welcher Schmutz also damit gezüchtet wird, ohne daß äußerlich grobstofflich etwas bemerkt werden kann, ist nicht schwer zu erklären.

Ebenso selbstverständlich ist es, daß dieses sich dauernd vermehrende und verdichtende Gewölk der sinnlichen Gedankenformen nach und nach auf zahllose Menschen einwirken muß, die von sich aus solche Dinge nicht suchen. In denen tauchen erst schwach, dann stärker und lebendiger ähnliche Gedanken auf, die dauernd genährt werden durch manche Art sogenannter »Fortschritte« in ihrer Umgebung, und so gleitet einer nach dem anderen mit in den dickflüssigen dunklen Strom, in dem sich das Begriffsvermögen von wirklicher Reinheit und Sittlichkeit immer mehr verdüstert und zuletzt alles in die Tiefe vollster Dunkelheit reißt.

Diese Gelegenheiten und Anregungen zu solchen wuchernden Auswüchsen müssen in erster Linie genommen werden! Sie sind nichts als Brutherde, in die das verpestete Gewürm unsittlicher Menschen seine Gedanken werfen kann, die dann wuchernd emporschießen und sich verheerend über die ganze Menschheit ergießen, immer neue Brutstätten schaffend, die zuletzt nur noch ein Riesenfeld ekler Gewächse bilden, von denen ein Gifthauch ausgeht, der auch Gutes mit erstickt.

Reißt Euch heraus aus diesem Taumel, der einem Narkotikum gleich nur eine Kräftigung vortäuscht, in Wirklichkeit aber erschlaffend und verderbenbringend wirkt!

Natürlich ist es, wenn auch betrübend, daß gerade das weibliche

Geschlecht in erster Linie wieder über alles Maß hinaus geht und in seiner Kleidung skrupellos bis zur Dirnenhaftigkeit herabgesunken ist.

Das beweist aber nur die Richtigkeit der Erklärung über die feinstofflichen Vorgänge. Gerade das Weib in seiner von Natur aus stärkeren Empfindungsfähigkeit nimmt dieses Gift der verpesteten feinstofflichen Gedankenformenwelt zuerst und tiefer auf, sich selbst ganz unbewußt. Es ist diesen Gefahren mehr preisgegeben, wird aus diesem Grunde auch zuerst fortgerissen und geht unverständlich schnell und auffallend über jede Grenze hinaus.

Nicht umsonst heißt es: »Wenn ein Weib schlecht wird, so ist es schlimmer als ein Mann!« Dasselbe gilt in jeder Art, sei es in Grausamkeit, in Haß oder in Liebe! Das Tun des Weibes wird immer ein Produkt der es umgebenden feinstofflichen Welt sein! Natürlich gibt es darin Ausnahmen. Auch ist die Frau dadurch der Verantwortung nicht entzogen; denn sie vermag die auf sie einstürmenden Eindrücke zu beobachten und das eigene Wollen und Tun nach ihrem Willen zu lenken, wenn... sie will! Daß dies von der Mehrzahl leider nicht geschieht, ist ein Fehler des weiblichen Geschlechtes, der nur der absoluten Unwissenheit in diesen Dingen zu danken ist.

Schlimm ist es aber für die jetzige Zeit, daß die Frau in Wirklichkeit auch die Zukunft des Volkes in der Hand hat. Sie trägt sie, weil ihr seelischer Zustand einschneidender auf die Nachkommen ist als der des Mannes. Welchen Niedergang muß demnach die Zukunft bringen! Unausbleiblich! Mit Waffen, Geld oder Entdeckungen läßt es sich nicht aufhalten. Auch nicht durch Güte oder geschulte Politik. Da müssen tiefer einschneidende Mittel kommen.

Aber nicht die Frau allein trifft diese ungeheuere Schuld. Sie wird immer nur das getreue Spiegelbild jener Welt von Gedankenformen sein, die über ihrem Volke lagert. Das darf man nicht vergessen. *Achtet* und *ehret* das Weib *als solches,* und es wird sich darnach formen, wird *das* werden, *was Ihr in ihm seht,* und damit hebt Ihr Euer ganzes Volk!

Doch vorher muß unter den Frauen ein großer Umwandlungsprozeß geschehen. Wie sie jetzt sind, kann eine Heilung nur durch gründliche Operation erfolgen, mit einem gewaltsamen, unerbittlichen Eingriffe, der jede Wucherung mit scharfen Messern entfernt und in das Feuer wirft! Sonst würde sie alle gesunden Teile noch vernichten.

Auf diese notwendige Operation an der ganzen Menschheit eilt die jetzige Zeit unaufhaltsam zu, schneller, immer schneller, führt sie zuletzt selbst herbei! Das wird schmerzhaft, furchtbar sein, doch das Ende ist Gesundung. Erst dann ist die Zeit da, von Sittlichkeit zu sprechen. Heute würde es gleich dem im Sturme gesprochenen Worte verhallen.

Doch ist die Stunde dann vorüber, in der das Sündenbabel untergehen mußte, weil es verfault in sich zusammenbrach, dann achtet auf das weibliche Geschlecht! Sein Tun und Lassen wird Euch immer zeigen, *wie Ihr seid,* weil es in seiner feineren Empfindungsfähigkeit das lebt, was die Gedankenformen wollen.

Der Umstand gibt uns auch Gewißheit, daß bei reinem Denken und Empfinden die Weiblichkeit als erste emporschnellen wird zu jenem Ideal, das wir als Edelmenschen ansehen. Dann hat die Sittlichkeit in vollem Glanze ihrer Reinheit Einzug gehalten!

ERWACHET!

Erwachet, Ihr Menschen, aus bleiernem Schlaf! Erkennt die unwürdige Bürde, die Ihr tragt, die mit unsagbar zähem Druck auf Millionen Menschen lastet. Werft sie ab! Ist sie des Tragens wert? Nicht eine einzige Sekunde!

Was birgt sie? Leere Spreu, die vor dem Hauch der Wahrheit scheu zerflattert. Ihr habt die Zeit und Kraft für nichts vergeudet. Deshalb sprengt die Ketten, die Euch niederhalten, macht Euch endlich frei!

Der Mensch, der innerlich gebunden bleibt, wird ewig Sklave sein, auch wenn er König wäre.

Ihr bindet Euch mit allem, was Ihr zu erlernen trachtet. Überlegt: Mit dem Erlernen zwängt Ihr Euch in fremde Formen, die andere erdachten, schließt Euch willig einer fremden Überzeugung an, macht Euch nur das zu eigen, was andere in sich, *für sich* erlebten.

Bedenket: Eins ist nicht für alle! Was dem einen nützet, kann dem andern schaden. Jeder einzelne hat seinen eigenen Weg zu der Vervollkommnung zu gehen. Sein Rüstzeug dazu sind die Fähigkeiten, die er in sich trägt. Nach denen hat er sich zu richten, auf denen aufzubauen! Tut er das nicht, bleibt er ein Fremder in sich selbst, wird immer *neben* dem Gelernten stehen, das nie in ihm lebendig werden kann. Jeder Gewinn für ihn ist damit ausgeschlossen. Er vegetiert, ein Fortschritt ist unmöglich.

Merkt auf, die Ihr ernsthaft nach Licht und Wahrheit strebt:

Den Weg zum Licht muß jeder einzelne in sich erleben, er muß ihn *selbst* entdecken, wenn er sicher darauf wandeln will. Nur was der Mensch in sich erlebt, mit allen Wandlungen empfindet, hat er voll erfaßt!

Das Leid und auch die Freude pochen dauernd an, um zu ermuntern, aufzurütteln zu einem geistigen Erwachen. Sekundenlang wird dann der Mensch dabei sehr oft gelöst von jeder Nichtigkeit des Alltagslebens und fühlt im Glücke wie im Schmerze ahnungsvoll Verbindung mit dem Geist, der alles Lebende durchströmt.

Und *alles* ist ja Leben, nichts ist tot! Wohl dem, der solche Augenblicke der Verbindung faßt und hält, sich daran aufwärts schwingt. Er darf sich dabei nicht an starre Formen halten, sondern jeder soll sich selbst entwickeln, aus seinem Inneren heraus.

Kümmert Euch nicht um Spötter, die dem Geistesleben noch entfremdet sind. Wie Trunkene, wie Kranke stehn sie vor dem großen Schöpfungswerke, das uns so viel bietet. Wie Blinde, die sich tastend durch das Erdendasein schieben und all die Herrlichkeit um sich nicht sehen!

Sie sind verwirrt, sie schlafen; denn wie kann ein Mensch zum Beispiel noch behaupten, daß nur das ist, was er sieht? Daß dort, wo er mit seinen Augen nichts bemerken kann, kein Leben ist? Daß mit dem Sterben seines Körpers auch er selbst aufhört zu sein, nur weil er sich bisher in seiner Blindheit durch sein Auge nicht vom Gegenteile überzeugen konnte? Weiß er nicht schon von vielen Dingen jetzt, wie eng begrenzt die Fähigkeit des Auges ist? Weiß er noch nicht, daß sie mit der an Raum und Zeit gebundenen Fähigkeit seines Gehirns zusammenhängt? Daß er aus diesem Grunde alles, was sich *über* Raum und Zeit erhebt, mit seinem Auge *nicht* erkennen kann? Wurde noch keinem dieser Spötter solche logische Verstandesbegründung klar? Das Geistesleben, nennen wir es auch das Jenseits, ist doch nur etwas, das völlig über der irdischen Raum- und Zeiteinteilung steht, das also einen gleichartigen Weg benötigt, erkannt zu werden.

Doch unser Auge sieht nicht einmal das, was sich in Raum und Zeit einteilen läßt. Man denke an den Wassertropfen, von dessen unbedingter Reinheit jedes Auge zeugt und der, durch ein verschärftes Glas betrachtet, Millionen Lebewesen birgt, die sich darin erbarmungslos bekämpfen und vernichten. Sind nicht manchmal Bazillen in dem Wasser, in der Luft, die Kraft besitzen, Menschenkörper zu zerstören, und die dem Auge nicht erkennbar sind? Sie werden aber sichtbar durch die scharfen Instrumente.

Wer will es daraufhin noch wagen zu behaupten, daß Ihr nichts Neues, jetzt noch Unbekanntes schaut, sobald Ihr diese Instrumente mehr verschärft? Verschärft sie tausendfach, millionenfach, das Schauen wird deshalb kein Ende finden, sondern immer neue Welten werden sich vor Euch erschließen, die Ihr vorher nicht sehen konntet, auch nicht fühlen, doch waren sie vorhanden.

Logisches Denken bringt die gleichen Folgerungen auch auf alles, was die Wissenschaften bisher sammeln konnten. Es gibt Ausblick auf dauernde Fortentwicklung, doch niemals auf ein Ende.

Was ist nun das Jenseits? Viele werden an dem *Worte* irre. Jenseits ist einfach alles das, was sich mit irdischen Hilfsmitteln nicht erkennen läßt. Irdische Hilfsmittel aber sind Augen, das Gehirn und alles andere des Körpers, ebenso Instrumente, die den Teilen helfen, ihre Tätigkeit noch schärfer und genauer auszuüben, sie weiter auszudehnen.

Man könnte also sagen: das Jenseits ist, was jenseits der Erkennungsfähigkeit unserer körperlichen Augen ist. *Eine Trennung aber zwischen Dies- und Jenseits gibt es nicht!* Auch keine Kluft! Es ist alles einheitlich, wie die gesamte Schöpfung. *Eine* Kraft durchströmt das Diesseits wie das Jenseits, alles lebt und wirkt von diesem einen Lebensstrom und ist dadurch ganz untrennbar verbunden. Daraus wird folgendes verständlich:

Wenn ein Teil davon krankt, muß sich die Wirkung in dem anderen Teile fühlbar machen, wie bei einem Körper. Kranke Stoffe dieses anderen Teiles strömen dann zu dem erkrankten über durch die Anziehung der Gleichart, die Krankheit dadurch noch mehr verstärkend. Wird nun solche Krankheit aber unheilbar, so fließt daraus der notwendige Zwang, das kranke Glied gewaltsam abzustoßen, wenn nicht das Ganze dauernd leiden soll.

Aus diesem Grunde stellt Euch um. Es gibt kein Dies- und Jenseits, sondern nur ein einheitliches Sein! Den Begriff der Trennung hat allein der Mensch erfunden, weil er nicht alles sehen kann und sich als Mittelpunkt und Hauptpunkt der ihm sichtbaren Umgebung dünkt. Doch sein Wirkungskreis ist größer. Mit dem Trennungsirrtum aber schränkt er sich nur ein, gewaltsam, hindert seinen Fortschritt und gibt Raum der zügellosen Phantasie, die ungeheuerliche Bilder bringt.

Ist es dann überraschend, wenn als Folge viele nur ein ungläubiges Lächeln haben, andere krankhafte Anbetung, die sklavisch wird oder zu Fanatismus ausartet? Wer kann da noch erstaunen über scheue Furcht, ja Angst und Schrecken, die bei manchen großgezogen werden?

Fort mit allem! Weshalb diese Quälerei? Stürzt diese Schranke, die der Menschen Irrtum aufzurichten suchte, die jedoch niemals bestand! Die bisher falsche Einstellung gibt Euch auch eine falsche Grundlage, auf der Ihr Euch umsonst bemüht, den wahren Glauben, also innere Überzeugung, ohne Ende aufzubauen. Ihr stoßt dabei auf Punkte, Klippen, die Euch wankend machen müssen, zweifelnd, oder zwingen, den ganzen Bau selbst wieder zu zertrümmern, um dann vielleicht verzagend oder grollend alles aufzugeben.

Den Schaden habt Ihr dabei ganz allein, weil es für Euch kein Vorwärtskommen, sondern Stehenbleiben oder Rückwärtsschreiten ist. Der Weg, den Ihr doch einmal gehen müßt, wird Euch dadurch verlängert.

Habt Ihr endlich die Schöpfung als ein Ganzes aufgefaßt, wie sie es ist, macht keine Trennung zwischen Dies- und Jenseits, dann habt Ihr den geraden Weg, das eigentliche Ziel rückt näher, und der Aufstieg macht Euch Freude, gibt Genugtuung. Ihr könnt dann auch die Wechselwirkungen viel besser fühlen und verstehen, die durch das Ganze, Einheitliche lebenswarm pulsieren, weil alles Wirken von der einen Kraft getrieben und gehalten wird. Das Licht der Wahrheit bricht Euch damit an!

Ihr werdet bald erkennen, daß bei vielen nur Bequemlichkeit und Trägheit Ursache von Spöttereien ist, nur weil es Mühe kosten würde, bisher Gelerntes und Gedachtes umzustoßen und ein Neues aufzubauen. Anderen greift es in die gewohnte Lebensführung ein, wird ihnen deshalb unbequem.

Laßt solche, streitet nicht, doch bietet hilfreich Euer Wissen denen, die mit vergänglichen Genüssen nicht zufrieden sind, die *mehr* im Erdendasein suchen, als den Tieren gleich nur ihren Leib zu füllen. Gebt denen die Erkenntnis, die Euch wird, vergrabt dann nicht das Pfund; denn mit dem Geben wird auch wechselwirkend Euer Wissen reicher, stärker.

Im Weltall wirkt ein ewiges Gesetz: daß nur im Geben auch empfangen werden kann, wenn es um Werte geht, die bleibend sind! Das greift so tief, durchzieht die ganze Schöpfung wie ein Heiliges Vermächtnis ihres Schöpfers. Selbstlos geben, helfen, wo es not tut, und Verständnis haben für das Leid des Nächsten wie für dessen Schwächen, heißt empfangen, weil es der schlichte, wahre Weg zum Höchsten ist!

Und dieses ernsthaft wollen, bringt Euch sofort Hilfe, Kraft! Ein einziger, ehrlich und tief empfundener Wunsch zum Guten, und wie mit einem Flammenschwert wird von der anderen Euch jetzt noch unsichtbaren Seite schon die Wand zerschnitten, die Euere Gedanken bisher selbst als Hindernis errichtet hatten; denn Ihr seid ja eins mit dem von Euch gefürchteten, geleugneten oder ersehnten Jenseits, seid mit ihm eng und unlösbar verbunden.

Versucht es; denn Eure Gedanken sind die Boten, die Ihr ausschickt, die mit dem von Euch Gedachten schwer beladen wiederkehren, sei es nun Gutes oder Böses. Es geschieht! Denket daran, daß Euere Gedanken Dinge sind, sich geistig formen, oft zu Gebilden werden, die das Erdenleben Eures Körpers überdauern, dann wird Euch vieles klar.

So kommt es auch, daß es ganz richtig heißt: »denn ihre Werke folgen ihnen nach!« Gedankenschöpfungen sind Werke, die Euch einst erwarten! Die lichte oder dunkle Ringe um Euch bilden, die Ihr durchwandern müßt, um in die Geisteswelt zu dringen. Kein Schutz, kein Eingriff kann da helfen, weil Ihr die Selbstbestimmung habt. Der erste Schritt zu allem muß deshalb von Euch geschehen. Er ist nicht schwer, er liegt nur in dem Wollen, das sich durch Gedanken kündet. So tragt Ihr Himmel wie die Hölle in Euch selbst.

Entscheiden könnt Ihr, doch den Folgen Euerer Gedanken, Eures Wollens seid Ihr dann bedingungslos verfallen! Ihr schafft sie selbst, die Folgen, deshalb rufe ich Euch zu:

»Haltet den Herd Eurer Gedanken rein, Ihr stiftet damit Frieden und seid glücklich!«

Vergeßt nicht, daß ein jeder der Gedanken, von Euch erzeugt und ausgeschickt, auf seinem Wege alle Gleichart anzieht oder anderen anhaftet, dadurch stärker, immer stärker wird und zuletzt auch ein Ziel trifft, ein Gehirn, das vielleicht nur sekundenlang sich einmal selbst vergißt und damit solchen schwebenden Gedankenformen Raum gibt, einzudringen und zu wirken.

Denkt nur daran, welche Verantwortung dann auf Euch fällt, wenn der Gedanke einst zur Tat ersteht, durch irgendwen, auf den er wirken konnte! Diese Verantwortung löst sich schon dadurch aus, daß jeder einzelne Gedanke dauernd Verbindung mit Euch hält, gerade wie durch einen unreißbaren Faden, um dann zurückzukehren mit der unterwegs erlangten Kraft, um Euch selbst wieder zu belasten oder zu beglücken, je nach der Art, die Ihr erzeugtet.

So steht Ihr in der Gedankenwelt und gebt mit der jeweiligen Denkungsart auch Raum den dieser ähnlichen Gedankenformen. Deshalb vergeudet nicht die Kraft des Denkens, sondern sammelt sie zur Abwehr und zum *scharfen* Denken, das den Speeren gleich hinausgeht und auf alles wirkt. Schafft so aus Eueren Gedanken den *Heiligen Speer,* der für das Gute kämpft, der Wunden heilt und die gesamte Schöpfung fördert!

Zum Handeln und zum Vorwärtsschreiten stellt deshalb das Denken darauf ein! Um das zu tun, müßt Ihr an manche Säule rütteln, die althergebrachte Anschauungen trägt. Oft ist es ein Begriff, der, falsch erfaßt, den wahren Weg nicht finden läßt. Er muß zurück zu dem Punkt, wo er ausgegangen ist. Ein Lichtblick stürzt den ganzen Bau, den er Jahrzehnte hindurch mühevoll errichtet hat, und er geht dann nach kurzer oder längerer Betäubung wieder neu ans Werk! Er *muß,* da es im Weltall keinen Stillstand gibt. Nehmen wir zum Beispiel den Begriff der Zeit:

Die Zeit vergeht! Die Zeiten ändern sich! So hört man überall die Menschen sagen, und unwillkürlich taucht dabei ein Bild im Geiste auf: *Wir sehen Zeiten wechselvoll an uns vorüberziehen!*

Dieses Bild wird zur Gewohnheit und legt auch bei vielen damit einen festen Grund, auf dem sie weiterbauen, ihr ganzes Forschen, Grübeln darnach richten. Nicht lange währt es aber, bis sie dann auf Hindernisse stoßen, die im Widerspruche miteinander stehen. Es will mit bestem Willen nicht mehr alles passen. Sie verlieren sich und lassen Lücken, die trotz allen Grübelns nicht mehr auszufüllen gehen.

So mancher Mensch wähnt dann, an solchen Stellen muß der *Glaube* als Ersatz genommen werden, wenn logisches Denken keinen Anhalt findet. Das ist aber falsch! Der Mensch soll nicht an Dinge glauben, die er nicht begreifen kann! Er muß sie zu verstehen suchen; denn sonst reißt er das Tor für Irrungen weit auf, und mit den Irrungen wird auch die Wahrheit stets entwertet.

Glauben, ohne zu begreifen, ist nur Trägheit, Denkfaulheit! Das führt den Geist nicht aufwärts, sondern drückt ihn nieder. Deshalb empor den Blick, wir sollen prüfen, forschen. Der Drang dazu liegt nicht umsonst in uns.

Die Zeit! Vergeht sie wirklich? Weshalb stößt man bei dem Grundsatze auf Hindernisse, wenn man dabei weiter denken will? Sehr einfach, weil der Grundgedanke *falsch* ist; *denn die Zeit steht still!* Wir aber eilen ihr entgegen! Wir stürmen in die Zeit, die ewig ist, und suchen darin nach der Wahrheit.

Die Zeit steht still. Sie bleibt dieselbe, heute, gestern und in tausend Jahren! Nur die Formen ändern sich. Wir tauchen in die Zeit, um aus dem Schoße ihrer Aufzeichnung zu schöpfen, um unser Wissen in den Sammlungen der Zeit zu fördern! Denn nichts ging ihr verloren, alles hat sie aufbewahrt. Sie hat sich nicht geändert, weil sie ewig ist.

Auch Du, o Mensch, bist immer nur derselbe, ob Du nun jung erscheinst oder als Greis! Du bleibst der, der Du bist! Hast Du das nicht schon selbst gefühlt? Merkst Du nicht deutlich einen Unterschied zwischen der Form und Deinem »Ich«? Zwischen dem Körper, der Veränderungen unterworfen ist, und Dir, dem Geist, der ewig ist?

Ihr sucht die Wahrheit! Was ist Wahrheit? Was Ihr heute noch als Wahrheit fühlt, werdet Ihr morgen schon als Irrtümer erkennen, um in den Irrtümern dann später wieder Wahrheitskörner zu entdecken! Denn auch die Offenbarungen verändern ihre Formen. So geht es für Euch fort mit unentwegtem Suchen, doch in dem Wechsel werdet Ihr gereift!

Die Wahrheit aber bleibt sich immer gleich, sie wechselt nicht; denn sie ist ewig! Und da sie ewig ist, wird sie mit irdischen Sinnen, die nur Formenwechsel kennen, nie rein und wirklich zu erfassen sein!

Deshalb werdet geistig! Frei von allen irdischen Gedanken, und Ihr *habt* die Wahrheit, werdet in der Wahrheit sein, um Euch, von ihrem reinen Lichte dauernd überstrahlt, darin zu baden; denn sie umgibt Euch ganz. Ihr schwimmt darin, sobald Ihr geistig werdet.

Dann braucht Ihr nicht mehr Wissenschaften mühsam lernen, braucht keine Irrtümer zu fürchten, sondern habt auf jede Frage schon die Antwort in der Wahrheit selbst, noch mehr, Ihr habt dann keine Fragen mehr, weil Ihr, ohne zu denken, alles wißt, alles umfaßt, weil Euer Geist in reinem Lichte, in der Wahrheit *lebt!*

Drum werdet geistig frei! Sprengt alle Bande, die Euch niederhalten! Wenn dabei Hindernisse kommen, jauchzt ihnen froh entgegen; denn sie bedeuten Euch den Weg zur Freiheit und zur Kraft! Betrachtet sie als ein Geschenk, aus dem Euch Vorteile erwachsen, und spielend werdet Ihr sie überwinden.

Entweder werden sie Euch vorgeschoben, damit Ihr daran lernt und Euch entwickelt, wodurch Ihr Euer Rüstzeug zu dem Aufstiege vermehrt, oder es sind Rückwirkungen von einer Verschuldung, die Ihr damit lösen und von der Ihr Euch befreien könnt. In beiden Fällen bringen sie Euch vorwärts. Deshalb frisch hindurch, es ist zu Eurem Heile!

Torheit ist es, von Schicksalsschlägen oder Prüfungen zu sprechen. *Fortschritt* ist jeder Kampf und jedes Leid. Den Menschen wird damit Gelegenheit geboten, Schatten früherer Verfehlungen zu löschen; denn kein Heller kann dem einzelnen davon erlassen werden, weil der Kreislauf ewiger Gesetze auch darüber in dem Weltall unverrückbar ist, in denen sich der schöpferische Vaterwille offenbart, der uns damit vergibt und alles Dunkle löscht.

Die kleinste Abweichung davon müßte die Welt in Trümmer stürzen, so klar ist alles eingerichtet und so weise.

Wer aber nun sehr viel von früher auszugleichen hat, muß dieser Mensch dann nicht verzagen, wird ihm nicht grauen vor der Ablösung der Schulden?

Er kann getrost und froh damit beginnen, kann ohne Sorge sein, sobald er *ehrlich will!* Denn ein *Ausgleich* kann geschaffen werden durch die

Gegenströmung einer Kraft des guten Wollens, die im Geistigen gleich anderen Gedankenformen lebendig und zu starker Waffe wird, fähig, jede Last des Dunkels, jede Schwere abzustreifen und das »Ich« dem Lichte zuzuführen!

Kraft des Wollens! Eine von so vielen ungeahnte Macht, die wie ein nie versagender Magnet die gleichen Kräfte an sich zieht, um damit lawinenartig anzuwachsen und vereinigt mit ihr geistig ähnlichen Gewalten rückwärts wirkt, den Ausgangspunkt wieder erreicht, also den Ursprung oder besser den Erzeuger trifft, und diesen hoch emporhebt zu dem Lichte oder tiefer hinabdrückt in den Schlamm und Schmutz! Je nach der Art, wie es der Urheber erst selbst gewollt.

Wer diese stete, sicher eintreffende Wechselwirkung kennt, die in der ganzen Schöpfung liegt, die sich mit unverrückbarer Gewißheit auslöst und entfaltet, weiß sie zu benützen, muß sie lieben, muß sie fürchten! Diesem belebt sich nach und nach die unsichtbare Welt um ihn; denn er fühlt ihre Wirkungen mit einer Deutlichkeit, die jeden Zweifel löst.

Er muß die starken Wellen der rastlosen Tätigkeit empfinden, die auf ihn wirken aus dem großen All, sobald er nur ein wenig darauf achtet, und fühlt zuletzt, daß er den Brennpunkt starker Strömungen abgibt wie eine Linse, die die Sonnenstrahlen fängt, auf einen Punkt vereinigt und dort eine Kraft erzeugt, die zündend wirkt, die sengend und vernichtend, doch auch heilend und belebend, segenbringend strömen kann, die auch imstande ist, loderndes Feuer zu entfachen!

Und solche Linsen seid auch Ihr, fähig, durch Euer Wollen diese unsichtbaren Kraftströmungen, die Euch treffen, zu einer Macht gesammelt auszusenden zu guten oder bösen Zwecken, um der Menschheit Segen oder auch Verderben zuzuführen. Loderndes Feuer könnt und sollt Ihr damit entzünden in den Seelen, Feuer der Begeisterung zum Guten, Edlen, zur Vervollkommnung!

Dazu gehört nur eine Kraft des Wollens, die den Menschen in gewissem Sinne zu dem Herrn der Schöpfung macht, zu der Bestimmung seines eigenen Geschicks. Sein eigenes Wollen bringt ihm die Vernichtung oder die Erlösung! Schafft ihm den Lohn oder die Strafen selbst, mit unerbittlicher Gewißheit.

Nun fürchtet nicht, daß dieses Wissen von dem Schöpfer abtreibt, Euch den bisherigen Glauben schwächt. Im Gegenteil! Die Kenntnis dieser ewigen

Gesetze, die Ihr nützen könnt, läßt Euch das ganze Schöpfungswerk noch viel erhabener erscheinen, es zwingt den tiefer Forschenden andachtsvoll auf die Knie durch seine Größe!

Nie wird der Mensch dann Böses wollen. Er greift mit Freuden zu der besten Stütze, die es für ihn gibt: zur Liebe! Zur Liebe für die ganze wunderbare Schöpfung, Liebe für den Nächsten, um auch diesen zu der Herrlichkeit dieses Genusses, dieses Kraftbewußtseins hinzuführen.

DAS SCHWEIGEN

ZUCKT ein Gedanke in Dir auf, so halte ihn zurück, sprich ihn nicht sofort aus, doch nähre ihn; denn er verdichtet durch Zurückhaltung im Schweigen und gewinnt an Kraft wie Dampf im Gegendruck.

Der Druck und die Verdichtung zeugen die Eigenschaft einer magnetischen Betätigung nach dem Gesetz, daß alles Stärkere das Schwache an sich zieht. Gleichartige Gedankenformen werden dadurch allseitig herangezogen, festgehalten, verstärken immer mehr die Kraft des eigenen, ursprünglichen Gedankens und wirken trotzdem so, daß die zuerst erzeugte Form durch das Hinzugesellen fremder Formen abgeschliffen wird, sich ändert und bis zur Reife wechselnde Gestalt bekommt. Du fühlst das alles wohl in Dir, doch denkst Du stets, es sei Dein eigenes Wollen ganz allein. *Du gibst aber bei keiner Sache ganz Dein eigenes Wollen, hast immer fremdes mit dabei!*

Was sagt Dir dieser Vorgang?

Daß nur in dem Zusammenschluß von vielen Einzelheiten etwas Vollkommenes geschaffen werden kann! Geschaffen? Ist das richtig? Nein, sondern geformt! Denn wirklich neu zu schaffen gibt es nichts, es handelt sich bei allem nur um neues Formen, da alle Einzelheiten in der großen Schöpfung schon bestehen. Nur sollen diese Einzelheiten in den Dienst zum Wege der Vervollkommnung getrieben werden, was das Zusammenschließen bringt.

Zusammenschluß! Gleite nicht leicht darüber weg, sondern versuche Dich in diesen Begriff zu vertiefen, daß Reife und Vollkommenheit erreicht wird durch Zusammenschluß. Der Satz ruht in der ganzen Schöpfung als ein Kleinod, das gehoben werden will! Er ist innig verbunden dem Gesetz, daß nur im Geben auch empfangen werden kann! Und was bedingt das richtige Erfassen dieser Sätze? Also das Erleben? Liebe! Und deshalb steht die Liebe auch als höchste Kraft, als unbegrenzte Macht in den Geheimnissen des großen Seins!

Wie der Zusammenschluß bei einem einzigen Gedanken bildet, schleift und formt, so ist es mit dem Menschen selbst und mit der ganzen Schöpfung, die im nimmer endenden Zusammenschließen von bestehenden einzelnen Formen durch die Kraft des Wollens Neugestaltungen erfährt und so der Weg wird zur Vollkommenheit.

Ein einzelner kann Dir Vollkommenheit nicht bieten, doch die ganze Menschheit in dem Vielerlei der Eigenarten! Jeder einzelne hat etwas, das zum Ganzen unbedingt gehört. Und daher kommt es auch, daß ein weit Vorgeschrittener, der alle irdischen Begierden nicht mehr kennt, die ganze Menschheit liebt, nicht einen einzelnen, da nur die ganze Menschheit die durch Läuterungen freigelegten Saiten seiner reifen Seele klingen lassen kann zu dem Akkord himmlischer Harmonie. Er trägt die Harmonie in sich, da alle Saiten schwingen!

Zurück zu dem Gedanken, der die fremden Formen an sich zog und dadurch stark und immer stärker wurde. Er tritt zuletzt in festgeschlossenen Kraftwellen über Dich hinaus, durchbricht die Aura Deiner eigenen Person und übt auf weitere Umgebung einen Einfluß aus.

Das nennt die Menschheit Magnetismus der Person. Uneingeweihte sagen: »Du strahlst etwas aus!« Je nach der Eigenart, Unangenehmes oder Angenehmes. Anziehend oder abstoßend. Es wird gefühlt!

Doch Du strahlst nichts aus! Der Vorgang zur Erzeugung des Gefühls in diesen anderen hat seinen Ursprung darin, daß Du alles geistig Gleichartige magnetisch an Dich ziehst. Und dieses Ziehen macht sich für die Nächsten fühlbar. Doch auch hierin liegt die Wechselwirkung. In der Verbindung fühlt der andere dann deutlich Deine Stärke, und die »Sympathie« erwacht dadurch.

Halte Dir immer vor Augen: Alles Geistige ist, nach unseren Begriffen ausgedrückt, magnetisch, und es ist Dir auch bekannt, daß stets das Stärkere das Schwache überwindet durch die Anziehung, durch Aufsaugung. Dadurch wird »dem Armen (Schwachen) auch noch das wenige genommen, was er hat.« Er wird abhängig.

Darin liegt kein Unrecht, sondern es vollzieht sich nach den göttlichen Gesetzen. Der Mensch braucht sich nur aufzuraffen, richtig zu wollen, und er ist davor geschützt.

Nun wirfst Du wohl die Frage auf: Was dann, wenn alle stark sein wollen? Wenn niemand mehr etwas zu nehmen ist? Dann, lieber Freund, *wird es ein freiwilliger Austausch werden*, dem das Gesetz zu Grunde liegt, daß nur im

Geben auch empfangen werden kann. Es wird kein Stillstand deshalb, sondern alles Minderwertige ist ausgelöscht.

So kommt es, daß durch Trägheit viele abhängig im Geiste werden, manchmal zuletzt kaum noch die Fähigkeit besitzen, eigene Gedanken großzuziehen.

Hervorzuheben ist, daß nur das Gleichartige angezogen wird. Deshalb das Sprichwort: »Gleich und gleich gesellt sich gern.« So werden sich die Trinker immer finden, Raucher haben »Sympathien«, Schwätzer, Spieler und so fort; doch auch die Edlen finden sich zu hohem Ziel zusammen.

Nun geht es aber weiter: Was sich geistig anstrebt, wirkt sich zuletzt auch *physisch* aus, da alles Geistige ins Grobstoffliche überdringt, wodurch wir das Gesetz der Rückwirkung ins Auge fassen müssen, weil ein Gedanke stets Verbindung mit dem Ursprung hält und in dieser Verbindung Rückstrahlung bewirkt.

Ich spreche hier nur immer von den *wirklichen* Gedanken, die Lebenskraft der seelischen Empfindung in sich tragen. Nicht von der Kraftvergeudung Dir zum Werkzeug anvertrauter Hirnsubstanz, die nur verflüchtende Gedanken formt, die sich in wildem Durcheinander nur als schemenhafte Dünste zeigen und zum Glück sehr bald zerflattern. Solche Gedanken kosten Dich nur Zeit und Kraft, und Du verschleuderst damit ein Dir anvertrautes Gut.

Grübelst Du zum Beispiel über irgend etwas ernstlich nach, so wird dieser Gedanke in Dir stark magnetisch durch die Macht des Schweigens, zieht alles Ähnliche heran und wird somit befruchtet. Er reift und tritt über den Rahmen des Gewöhnlichen hinaus, dringt sogar dadurch auch in andere Sphären, und erhält von dorther Zufluß höherer Gedanken... die Inspiration! Daher muß bei Inspiration der Grundgedanke von Dir selbst ausgehen, im Gegensatz zu Medialität, muß eine Brücke zu dem Jenseits bilden, der geistigen Welt, um dort bewußt aus einem Born zu schöpfen.

Inspiration hat deshalb mit der Medialität gar nichts zu tun.

Dadurch wird der Gedanke in Dir ausgereift. Du trittst an die Verwirklichung heran und *bringst durch Deine Kraft verdichtet* das zur Ausführung, was schon in unzähligen Einzelheiten vorher als Gedankenformen in dem Weltall schwebte.

Auf diese Art schaffst Du mit geistig längst Bestehendem durch den Zusammenschluß und die Verdichtung *eine neue Form!* So wechseln in der ganzen Schöpfung immer nur die Formen, da alles andere ewig und unzerstörbar ist.

Hüte Dich vor verworrenen Gedanken, vor aller Flachheit in dem Denken. Flüchtigkeit rächt sich bitter; denn es wird Dich schnell zu einem Tummelplatz fremder Einflüsse erniedrigen, wodurch Du sehr leicht mürrisch, launenhaft und ungerecht zu Deiner näheren Umgebung wirst.

Hast Du einen wirklichen Gedanken und hältst daran fest, so muß zuletzt die gesammelte Kraft auch zur Verwirklichung hindrängen; denn der Werdegang von allem spielt sich vollkommen geistig ab, *da jede Kraft nur geistig ist!* Was Dir dann sichtbar wird, sind immer nur die letzten Auswirkungen eines vorangegangenen geistig-magnetischen Prozesses, der sich nach feststehender Ordnung dauernd gleichmäßig vollzieht.

Beobachte, und wenn Du denkst und fühlst, ist Dir bald der Beweis erbracht, daß alles eigentliche Leben in Wahrheit *nur das geistige* sein kann, in dem allein der Ursprung und auch die Entwicklung liegt. Du mußt zur Überzeugung kommen, daß alles das, was Du mit körperlichen Augen siehst, tatsächlich nur Auswirkungen des ewig treibenden Geistes sind.

Jede Handlung, selbst die geringste Bewegung eines Menschen, ist ja vorher stets geistig gewollt. Die Körper spielen dabei nur geistig belebte Werkzeuge, die selbst erst zur Verdichtung kamen durch die Kraft des Geistes. So auch Bäume, Steine und die ganze Erde. Alles wird von dem schaffenden Geiste belebt, durchströmt, getrieben.

Da die ganze Materie aber, also das irdisch Sichtbare, nur Auswirkung des geistigen Lebens ist, so fällt es Dir nicht schwer zu fassen, daß je nach der Art des uns *zunächst* umgebenden Geisteslebens auch die *irdischen Verhältnisse* sich bilden. Was daraus logisch folgert, ist klar: Dem Menschen selbst ist durch die weise Einrichtung der Schöpfung Kraft gegeben, sich die Verhältnisse zu formen mit der Kraft des Schöpfers selbst. Wohl ihm, wenn er sie nur zu Gutem nützt! Doch wehe, läßt er sich verleiten, sie in Schlechtem anzuwenden!

Der Geist ist bei den Menschen nur umgeben und verdunkelt durch das irdische Begehren, das wie Schlacken an ihm haftet, ihn beschwert und niederzieht. Seine Gedanken sind nun Willensakte, in denen Kraft des Geistes ruht. *Der Mensch hat die Entscheidung, gut zu denken oder böse, und kann somit göttliche Kraft zum Guten wie zum Bösen lenken!* Darin liegt die Verantwortung, die der Mensch trägt; denn Lohn oder die Strafe dafür bleibt nicht aus, da alle Folgen der Gedanken zurück zum Ausgangspunkte kommen durch die eingesetzte Wechselwirkung, welche nie versagt, und die darin ganz unverrückbar, also unerbittlich, ist. Damit auch unbestechlich, streng, gerecht! Sagt man nun nicht dasselbe auch von Gott?

Wenn viele Glaubensgegner von einer Gottheit heute nichts mehr wissen wollen, so kann dies alles an den Tatsachen nichts ändern, die ich anführte. Die Leute brauchen nur das Wörtchen »Gott« weglassen, sich in die Wissenschaft ernst vertiefen, so finden sie *genau dasselbe,* nur mit anderen Worten ausgedrückt. Ist es nicht lächerlich, dann noch darum zu streiten?

Um die Naturgesetze kommt kein Mensch herum, niemand vermag dagegen anzuschwimmen. Gott ist die Kraft, die die Naturgesetze treibt; die Kraft, die noch niemand erfaßte, niemand sah, doch deren *Wirkungen* jedermann täglich, stündlich, ja in den Bruchteilen aller Sekunden sehen muß, empfindet und beobachtet, wenn er nur sehen *will,* in sich, in jedem Tiere, jedem Baume, jeder Blume, jeder Faser eines Blattes, wenn es schwellend aus der Hülle bricht, um an das Licht zu kommen.

Ist es nicht Blindheit, sich dem hartnäckig zu widersetzen, während jedermann, auch diese starren Leugner selbst, das Dasein dieser Kraft bestätigt, anerkennt? Was ist es, das sie hindert, diese anerkannte Kraft nun Gott zu nennen? Ist es kindlicher Trotz? Oder eine gewisse Scham, zugeben zu müssen, daß sie all die Zeit hindurch hartnäckig etwas zu verleugnen suchten, dessen Vorhandensein ihnen von jeher klar gewesen ist?

Wohl nichts von alledem. Die Ursache wird darin liegen, daß der Menschheit Zerrbilder der großen Gottheit von so vielen Seiten vorgehalten werden, denen sie bei ernstem Forschen nicht vermochte beizustimmen. Die allumfassende und alles durchdringende Kraft der Gottheit muß ja verkleinert und entwürdigt werden bei dem Versuch, sie in ein Bild zu pressen!

Bei tiefem Nachdenken läßt sich kein Bild damit in Einklang bringen! Gerade weil ein jeder Mensch den Gottgedanken in sich trägt, sträubt er sich ahnungsvoll gegen die Einengung der großen, unfaßbaren Kraft, die ihn erzeugte, die ihn leitet.

Das *Dogma* trägt die Schuld an einem großen Teile derer, die in ihrem Widerstreite jedes Ziel zu überschreiten suchen, sehr oft gegen die in ihrem Inneren lebende Gewißheit.

Die Stunde aber ist nicht fern, wo geistiges Erwachen kommt! Wo man die Worte des Erlösers richtig deutet, sein großes Erlösungswerk richtig erfaßt;

denn Christus brachte Erlösung aus dem Dunkel, indem er den Weg zur Wahrheit wies, als Mensch den Weg zur lichten Höhe zeigte! Und mit dem Blute an dem Kreuze drückte er das Siegel seiner Überzeugung auf!

Die Wahrheit war noch niemals anders, als sie damals auch schon war und heute ist, und in Zehntausenden von Jahren noch sein wird; denn sie ist ewig!

Drum lernet die Gesetze kennen, die in dem großen Buch der ganzen Schöpfung liegen. Sich denen fügen, heißt: Gott lieben! Denn Du bringst dadurch keinen Mißklang in die Harmonie, sondern trägst dazu bei, den brausenden Akkord zu voller Höhe zu gestalten.

Ob Du nun sagst: Ich unterwerfe mich freiwillig den bestehenden Naturgesetzen, weil es zu meinem Wohle ist, oder ob Du sprichst: Ich füge mich dem Willen Gottes, der sich in den Naturgesetzen offenbart, oder: der unfaßbaren Kraft, die die Naturgesetze treibt... ist es ein Unterschied in seiner Wirkung? Die Kraft ist da, und Du erkennst sie an, *mußt* sie ja anerkennen, weil Dir gar nichts anderes zu tun verbleibt, sobald Du etwas überlegst... und damit anerkennst Du Deinen Gott, den Schöpfer!

Und diese Kraft wirkt in Dir auch beim Denken! Mißbrauche sie deshalb nicht zu dem Schlechten, sondern denke Gutes! Vergiß nie: Wenn Du Gedanken zeugst, verwendest Du göttliche Kraft, mit der Du Reinstes, Höchstes zu erreichen fähig bist!

Versuche dabei niemals außer acht zu lassen, daß alle Folgen Deines Denkens stets auf Dich zurückfallen, je nach der Kraft, der Größe und der Ausdehnung *der Wirkung* der Gedanken, im Guten wie im Bösen.

Da der Gedanke aber geistig ist, kommen die Folgen *geistig* wieder. Sie treffen Dich deshalb, gleichviel, ob hier auf Erden oder dann nach Deinem Abscheiden im Geistigen. Sie sind, weil geistig, ja auch nicht an die Materie gebunden. Das ergibt, *daß der Zerfall des Körpers eine Auslösung nicht aufhebt!* Die Vergeltung in der Rückwirkung kommt sicher, früher oder später, hier oder dort bestimmt.

Die geistige Verbindung bleibt mit allen Deinen Werken fest; denn auch die irdischen, materiellen Werke haben ja geistigen Ursprung durch den zeugenden Gedanken und bleiben, wenn auch alles Irdische vergangen ist, bestehen. Daher heißt es richtig: »Deine Werke erwarten Dich, soweit Dich die Auslösung in der Rückwirkung noch nicht getroffen hat.«

Bist Du bei einer Rückwirkung noch hier auf Erden oder wieder hier, so wirkt sich dann die Kraft der Folgen aus dem Geistigen *je nach der Art* im

Guten wie im Bösen durch die Verhältnisse, Deine Umgebung oder an Dir selbst direkt, an Deinem Körper, aus.

Hier sei noch einmal ganz besonders darauf hingewiesen: *Das wahre eigentliche Leben spielt sich geistig ab!* Und das kennt weder Zeit noch Raum, deshalb auch keine Trennung. Es steht über irdischen Begriffen. Aus diesem Grunde treffen Dich die Folgen, wo Du auch bist, zu der Zeit, wo nach ewigem Gesetz die Auswirkung zurückkehrt zu dem Ausgangspunkte. Nichts geht dabei verloren, es kommt sicher.

Das löst nun auch die schon so oft gestellte Frage, wie es kommt, daß sichtbar gute Menschen manchmal schwer zu leiden haben in dem Erdenleben, so daß es wie ein Unrecht angesehen wird. *Das sind Auslösungen, die sie treffen müssen!*

Du kennst die Lösung dieser Frage jetzt; denn Dein jeweiliger Körper spielt dabei keine Rolle. Dein Körper bist ja nicht Du selbst, er ist nicht Dein ganzes »Ich«, sondern ein Werkzeug, das Du Dir erwähltest oder das Du nehmen mußtest, je nach den schwebenden Gesetzen des geistigen Lebens, die Du auch kosmische Gesetze nennen kannst, wenn sie Dir so verständlicher erscheinen. Das jeweilige Erdenleben ist nur eine kurze Spanne Deines eigentlichen Seins.

Ein niederschmetternder Gedanke, wenn es dabei kein Entrinnen gäbe, keine Macht, die schützend dem entgegenwirkt. Wie mancher müßte da verzagen, wenn er zu Geistigem erwacht, und wünschen, besser noch zu schlafen in dem alten Trott. Er weiß ja nicht, *was* alles auf ihn wartet, was ihn noch trifft in seiner Rückwirkung von früher her! Oder, wie die Menschen sagen: »Was er gutzumachen hat.«

Doch unbesorgt! Mit dem Erwachen ist Dir in der weisen Einrichtung der großen Schöpfung auch ein Weg gezeigt, durch jene *Kraft des guten Wollens*, auf die ich schon besonders hingewiesen habe, die die Gefahren des sich auslösenden Karmas lindert oder ganz zur Seite schiebt.

Auch das legte des Vaters Geist in Deine Hand. Die Kraft des guten Wollens breitet um Dich einen Kreis, der andrängendes Übel zu zersetzen fähig ist oder doch abschwächt in sehr hohem Grade, genau so, wie die Luftschicht auch den Erdball schützt.

Die Kraft des guten Wollens aber, dieser starke Schutz, wird großgezogen und gefördert durch die Macht des Schweigens.

Drum rufe ich Euch, Suchende, noch einmal dringend zu:

»Haltet den Herd Euerer Gedanken rein und übt danach in erster Linie die große Macht des Schweigens, wenn Ihr aufwärts kommen wollt.«

Der Vater hat die Kraft zu allem schon in Euch gelegt! Ihr braucht sie nur zu nützen!

AUFSTIEG

Verstrickt Euch nicht in einem Netze, die Ihr nach Erkenntnis strebt, sondern werdet sehend!

Ein unabänderlicher Sühnezwang lastet durch ewiges Gesetz auf Euch, den Ihr niemals auf andere abwälzen könnt. Was Ihr Euch aufbürdet durch Euere Gedanken, Worte oder Werke, vermag niemand zu lösen als Ihr selbst! Bedenkt, sonst würde göttliche Gerechtigkeit nur leerer Schall sein, mit ihr auch alles andere in Trümmer stürzen.

Deshalb macht Euch frei! Säumt keine Stunde, diesem Sühnezwang ein Ziel zu setzen! Ehrliches Wollen zu dem Guten, Besseren, das durch wahrhaft empfundenes Gebet größere Kraft erhält, *bringt die Erlösung!*

Ohne das ehrliche, feste Wollen zu dem Guten kann die Sühne nie erfolgen. Fortlaufend wird das Niedere sich selbst dann immer wieder neue Nahrung geben zu weiterem Bestehen und damit immer wieder neue Sühne fordern, ohne Unterlaß, so daß das stetig sich Erneuernde nur wie ein *einzig* Laster oder Leiden Euch erscheint! Doch es ist eine ganze Kette ohne Ende, stets neu bindend, noch bevor das Vorhergehende sich lösen konnte.

Es gibt dann niemals die Erlösung, da es dauernd Sühnen fordert. Es ist wie eine Kette, die Euch an den Boden angeschmiedet hält. Dabei ist die Gefahr sehr groß, daß es noch tiefer abwärts geht. Drum rafft Euch endlich auf zu gutem Wollen, Ihr, die Ihr noch im Diesseits oder nach Eueren Begriffen schon im Jenseits seid! Bei stetig gutem Wollen *muß* das Ende aller Sühnen kommen, da der Gutwollende und also Wirkende nicht neue Nahrung zu erneuter Sühneforderung gewährt. Und dadurch kommt dann die Befreiung, die Erlösung, die allein den Aufstieg zuläßt zu dem Licht. *Hört auf die Warnung! Es gibt keinen anderen Weg für Euch! Für niemand!*

Damit erhält aber auch jeder die Gewißheit, daß es nie zu spät sein kann. Wohl für die Einzeltat, gewiß, die habt Ihr dann zu sühnen, abzulösen, doch in dem Augenblicke, wo Euer Bestreben zu dem Guten ernsthaft einsetzt, stellt Ihr den Markstein für das Ende Eurer Sühnen, seid gewiß, daß dieses

Ende einmal kommen *muß*, und Euer Aufstieg wird damit beginnen! Dann könnt Ihr freudig an die Abarbeitung aller Sühnen gehen. Was Euch dann noch begegnet, geschieht zu Eurem Heile, bringt Euch der Stunde der Erlösung, der Befreiung näher.

Versteht Ihr nun den Wert, wenn ich Euch rate, mit aller Kraft das gute Wollen, reine Denken zu beginnen? Nicht davon abzulassen, sondern Euch mit aller Sehnsucht, aller Energie daran zu klammern! Es hebt Euch hoch! Es ändert Euch und Euere Umgebung!

Bedenkt, daß jede Erdenlaufbahn eine kurze Schule ist, daß mit dem Ablegen des Fleisches für Euch selbst kein Ende kommt. Ihr werdet dauernd leben oder dauernd sterben! Dauernd Glück genießen oder dauernd leiden!

Wer wähnt, daß mit dem irdischen Begräbnis auch für ihn alles erledigt, alles ausgeglichen ist, der wende sich und gehe seinen Weg; denn damit will er nur sich selbst betören. Entsetzt wird er dann vor der Wahrheit stehen und seinen Leidensweg beginnen... *müssen!* Sein wahres Selbst, entblößt vom Schutze seines Körpers, dessen Dichtheit ihn wie ein Wall umgab, wird dann von dem ihm Gleichartigen angezogen, umringt und festgehalten.

Das Aufraffen des ernsten Wollens zu dem Besseren, das ihn befreien, höher bringen könnte, wird ihm schwerer, lange Zeit unmöglich, weil er nur dem Einfluß der gleichartigen Umgebung unterworfen ist, die keinen derartigen Lichtgedanken in sich trägt, der ihn erwecken, unterstützen könnte. Er muß doppelt unter allem leiden, was er sich erschaffen hat.

Aus diesem Grunde ist ein Aufwärtskommen dann viel schwerer als in Fleisch und Blut, wo Gutes neben Bösem wandelt, was nur der Schutz des Erdenkörpers möglich macht, weil... dieses Erdenleben eine Schule ist, wo jedem »Ich« die Möglichkeit der Fortentwickelung gegeben ist nach seinem freien Willen.

Deshalb rafft Euch endlich auf! Die Frucht jedes Gedankens fällt auf Euch zurück, hier oder dort, Ihr habt sie zu genießen! Kein Mensch kann dieser Tatsache entfliehen!

Was nützt es Euch, wenn Ihr wie Vogel Strauß den Kopf scheu in den Sand zu stecken sucht vor dieser Wirklichkeit? Seht doch den Tatsachen kühn ins Gesicht! Ihr macht es Euch dadurch nur leicht; denn hier ist schneller vorwärts zu kommen.

Beginnt! Aber in dem Bewußtsein, daß das Alte alles ausgeglichen werden muß. Erwartet nicht wie viele Toren, daß das Glück unmittelbar darauf durch Tür und Fenster in den Schoß gefallen kommt. Vielleicht hat mancher unter Euch noch eine Riesenkette abzulösen. Doch wer deshalb verzagt, der schadet sich nur selbst, weil es ihm nicht erspart und abgenommen werden kann. Durch Zögern macht er sich alles nur schwerer, vielleicht für lange Zeit hinaus unmöglich.

Ansporn sollte es ihm sein, nicht eine Stunde länger zu versäumen; denn mit dem ersten Schritt beginnt er erst zu leben! Wohl dem, der sich dazu ermannt, es wird sich von ihm lösen, Glied um Glied. Mit Riesensprüngen kann er vorwärts stürmen, jauchzend und dankend auch die letzten Hindernisse nehmen; denn er wird frei!

Die Steine, die sein bisheriges falsches Wirken vor ihm aufgetürmt wie eine Mauer, die das Vorwärtsschreiten hindern *mußte*, werden nun etwa nicht weggeräumt, sondern im Gegenteile sorgsam vor ihn hingelegt, damit er sie erkennt und überwindet, weil er den Ausgleich aller Fehler schaffen muß. Doch staunend und bewundernd sieht er bald die Liebe, welche dabei um ihn waltet, sobald er nur den guten Willen zeigt.

Der Weg wird ihm mit zarter Schonung so erleichtert wie einem Kinde von der Mutter bei den ersten Gehversuchen. Gibt es Dinge seines bisherigen Lebens, die ihn im stillen bangend schreckten und die er lieber dauernd schlafen lassen wollte... ganz unerwartet wird er dicht davor gestellt! Er muß entscheiden, handeln. Auffallend wird er durch Verkettungen dazu gedrängt. Wagt er es dann, den ersten Schritt zu tun in dem Vertrauen auf den Sieg des guten Wollens, dann löst sich der verhängnisvolle Knoten, er geht hindurch und ist davon befreit.

Doch kaum ist diese Schuld gelöst, tritt schon die andere in irgendeiner Form an ihn heran, gleichsam verlangend, auch gelöst zu werden.

So springt ein Reifen nach dem anderen, die ihn beengten, niederdrücken mußten. Ihm wird so leicht! Und das Gefühl der Leichtigkeit, das mancher unter Euch ganz sicher schon einmal erlebte, es ist keine Täuschung, sondern Wirkung einer Tatsache. Der so vom Druck befreite Geist wird leicht und schnellt nach dem Gesetz geistiger Schwerkraft hoch, in jene Region, der er nun seiner Leichtigkeit entsprechend angehört.

So muß es stetig aufwärts gehen, dem ersehnten Licht entgegen. Übles Wollen drückt den Geist herab und macht ihn schwer, das gute aber treibt ihn hoch.

Jesus zeigte Euch auch hierfür schon den schlichten Weg, der unfehlbar zum Ziele führt; denn tiefe Wahrheit liegt in den einfachen Worten: *»Liebe Deinen Nächsten wie Dich selbst!«*

Damit gab er den Schlüssel zu der Freiheit, zu dem Aufstiege! Weil es als unantastbar gilt: Was Ihr dem Nächsten tut, das tut in Wirklichkeit Ihr nur für Euch! Für Euch allein, da alles nach den ewigen Gesetzen unbedingt auf Euch zurückfällt, Gutes oder Böses, sei es nun hier schon oder dort. Es kommt! Drum ist der einfachste der Wege Euch damit gewiesen, wie Ihr den Schritt zum guten Wollen aufzufassen habt.

Mit Eurem *Wesen* sollt Ihr Eurem Nächsten geben, Eurer Art! Nicht etwa unbedingt mit Geld und Gut. Dann würden ja die Mittellosen von der Möglichkeit des Gebens ausgeschlossen sein. Und in diesem Wesen, in dem »Sichgeben« in dem Umgange mit Eurem Nächsten, in der Rücksicht, Achtung, die Ihr ihm freiwillig bietet, liegt das »Lieben«, das uns Jesus nennt, liegt auch die Hilfe, die Ihr Eurem Nächsten leistet, weil er darin sich selbst zu ändern oder seine Höhe weiter zu erklimmen fähig wird, weil er darin erstarken kann.

Die Rückstrahlungen davon aber heben Euch in ihrer Wechselwirkung schnell empor. Durch sie erhaltet Ihr stets neue Kraft. Mit rauschendem Fluge vermögt Ihr dann dem Lichte zuzustreben...

Arme Toren, die noch fragen können: »Was gewinne ich dabei, wenn ich so vieles Altgewohnte lasse und mich ändere?«

Ist es ein Handel, der geschlossen werden soll? Und wenn sie nur als Mensch an sich gewinnen würden, als solcher in gehobenerem Wesen, so wäre es des Lohnes schon genug. Aber es ist unendlich mehr! Ich wiederhole: Mit dem Beginn des guten Wollens setzt ein jeder auch den Markstein für das Ende seines Sühnezwanges, den er erfüllen muß, dem er niemals entrinnen kann. Kein anderer vermag in dieser Hinsicht für ihn einzutreten.

Er setzt also mit dem Entschluß dem Sühnezwang ein absehbares Ende. Das ist ein Wert, den alle Schätze dieser Welt nicht aufzuwiegen fähig sind. Er ringt sich damit los von Sklavenketten, die er selbst sich dauernd schmiedet. Und deshalb auf vom Schlafe, der entnervt. Laßt endlich das Erwachen kommen!

Fort mit dem Rausch, der lähmend die Einbildung bringt, daß die Erlösung durch den Heiland ein Geleitbrief dafür wurde, daß Ihr Euer Leben lang sorgenlos einer »Ichsucht« frönen dürft, wenn Ihr zuletzt noch gläubig werdet, umkehrt und im Glauben an den Heiland und sein Werk von dieser Erde scheidet! Toren, von der Gottheit solch armseliges lückenhaftes Stückwerk zu erwarten! Das hieße ja das Böse züchten! Denket daran, macht Euch frei!

KULT

KULT soll das formgewordene Bestreben sein, etwas irdisch Unerfaßbares dem Erdensinnen irgendwie aufnehmbar werden zu lassen.

Das formgewordene Bestreben *soll* es sein, aber es ist leider noch nicht so; denn sonst würde vieles ganz andere Formen haben müssen, wenn diese aus dem Bestreben selbst *hervorgegangen* wären. Der *rechte* Weg dazu bedingt gerade das aus dem Innersten herausbrechende Hervorgehen der äußeren Formen. Alles aber, was wir heute sehen, ist ein *verstandesmäßiger* Aufbau, in den *dann* erst die Empfindungen hineingepreßt werden sollen. Es wird dabei also der umgekehrte Weg eingeschlagen, den man natürlich ebensogut den verkehrten oder falschen Weg nennen kann, der niemals wirklich lebendig in sich zu sein vermag.

Dadurch gestaltet sich so manches plump oder aufdringlich, was in anderer Form dem *eigentlichen* Wollen viel näher kommen würde, womit sich dann auch erst die überzeugende Wirkung verbinden kann.

So manches Gutgemeinte muß abstoßen, anstatt zu überzeugen, weil die rechte Form dafür noch nicht gefunden wurde, die der Verstand für irdisch Unerfaßbares nie geben kann!

So ist es auch in den Kirchen. Zu deutlich drängt sich der Verstandesaufbau dabei hervor, der auf irdischen Einfluß gerichtet ist, und so manches Gute verliert dabei an Eindruck, weil es unnatürlich wirkt.

Unnatürlich kann wiederum nur wirken, was den Schöpfungsgesetzen nicht entspricht. Gerade solche Dinge gibt es aber in den jetzigen Kulten sehr viel, wo einfach alles, was den natürlichen Schöpfungsgesetzen entgegensteht, in geheimnisvolles Dunkel gehüllt wird.

Gerade damit aber, daß die Menschen unbewußt in solchen Dingen nie von einem geheimnisvollen Lichte reden, sondern immer nur von einem Dunkel, treffen sie das Rechte; denn das Licht kennt keine Verschleierung, also auch keine Mystik, die in der Schöpfung, welche aus dem vollkommenen Willen Gottes erstand und nach unverrückbarem Rhythmus selbsttätig arbeitet, auch keinen Raum haben dürfte. Nichts ist klarer in seinem Weben als gerade die Schöpfung, die das Werk Gottes ist!

Darin ruht das Geheimnis des Erfolges und Bestandes oder des Zusammenbruches. Wo auf diese lebendigen Schöpfungsgesetze gebaut ist, dort helfen sie, bringen Erfolg und auch Bestand. Wo diese Gesetze aber nicht beachtet werden, sei es aus Nichtwissen oder Eigenwillen heraus, dort muß unfehlbar nach kürzerer oder längerer Zeit der Zusammenbruch erfolgen; denn es vermag sich nicht für die Dauer zu halten, weil es auf keinem festen, unverrückbaren Grunde steht.

Deshalb ist auch so vieles Menschenwerk vergänglich, was es nicht zu sein brauchte. Dazu gehören Kulte mancherlei Arten, die immer wieder Veränderungen unterworfen werden müssen, wenn sie nicht ganz in sich zusammenbrechen sollen.

Der Gottessohn gab in einfachster und klarster Weise den Erdenmenschen in seinem *Worte* den *rechten* Weg, auf dem sie diesem Schöpfungsweben entsprechend ihr Erdenleben führen sollen, um von den Gesetzen Gottes, die in dem Weben der Schöpfung sich auswirken, helfend getragen und emporgehoben zu werden in lichte Höhen, um Frieden und Freude auf der Erde zu erhalten.

Leider hielten sich aber die Kirchen nicht an den vom Gottessohne selbst ganz genau erklärten und gegebenen Weg zur Erlösung und Hebung der Menschen, sondern sie fügten seiner Lehre noch manches aus eigenem Denken hinzu und richteten damit naturgemäß Verwirrung an, die Spaltungen nach sich ziehen mußte, weil es den Schöpfungsgesetzen nicht entsprach und deshalb auch, so sonderbar es klingen mag, gegen die klare Lehre des Gottessohnes ist, nach dem sie sich doch als Christen bezeichnen.

So ist es zum Beispiel mit dem Marienkult der päpstlichen Christen. Hat Jesus, der die Menschen *alles* lehrte, wie sie denken und handeln, ja sogar auch reden und beten sollten, um das Richtige, im Gotteswillen Liegende zu tun, jemals auch nur mit einem Worte etwas von derartigem gesagt? *Nein, das hat er nicht!* Und das ist ein Beweis dafür, daß er es auch nicht wollte, daß es nicht sein sollte!

Es gibt sogar Aussprüche von ihm, die das Gegenteil beweisen von dem, was der Marienkult bedingt.

Und Christen wollen sich doch in ehrlichem Tun nur nach Christus richten, sonst würden sie ja keine Christen *sein.*

Wenn von den Menschen nun noch mehr hinzugesetzt wurde und die päpstlichen Kirchen anders handeln, als es Christus lehrte, so ist damit der Beweis gegeben, daß sich diese Kirche in Vermessenheit *über* den Gottessohn stellt; denn sie sucht seine Worte zu verbessern, indem sie Handlungen einsetzt, die der Gottessohn *nicht* wollte, da er sie sonst nach alledem, was er den Menschen gab, auch unbedingt gelehrt haben würde.

Gewiß, es *gibt* eine Himmelskönigin, die nach irdischen Begriffen auch Urmutter genannt werden könnte und doch reinste Jungfräulichkeit hat. Diese aber ist von Ewigkeit her in den *höchsten Höhen* und war niemals in irdischer Verkörperung!

Diese ist es auch, deren *Strahlungsbild,* aber nicht sie selbst in Wirklichkeit, hier und da einmal von tieferschütterten Menschen »gesehen« oder »empfunden« werden kann. Durch sie kommen auch oft beschleunigte Hilfen, Wunder genannt.

Ein wirkliches, *persönliches* Erschauen dieser Urkönigin ist selbst dem gereiftesten Menschengeiste aber niemals möglich, da jede Art nur immer die gleiche Art zu schauen fähig ist nach den unverbiegbaren Schöpfungsgesetzen. So kann das irdische Auge nur Irdisches schauen, das feinstoffliche Auge nur Feinstoffliches, das geistige Auge nur Geistiges und so fort.

Und da der Menschen*geist* nur das Geistige erschauen kann, aus dem er selbst hervorgegangen ist, so vermag er auch nicht in Wirklichkeit die Urkönigin zu erschauen, die viel höherer Art ist, sondern, wenn er einmal dazu begnadet ist, *nur deren geistiges Strahlungsbild,* das aber wie lebendig erscheint und in der Strahlung schon so stark sein kann, daß es Wunder bewirkt dort, wo es einen dazu bereiteten Boden findet, der durch unerschütterlichen Glauben oder tiefgehende Bewegung in Leid oder Freude gegeben ist.

Das liegt in dem Schöpfungswirken, das von dem vollkommenen Gotteswillen ausgeht und getragen wird. In diesem Wirken liegen auch alle Hilfen für die Menschen von Anfang an und in alle Ewigkeit, wenn diese sich nicht selbst davon abwenden im Besserwissenwollen.

In der Schöpfung wirkt Gott; denn sie ist sein vollkommenes Werk.

Und gerade aus dieser Vollkommenheit heraus mußte bei der irdischen Geburt des Gottessohnes auch eine irdische Zeugung vorausgegangen sein. Wer das Gegenteil behauptet, zweifelt an der Vollkommenheit der *Werke* Gottes, somit auch an der Vollkommenheit Gottes selbst, aus dessen Willen die Schöpfung hervorging.

Unbefleckte Empfängnis ist eine Empfängnis in reinster Liebe, die im Gegensatz steht zu einer Empfängnis in sündiger Lust! Aber keine irdische Geburt ohne Zeugung.

Wenn eine irdische Empfängnis, also eine irdische Zeugung an sich nicht unbefleckt sein könnte, dann müßte ja jede Mutterschaft als Beschmutzung angesehen werden!

Durch die Schöpfung spricht Gott auch, zeigt deutlich seinen Willen.

Diesen Willen zu erkennen ist des Menschen Pflicht. Und der Gottessohn wies in seinem Heiligen Worte den rechten Weg dazu, weil sich die Menschen nicht darum bemühten und sich deshalb in die selbsttätigen Gesetze der Schöpfung immer mehr verstrickten.

Dieses unverbiegbare Schöpfungsweben mußte die Menschen bei Unkenntnis und falscher Anwendung mit der Zeit vernichten, während es die Menschheit hoch emporhebt, wenn sie richtig nach dem Gotteswillen lebt.

Lohn und Strafe für den Menschen liegen in dem Schöpfungsweben, das durch Gottes Willen selbst andauernd gleichbleibend geleitet wird. Darin liegt auch Verwerfung oder die Erlösung! Es ist unerbittlich und gerecht, stets sachlich, ohne Willkür.

Darin liegt die unsagbare Größe Gottes, seine Liebe und Gerechtigkeit. Also in *seinem Werke,* das er dem Menschen neben vielen anderen von Wesenheiten mit als Wohnung und als Heimat überließ.

Es ist die Zeit, daß nun die Menschen zu dem *Wissen* davon kommen müssen, um mit voller Überzeugung zur Erkenntnis von dem *Wirken Gottes* zu gelangen, das in seinem *Werk* zum Ausdruck kommt!

Dann steht jeder Erdenmensch ganz unerschütterlich mit dem freudigsten Schaffenswollen hier auf Erden, in dem dankbarsten Aufblicke zu Gott, weil das Erkennen ihn für alle Zeit verbindet durch das *Wissen!*

Um den Menschen solches Wissen zu vermitteln, das ihnen übersichtliche und verständliche Überzeugung von dem Wirken Gottes in seiner Gerechtigkeit und Liebe gibt, schrieb ich das Werk »Im Lichte der Wahrheit«, das keine Lücke läßt, auf *jede* Frage Antwort in sich birgt, den Menschen Klarheit bringt, wie wunderbar die Wege in der Schöpfung sind, die viele Diener seines Willens tragen.

Heilig aber ist nur Gott!

ERSTARRUNG

In der Schöpfung ist alles Bewegung. Die Bewegung, durch den Druck des Lichtes ganz gesetzmäßig hervorgerufen, erzeugt Wärme und läßt darin Formen sich zusammenfügen. Ohne Licht könnte es also nicht Bewegung geben, und der Mensch kann sich deshalb auch vorstellen, daß die Bewegung in des Lichtes Nähe noch viel schneller, stärker sein muß als in weiter Ferne von ihm.

Tatsächlich wird auch die Bewegung bei Entfernung von dem Lichte immer langsamer und träger, sie kann mit der Zeit sogar bis zur Erstarrung aller Formen führen, die sich bei zuerst noch regerer Bewegung schon gebildet hatten.

Unter dem Ausdrucke »Licht« ist natürlich in diesem Falle nicht das Licht irgendeines Gestirnes zu verstehen, sondern das *Urlicht,* welches das Leben selbst ist, also Gott!

Anschließend an das damit gegebene Bild eines großen Überblickes auf den Vorgang in der Schöpfung will ich heute einmal die Aufmerksamkeit auf die Erde richten, die jetzt in viel größerer Entfernung von dem Urlichte ihre Kreise zieht, als es vor vielen Millionen Jahren geschah, weil sie mehr und mehr der Schwere des Dunkels preisgegeben wurde durch die Menschen, welche sich von Gott entfernten in lächerlichem Eigendünkel unter einseitiger Zugroßzüchtung des Verstandes, der nur *abwärts* auf die grobe Stofflichkeit gerichtet ist und immer bleiben wird, weil er *dazu* gegeben wurde, aber unter der Voraussetzung des ungetrübtesten Empfangenkönnens aller Strahlungen und Eindrücke von oben aus den lichten Höhen.

Dem Vorderhirn fällt alle Arbeit des Verstandes zu für äußere Betätigung im gröbsten Stofflichen, also in der Materie, dem Hinterhirn jedoch das Aufnehmen und Weitergeben zur Verarbeitung der Eindrücke von oben, die leichter, lichter sind als grobe Stofflichkeit.

Dieses zu Nutzen der Menschen gegebene harmonische Zusammenwirken der beiden Gehirne wurde durch einseitige Hingebung des Menschen zu nur irdischem, also grobstofflichem Wirken gestört und mit der Zeit ganz unterbunden, förmlich abgeschnürt, weil das Vorderhirn durch allzu rege Beschäftigung mit der Zeit zu groß sich entwickeln mußte im Verhältnis zu dem vernachlässigten Hinterhirn, was dadurch immer mehr empfangsunfähig wurde und geschwächt. Damit erstand in den Jahrtausenden das *Erbübel* bei grobstofflicher Fortpflanzung; denn schon die Kinder brachten bei Geburt ein im Verhältnis zu dem Hinterhirn viel besser entwickeltes Vorderhirn mit, worin die Gefahr des Erwachens der *Erbsünde* gegeben wurde, die aus dem dadurch von vornherein bedingten, nur auf das Irdische, also von Gott abgewendet gerichteten Denkenmüssen besteht.

Das wird alles ohne weiteres jedem ernstwollenden Menschen begreiflich sein, außerdem habe ich es in vielseitiger Ausführlichkeit in meiner Botschaft erklärt.

Alles Übel auf der Erde erstand dadurch, weil der Mensch infolge seines geistigen Ursprunges mit seinem Wollen auf das andere auf Erden Bestehende drücken konnte, während er gerade durch diesen geistigen Ursprung hätte *emporhebend* wirken können und auch sollen; denn das war und ist seine eigentliche Aufgabe in der Nachschöpfung, in der naturgemäß alles Geistige das Führende ist. Es kann aufwärts führen, was das Natürliche wäre, ebenso aber auch abwärts, wenn das Wollen des Geistigen vorwiegend nach nur Irdischem strebt, wie es bei den Erdenmenschen der Fall ist.

In dem von mir in meiner Botschaft gegebenen Schöpfungswissen und der damit verbundenen Erklärung aller selbsttätig in der Schöpfung wirkenden Gesetze, die man auch Naturgesetze nennen kann, zeigt sich lückenlos das ganze Schöpfungsweben, das alle Vorgänge klar erkennen läßt, somit den Zweck des ganzen Menschenlebens, auch sein Woher und das Wohin in unantastbarer Folgerichtigkeit entrollt, deshalb auf jede Frage Antwort gibt, so der Mensch ernsthaft darnach sucht.

Hierbei müssen sogar die böswilligsten Gegner haltmachen, da ihre Spitzfindigkeiten nicht hinreichen, in die vollkommene Rundung des Gesagten zerstörend eindringen zu können, um den Menschen auch diese Hilfe zu nehmen. – –

Ich sagte, daß die Bewegung in der Schöpfung immer langsamer werden muß, je weiter entfernt von dem Urlichte, dem Ausgangspunkte des Druckes, der als Folge die Bewegung bringt, irgend etwas sich befindet.

So ist es zur Zeit mit der Erde. Ihre Kreise haben sich immer mehr entfernt durch Schuld der Erdenmenschen, die Bewegungen werden damit langsamer, immer träger, und vieles ist bereits dadurch schon nahe vor dem Stadium einsetzender Erstarrung.

Auch die Erstarrung hat sehr viele Stufen; sie ist in den Anfängen nicht so leicht zu erkennen. Auch während eines Fortschreitens darin bleibt das Erkennen ausgeschlossen, es sei denn, daß einmal ein Lichtblick zu schärfster Beobachtung anregt.

Es ist schon deshalb schwer, weil alles, was im Kreise der sich immer mehr verlangsamenden Bewegungen lebt, gleichmäßig mit hineingezogen wird in die zunehmende Verdichtung, die zu der Erstarrung führt. Dabei nicht etwa nur der Körper eines Menschen, sondern alles, auch sein Denken. Das geht bis ins Kleinste. Unmerklich auch verändern und verschieben sich alle Begriffe, selbst die für den eigentlichen Sinn der Sprache.

Der Mensch kann es bei seinem Nächsten nicht bemerken, da er selbst im gleichen trägen Schwingen mitgezogen wird, wenn er nicht aus sich selbst heraus mit stärkstem Wollen und mit Zähigkeit sich geistig noch einmal emporzuringen sucht, um so dem Lichte wieder etwas näher zu gelangen, wodurch sein Geist allmählich auch beweglicher und damit leichter, lichter wird und einwirkt auf das irdische Erkennen.

Dann aber wird er schreckerfüllt mit grausigem Entsetzen sehen oder wenigstens empfinden, wie weit auf dieser Erde die Verzerrungen aller Begriffe in Erstarrung schon gediehen sind. Es fehlt die weite Sicht des Eigentlichen, weil alles in enge, unübersehbare Grenzen gepreßt ist, die nicht mehr zu durchdringen sind und in gewisser Zeit alles, was sie umfassen, ganz ersticken müssen.

Ich habe oft schon auf verbogene Begriffe hingewiesen; jetzt aber kommen diese langsam auf dem Wege abwärts zur Erstarrung, in der dauernden Entfernung von dem Licht.

Es ist nicht nötig, Einzelbeispiele zu bringen, man würde solcherlei Erklärungen gar nicht beachten oder sie als lästige Wortklauberei bezeichnen, weil man viel zu starr oder zu träge ist, um eingehend darüber nachdenken zu wollen.

Ich sprach auch schon genügend von der Macht des Wortes, dem Geheimnis, daß sogar das *Menschenwort* in dem Bereich der Erde auf das Schöpfungswirken eine Zeit aufbauend oder niederreißend wirken kann, weil durch den Laut, den Ton und die Zusammenstellung eines Wortes Schöpfungskräfte in Bewegung kommen, die nicht nach dem Sinn des Sprechers wirken, sondern nach dem Sinn des *Wortes* in seiner Bedeutung.

Die Bedeutung aber wurde einst gegeben durch die Kräfte, welche das Wort in Bewegung setzt, und die dadurch genau auf den *richtigen* Sinn abgestimmt sind oder umgekehrt, nicht auf das Wollen des Sprechenden. Sinn und Wort erstanden aus der entsprechenden Kräftebewegung, darum sind sie untrennbar *eins!*

Das *Denken* des Menschen bewegt wieder *andere* Kraftströmungen, die dem Sinn des Denkens entsprechen. Deshalb sollte sich der Mensch bemühen, die richtigen Worte für den Ausdruck seines Denkens zu wählen, dabei also richtiger und klarer zu empfinden.

Nehmen wir an, ein Mensch wird um irgend etwas befragt, von dem er gehört hat, vielleicht auch einen Teil mit sehen konnte. Befragt, würde er ohne weiteres behaupten, daß er es *weiß!*

Nach vieler oberflächlicher Menschen Meinung würde diese Antwort richtig sein, und doch ist sie in Wahrheit *falsch* und verwerflich; denn »wissen« heißt *genaue Auskunft* über alles geben können, von Anfang bis zum Ende, jede Einzelheit, ohne Lücke und aus eigenem Erleben. Erst *dann* kann ein Mensch sprechen, daß er es *weiß*.

Es liegt eine große Verantwortung in dem Ausdrucke und dem damit verbundenen Begriffe »Wissen«!

Ich wies auch schon einmal auf den großen Unterschied zwischen dem »Wissen« und dem »Erlernten« hin. Gelehrsamkeit ist noch lange nicht wirkliches *Wissen*, das nur eigenpersönlich sein kann, während Erlerntes das Annehmen von etwas Außerpersönlichem bleibt.

Etwas hören und zum Teil vielleicht auch sehen ist noch lange nicht das *Wissen* selbst! Der Mensch darf nicht behaupten: Ich *weiß* es, sondern könnte höchstens sagen: Ich habe davon gehört oder gesehen, ist aber, wenn er *recht* handeln will, der Wahrheit entsprechend verpflichtet zu sagen: Ich weiß es nicht!

Das ist dann in jeder Beziehung richtiger gehandelt, als wenn er von etwas berichtet, wobei er selbst nichts damit zu tun hat, was also auch nicht ein wirkliches *Wissen* sein kann, während er durch Teilberichte andere Menschen nur verdächtigen oder belasten würde, sie vielleicht sogar unnötig ins Unglück stürzt, ohne die eigentlichen Zusammenhänge zu kennen. Wägt deshalb *jedes* Wort, welches Ihr nützen wollt, peinlich mit der Empfindung ab.

Wer tiefer denkt, sich nicht mit schon erstarrten Begriffen zufriedengeben will zur Selbstentschuldigung für schwätzerische Wichtigtuerei und übles Wollen, der wird die Ausführungen leicht verstehen und in stiller Prüfung weiter blicken lernen bei allem, was er spricht.

Derartige Begriffsverengungen sind schon unzählige mit ihren verderblichen Folgen unter den Erdenmenschen zur Gewohnheit geworden, gierig aufgegriffen und gefördert von den Sklaven des Verstandes als den willigsten Trabanten luziferischer Einflüsse schwersten Dunkels.

Lernt die Strömungen in dieser Schöpfung aufmerksam beobachten und richtig nützen, die den Gotteswillen in sich tragen, damit Gottgerechtigkeit in reiner Form. Dann werdet Ihr das wahre Menschentum auch wiederfinden, das Euch weggerissen wurde.

Wie vieles Leid würde dadurch vermieden, und wie vielen Übelwollenden unter den Menschen auch die Möglichkeit zu ihrem Tun genommen.

Diesem Übel ist es auch zuzuschieben, daß die Schilderung des Erdenlebens des Gottessohnes Jesus in nicht allen Punkten mit den Tatsachen übereinstimmt, woraus nun mit der Zeit bis heute unter dem Denken der Menschen ein ganz falsches Bild erstand. Ebenso wurden die von ihm gegebenen Worte verbogen, wie es bei *allen* zur Religion erhobenen Lehren geschah, die den Menschen Erhebung und Vervollkommnung des Geistes bringen sollten.

Und darin ruht auch die große Verwirrung unter allen Menschen, die sich immer weniger gegenseitig wirklich verstehen können, was Unfrieden, Mißtrauen, Verleumdungen, Neid und Haß erwachsen und zum Blühen kommen läßt.

Es sind das alles untrügliche Zeichen der fortschreitenden Erstarrung auf der Erde!

Reißt Euren Geist empor, beginnet *weitschauend* und umfassend zu denken und zu sprechen! Das bedingt natürlich auch, daß Ihr nicht nur mit dem Verstande arbeitet, welcher zur gröbsten Stofflichkeit gehört, sondern auch Eurem Geist die Möglichkeiten wieder gebt, Euren Verstand zu führen, der ihm dienen soll nach der Bestimmung Eures Schöpfers, welcher Euch von Anfang an noch unverbogen auf der Erde hier erstehen ließ.

So vieles steht bereits im ersten Zustand der Erstarrung, bald kann nun Euer ganzes Denken schon davon ergriffen sein und muß in unbiegsamen, eisernen Kanälen laufen, die Euch selber nur noch Unbehagen bringen, Leid um Leid, und Euch zuletzt vom Menschentume niederzwingen zu der Stufe einer inhaltlosen, nur dem Dunkel dienenden Maschine, fern von allem Licht.

KINDLICHKEIT

Das Wort »kindlich« ist ein Ausdruck, der von den Menschen in ihrer leichtfertigen und unüberlegten Art des Redens in den meisten Fällen falsch angewendet wird.

Durch Trägheit des Geistes gehemmt, wird der Ausdruck nicht genügend durchempfunden, um ihn auch richtig erfassen zu können. Wer ihn aber nicht in seinem ganzen Umfange erfaßt hat, wird ihn auch nie richtig anwenden können.

Und doch ist es gerade Kindlichkeit, welche den Menschen eine starke Brücke bietet zu dem Aufstiege in lichte Höhen, zu dem Reifenkönnen eines jeden Menschengeistes und zur Vervollkommnung für ein ewiges Seinkönnen in dieser Schöpfung, die das Haus Gottvaters ist, das Er den Menschen zur Verfügung stellt, wenn... sie darin ihm *angenehme* Gäste bleiben. Gäste, die nicht Schaden anrichten in Räumen, die ihnen gnadenvoll nur zur Benutzung überlassen wurden bei immer reichgedecktem Tische.

Wie weit entfernt ist aber jetzt der Mensch von der für ihn so notwendigen Kindlichkeit!

Doch ohne diese kann er nichts für seinen Geist erreichen. Der Geist *muß* Kindlichkeit besitzen; denn er ist und bleibt ein Kind der Schöpfung, auch wenn er volle Reife sich erwarb.

Ein Kind der Schöpfung! Darin liegt der tiefe Sinn; denn zu einem Kinde Gottes muß er sich entwickeln. Ob er es je erreicht, das hängt allein vom Grade der Erkenntnis ab, die er sich anzueignen willig ist auf seiner Wanderung durch alle Stofflichkeiten.

Mit diesem Willigsein muß aber auch die *Tat* sich zeigen. In geistigen Ebenen ist Wille gleichzeitig auch Tat. Wille und Tat sind dort stets *eins.* Dies ist jedoch nur so in den *geistigen* Ebenen, nicht in den Stofflichkeiten. Je dichter, schwerer eine Ebene der Stofflichkeit ist, desto entfernter ist die Tat vom Willen.

Daß Dichte hemmend wirkt, sieht man schon an dem Schall, der sich in der Bewegung durch die Stofflichkeit durchringen muß, welche ihn hemmt je nach der Art der Dichte. Es ist deutlich zu erkennen schon bei kürzeren Entfernungen.

Wenn ein Mensch Holz zerkleinert oder auch bei irgendeinem Baue Nägel in die Balken schlägt, so kann man wohl den Aufschlag seines Handwerkszeuges deutlich sehen, doch der Schall davon trifft erst in einigen Sekunden ein. Das ist so auffällig, daß es wohl jeder Mensch schon hier und da einmal erlebte.

Ähnlich, aber noch viel schwerer, ist es bei dem Menschen auf der Erde zwischen Wille und Tat. Der Wille zuckt im Geiste auf, er ist im Geiste sofort Tat. Doch um den Willen in der Grobstofflichkeit sichtbar zu gestalten, bedarf er noch des grobstofflichen Körpers. Nur im Impulse handelt jeder Körper schon in wenigen Sekunden nach dem Aufzucken des Willens. Dabei wird die langwierigere Arbeit eines Vorderhirnes ausgeschaltet, welches sonst den Weg des Willens bis zum Eindruck auf die Tätigkeit des Körpers zu vermitteln hat.

Der eigentliche Weg währt eine etwas längere Spanne. Manchmal kommt es auch nur schwach oder gar nicht zur Tat, weil das Wollen auf dem längeren Wege abgeschwächt oder durch den grübelnden Verstand ganz abgeriegelt wird.

Bei dieser Betrachtung möchte ich einen eigentlich nicht hierher gehörenden Hinweis auf unbeachtete und doch auch im menschlichen Handeln deutlich sichtbare Wirkungen des Schöpfungsgesetzes der Anziehung gleicher Arten bringen:

Die menschlich-irdischen Gesetze sind von dem irdischen Verstande ausgearbeitet und werden auch mit diesem durchgeführt. *Deshalb* werden mit dem Verstand erwogene Pläne, also überlegte Handlungen, als solche strenger bestraft und übler beurteilt als Handlungen, die im Affekt geschahen, also unüberlegt. Diese letzteren erhalten in den meisten Fällen Linderungen zugebilligt.

Das hat in Wirklichkeit einen den Menschen unbemerkbaren Zusammenhang in Gleichart des Verstandeswirkens unter dem Zwange des Schöpfungsgesetzes für alle die, welche sich dem Verstande bedingungslos beugen. Denen ist dies ganz verständlich.

Ohne darum zu wissen, wird damit bei einer Handlung im Affekt der größere Teil der Schuldabtragung *der geistigen Ebene* zugewiesen. Gesetzgeber und Richter ahnen nichts davon, da sie von ganz anderen, rein verstandlichen Grundsätzen ausgehen. Bei tieferem Nachdenken jedoch und Kenntnis der wirkenden Schöpfungsgesetze steht das alles in ganz anderer Beleuchtung.

Trotzdem wirken auch in anderen irdischen Urteilen und Beurteilungen die lebenden Gottgesetze in der Schöpfung völlig selbständig für sich, unbeeinflußt von den irdisch-menschlichen Gesetzen und Begriffen. Es wird wohl keinem ernsten Menschen einfallen zu denken, daß wirkliche Schuld, nicht etwa nur eine von Menschen erst dazu gestempelte, mit der von irdischem Verstande diktierten und verbüßten Strafe auch gleichzeitig vor den Gesetzen Gottes abgetan sein könnte!

Das sind schon seit Jahrtausenden so gut wie zwei getrennte Welten, getrennt durch der Menschen Tun und Denken, trotzdem sie nur *eine* Welt sein sollten, in der allein die Gesetze *Gottes* wirken.

Durch eine derartige irdische Strafe kann eine Ablösung nur erfolgen, solange die Gesetze und Strafen vollständig mit den Schöpfungsgesetzen Gottes übereinstimmen.

Nun gibt es zweierlei Affekte. Zuerst die schon geschilderten, die eigentlich *Impuls* genannt werden sollten, und außerdem Affekte, die im Vorderhirn aufblitzen, also nicht im Geiste, und zur Abteilung Verstand gehören. Sie sind unüberlegt, dürften aber nicht die gleichen Milderungen haben wie Impuls-Handlungen.

Doch darin den gerechten Unterschied genau herauszufinden, wird nur *jenen* Menschen möglich werden, die alle Gesetze Gottes in der Schöpfung kennen und von deren Auswirkungen unterrichtet sind. Das muß erst einer kommenden Zeit vorbehalten bleiben, in der es auch bei Menschen keine Willkürhandlungen mehr gibt, weil diese eine Geistesreife haben werden, die sie nur noch in den Gottgesetzen schwingen läßt bei allem ihrem Tun und Denken.

Die Abschweifung soll nur zum Nachdenken anregen, sie gehörte nicht zum eigentlichen Zweck des Vortrages.

Gemerkt sei dabei nur, daß Wille und Tat in den geistigen Ebenen *eins* sind, daß sie in den stofflichen Ebenen durch die Art des Stoffes aber getrennt werden. Deshalb sagte Jesus einst schon zu den Menschen: *»Der Geist ist willig, doch das Fleisch ist schwach!«* Das Fleisch, hier also die Grobstofflichkeit des Körpers gemeint, bringt nicht alles zur Tat, was im Geiste bereits Wille und Tat war.

Doch könnte es der Geist auch auf der Erde in dem grobstofflichen Kleide zwingen, daß sein Wollen stets zur grobstofflichen Tat ersteht, wenn er nicht zu träge dazu wäre. Er kann den Körper nicht verantwortlich für diese Trägheit machen; denn der Körper wurde jedem Geiste nur zum Werkzeuge gegeben, welches er beherrschen lernen muß, um damit richtig umzugehen. –

Der Geist ist also Kind der Schöpfung. Und er muß *kindlich* darin sein, wenn er den Zweck erfüllen will, für den er in der Schöpfung steht. Die Überhebung des Verstandes ließ ihn sich entfernen von der Kindlichkeit, weil er sie nicht als das »verstehen« konnte, was sie wirklich ist. Damit hat er jedoch den Halt verloren in der Schöpfung, die ihn nun als Fremdling, Störenfried und Schädling ausstoßen muß, um selbst gesund bleiben zu können.

Und so wird es geschehen, daß die Menschen sich ihr Grab selbst schaufeln durch ihr falsches Denken und ihr Tun. –

Wie sonderbar ist es, daß jeder Mensch, welcher das Weihnachtsfest einmal so richtig auf sich wirken lassen will, versuchen muß, sich dabei zuerst in die Kindheit zu versetzen!

Das ist doch deutlich genug als ein Zeichen *dafür* anzusehen, daß er gar nicht fähig ist, als ein Erwachsener das Weihnachtsfest mit der *Empfindung* zu erleben. Es ist ganz deutlich der Beweis dafür, daß er etwas verloren hat, was er als Kind besaß! Warum gibt das den Menschen nicht zu denken!

Wieder ist es Geistesträgheit, die sie daran hindert, sich mit Dingen ernstlich zu befassen. »Das ist für Kinder«, denken sie, »und die Erwachsenen haben dazu gar keine Zeit! Sie müssen *Ernsteres* durchdenken.«

Ernsteres! Mit diesem Ernsteren meinen sie nur die Jagd nach Erdendingen, also Arbeit des Verstandes! Der Verstand drängt schnell Erinnerungen weit zurück, um nicht den Vorrang zu verlieren, wenn der Empfindung einmal Raum gegeben wird!

In allen diesen anscheinend so kleinen Tatsachen würden die *größten* Dinge zu erkennen sein, wenn der Verstand nur Zeit dazu gewährte. Aber er hat die Oberhand und kämpft darum mit aller List und Tücke. Das heißt, nicht er, sondern in Wirklichkeit kämpft das, was ihn als Werkzeug nützt und hinter ihm sich birgt: das Dunkel!

Es will das Licht nicht finden lassen in Erinnerungen. Und *wie* der Geist darnach verlangt, das Licht zu finden, neue Kraft aus ihm zu schöpfen, erkennt Ihr daran, daß mit den Erinnerungen an des Kindes Weihenacht auch eine unbestimmte, fast wehe Sehnsucht erwacht, die viele Menschen vorübergehend weich zu stimmen fähig ist.

Dieses Weichstimmen könnte der beste Boden zum *Erwachen* werden, wenn er genützt würde, sofort und auch mit aller Kraft! Aber leider kommen die Erwachsenen dabei nur noch in Träumereien, wobei die aufsteigende Kraft vergeudet wird, verspielt. Und in den Träumereien geht auch die Gelegenheit vorüber, ohne Nutzen bringen zu können oder verwendet worden zu sein.

Selbst wenn so mancher Mensch dabei einige Tränen fließen läßt, er schämt sich derer, sucht sie zu verbergen, rafft sich auf mit einem körperlichen Ruck, in dem so oft ein unbewußter Trotz erkennbar wird.

Wie vieles könnten Menschen bei dem allem lernen. Nicht umsonst webt sich in die Erinnerungen an die Kindheit eine leise Wehmut mit hinein. Es ist das unbewußte Nachempfinden, daß etwas verloren ist, was eine Leere hinterlassen hat, Unfähigkeit, noch kindlich zu empfinden.

Ihr aber habt doch sicher oft bemerkt, wie herrlich und erfrischend jeder Mensch allein durch seine Gegenwart im stillen wirkt, dem aus den Augen hier und da ein *kindlich* Leuchten springt.

Der Erwachsene darf nicht vergessen, daß das Kindliche nicht kindisch ist. Nun wißt Ihr aber nicht, woher das Kindliche so wirken kann, was es überhaupt ist! Und warum Jesus sagte: »Werdet wie die Kinder!«

Um zu ergründen, was kindlich ist, müßt Ihr erst klar darüber sein, daß das Kindliche durchaus nicht an das Kind an sich gebunden ist. Ihr kennt doch sicherlich selbst Kinder, denen das eigentlich schöne Kindliche fehlt! Es gibt also Kinder ohne Kindlichkeit! Ein boshaftes Kind wird nie kindlich wirken, ebensowenig ein ungezogenes, eigentlich un*er*zogenes!

Daraus ergibt sich klar, daß Kindlichkeit und Kind zwei für sich selbständige Dinge sind.

Das, was auf Erden kindlich heißt, ist ein Zweig der Wirkung aus der *Reinheit!* Reinheit in höherem, nicht nur irdisch-menschlichem Sinne. Der Mensch, welcher im Strahl göttlicher Reinheit lebt, welcher dem Strahl der Reinheit in sich Raum gewährt, hat damit auch das Kindliche erworben, sei es nun noch im Kindesalter oder schon als ein Erwachsener.

Kindlichkeit ist Ergebnis der inneren Reinheit oder das Zeichen, daß sich ein solcher Mensch der Reinheit ergeben hat, ihr dient. Das sind ja alles nur verschiedene Ausdrucksarten, in Wirklichkeit aber immer dasselbe.

Also nur ein in sich reines Kind kann kindlich wirken, und ein Erwachsener, der Reinheit in sich hegt. Deshalb wirkt er *erfrischend* und belebend, erweckt auch Vertrauen!

Und wo die wahre Reinheit ist, kann auch die echte Liebe Einzug halten; denn die Gottesliebe wirkt im Strahl der Reinheit. Der Strahl der Reinheit ist ihr Weg, auf dem sie schreitet. Sie wäre nicht imstande, einen anderen zu gehen.

Wer nicht den Strahl der Reinheit in sich aufgenommen hat, zu dem kann sich niemals der Strahl der Gottesliebe finden!

Die Kindlichkeit nahm sich der Mensch jedoch mit seiner Abwendung vom Licht durch sein einseitiges Verstandesdenken, dem er alles opferte, was ihn erheben konnte, und so schmiedete er sich mit tausend Ketten fest an diese Erde, also an die grobe Stofflichkeit, die ihn in ihrem Banne hält, bis er sich selbst davon befreit, was ihm jedoch durch Erdentod nicht werden kann, sondern allein im *geistigen* Erwachen.

KEUSCHHEIT

Keuschheit ist ein Begriff, der von den Erdenmenschen so unglaublich eingeengt worden ist, daß von der tatsächlichen Bedeutung gar nichts übrig blieb; er wurde sogar auf eine falsche Bahn gezerrt, was zur natürlichen Folge haben mußte, daß dieses Verbiegen über viele Menschen eine nutzlose Bedrückung brachte und sogar sehr oft auch unsagbares Leid.

Fragt, wo Ihr wollt, was Keuschheit ist, Ihr werdet überall als Antwort den Begriff für körperliche Unberührtheit in irgendeiner Form erklärt erhalten, jedenfalls gipfelt für die Erdenmenschen darin ihre Anschauung.

Das zeugt so ganz von kleiner Denkungsart der Menschen, die sich dem Verstande unterordnen, welcher selbst die Grenzen alles Irdischen gezogen hat, weil er nicht weiter reichen kann mit seinen Fähigkeiten, die aus Irdischem geboren sind.

Wie leicht würde es da dem Menschen sein, als keusch zu gelten und sich darin einen Ruf zu schaffen, während er in eitler Selbstverherrlichung sich sonnt. Aber nicht einen Schritt gelangt er damit aufwärts auf dem Wege zu den lichten Gärten, die als Paradies das glückselige Endziel eines Menschengeistes sind.

Es nützt dem Erdenmenschen nichts, wenn er den grobstofflichen Körper unberührt erhält und seinen Geist befleckt, der dann die Schwellen niemals überschreiten kann, die von der einen Stufe zu der andern aufwärts führen.

Keuschheit ist anders als die Menschen es sich denken, viel umfassender, größer, sie verlangt nicht, gegen die Natur sich einzustellen; denn das wäre ein Vergehen wider die in Gottes Schöpfung schwingenden Gesetze, was nicht ohne nachteilige Auswirkungen bleiben kann.

Keuschheit ist *irdischer* Begriff für Reinheit, welche *göttlich* ist. Es ist für jeden Menschengeist das Streben zu grobstofflicher Betätigung eines erahnten Abglanzes göttlicher Selbstverständlichkeit. Reinheit ist göttlich, Keuschheit ihre Nachahmung vom Menschengeist, also ein geistiges Abbild, welches sichtbar werden kann und soll in dem irdischen Tun.

Das müßte für jeden *gereiften* Menschengeist als Grundgesetz genügen, um die Keuschheit zu erfüllen. Aber auf der Erde ist der Mensch geneigt, unter dem Drange mancher Eigenwünsche sich selbst etwas vorzutäuschen, was in Wirklichkeit gar nicht in ihm vorhanden ist, nur um eine Erfüllung seiner Wünsche zu erreichen.

Die Eigensucht tritt führend an die Spitze und betäubt das wirklich *reine* Wollen! Der Mensch wird sich dies selbst nie eingestehen, sondern läßt sich dabei ruhig treiben. Wenn er sich gar nichts anderes mehr einzureden weiß, nennt er das oft sehr eindeutige Streben nach Erfüllung anfechtbarer Eigenwünsche Schicksalsfügung, der man sich ergeben muß.

Deshalb braucht er als Richtschnur und als Halt noch andere Hinweise, welche ihn erleben und erkennen lassen, was in Wahrheit Keuschheit *ist,* wie sie im Gotteswillen liegt, der auf der Erde keine Trennung will von der Natur.

Es ist im Göttlichen die Reinheit eng vereinigt mit der Liebe! Deshalb darf der Mensch auch auf der Erde nicht versuchen, es zu trennen, wenn ihm Segen daraus werden soll.

Doch auch Liebe ist auf Erden nur ein übles Zerrbild dessen, was sie *wirklich* ist. Deshalb kann sie sich ohne vorherige Änderung nicht einen mit der Reinheit wirklichem Begriff.

Ich gebe hiermit allen denen, die bestrebt sind, Keuschheit zu erreichen, einen Hinweis, der den Halt gewährt, welchen der Mensch auf Erden braucht, um *so* zu leben, wie es im Gesetz der Schöpfung ruht, und wie es deshalb auch Gott wohlgefällig ist:

»Wer stets in seinem Tun auch daran denkt, daß er dem Nebenmenschen, welcher ihm vertraut, nicht Schaden bringt, nichts unternimmt, was diesen hinterher bedrücken kann, der wird immer *so* handeln, daß er geistig unbelastet bleibt und deshalb wirklich keusch zu nennen ist!«

Die schlichten Worte, richtig aufgefaßt, können den Menschen durch die ganze Schöpfung wohlbeschützt geleiten und ihn aufwärts führen in die lichten Gärten, seine eigentliche Heimat. Die Worte sind der Schlüssel für das rechte Wirken auf der Erde; denn die echte Keuschheit liegt in ihnen.

Der Gottessohn Jesus drückte ganz genau dasselbe mit den Worten aus: »Liebe Deinen Nächsten wie Dich selbst!«

Ihr müßt Euch aber davor hüten, in die alten Menschenfehler zu verfallen und den Sinn der Worte wiederum zurechtzustutzen und teilweise zu verbiegen, damit sie Euren Eigenzwecken dienen, Euch bei falschem Tun beschwichtigen und Eure Mitmenschen in Unachtsamkeit wiegen oder gar betören helfen.

Nehmt solche Worte auf, wie sie in Wahrheit aufzunehmen sind, nicht wie sie Euch bequem erscheinen und für Euer Eigenwollen passen. Dann sind sie für Euch wie das schärfste Schwert in Eurer Hand, mit dem Ihr alles Dunkel schlagen könnt, so Ihr nur wollt. Laßt sie in rechter Art lebendig in Euch werden, um als jubelnde Sieger dankerfüllt das Leben auf der Erde zu erfassen!

DER ERSTE SCHRITT

LASSET mein Wort *lebendig* in Euch werden; denn *das* allein kann Euch *den* Nutzen bringen, den Ihr braucht, um Euren Geist emporsteigen zu lassen in die lichten Höhen der ewigen Gärten Gottes.

Es nützet nichts, zu *wissen* von dem Wort! Und wenn Ihr meine ganze Botschaft Satz für Satz aus dem Gedächtnis sagen könntet, um Euch selbst und Eure Nebenmenschen damit zu belehren... es nützet nichts, so Ihr nicht darnach *handelt,* im Sinne meines Wortes *denkt* und Euer ganzes Erdenleben darnach einrichtet als etwas Selbstverständliches, was Euch in Fleisch und Blut gegangen ist, was sich nicht von Euch trennen läßt. Nur dann könnt Ihr aus meiner Botschaft die ewigen Werte schöpfen, die sie für Euch in sich trägt.

»An ihren *Werken* sollt Ihr sie erkennen!« Dieses Christuswort gilt allen Lesern meiner Botschaft in *erster* Linie! An ihren Werken heißt, in ihrem *Wirken,* also ihrem Denken, ihrem Tun im Alltage des Erdenseins! Zu Tun gehört auch Euer Reden, nicht nur Euer Handeln; denn das Reden *ist* ein Handeln, das Ihr bisher in der Wirkung unterschätztet. Es gehören sogar die *Gedanken* schon dazu.

Die Menschen sind gewohnt zu sagen, daß Gedanken »zollfrei« sind. Damit wollen sie andeuten, daß sie für Gedanken irdisch nicht zur Rechenschaft gezogen werden können, weil diese auf einer Stufe stehen, die für Menschenhände unerreichbar ist.

Deshalb *spielen* sie oft in leichtfertigster Weise mit Gedanken, oder besser ausgedrückt, sie spielen *in* Gedanken. Leider oft ein sehr gefährliches Spiel, im leichtfertigen Wahne, daß sie daraus unangetastet hervorgehen können.

Darin irren sie jedoch; denn auch Gedanken sind der *Grobstofflichkeit* zugehörig und müssen unter allen Umständen auch darin abgelöst werden, bevor ein Geist sich frei emporzuschwingen fähig wird, sobald er die Verbindung mit dem Erdenkörper löste.

Sucht deshalb schon mit Eueren Gedanken in dem Sinne meiner Botschaft stets zu schwingen, derart, daß Ihr nur das *Edle* wollt und nicht in Niederungen steigt, weil Ihr Euch einbildet, daß es ja niemand sehen oder hören kann.

Gedanken, Worte und die äußerliche Tat gehören allesamt ins Reich der Grobstofflichkeit dieser Schöpfung!

Die Gedanken wirken in der *feinen* Grobstofflichkeit, Worte in der *mittleren*, und die äußeren Handlungen formen sich in der *gröbsten*, also *dichtesten* Grobstofflichkeit. *Grobstofflich* sind diese drei Arten Eures Tuns!

Aber die Formen aller drei sind miteinander eng verbunden, ihre Auswirkungen greifen ineinander. Was das für Euch bedeutet, wie einschneidend es sich oft bestimmend auswirkt in dem Wandel Eures Seins, könnt Ihr im ersten Augenblicke nicht ermessen.

Es sagt nichts anderes, als daß auch ein Gedanke, selbsttätig in seiner Art noch weiterwirkend, eine Gleichart in *mittlerer* Stofflichkeit verstärken und dadurch zu kraftvolleren Formen bringen kann, ebenso, dann folgernd, in dieser Verstärkung wieder weiterwirkend zur sichtbaren auswirkenden Form in *gröbster* Stofflichkeit ersteht, ohne daß Ihr selbst unmittelbar dabei beteiligt zu sein scheint.

Es ist erschütternd, das zu wissen, sobald man dieser Erdenmenschen Leichtfertigkeit und Sorglosigkeit in ihrem Denken kennt.

Ihr seid dadurch an mancher Tat *beteiligt*, ohne es zu wissen, die irgendeiner Eurer Mitmenschen vollbringt, nur weil dieser die Verstärkung in der von mir soeben Euch erklärten Art erhielt, die ihn zu einer gröbsten Ausführung von etwas in ihm bisher Ruhenden zu treiben fähig wurde, mit dem er vorher immer nur in den Gedanken spielte.

So stehet mancher Erdenmensch sehr oft mißbilligend vor irgendeiner Tat eines seiner Nebenmenschen, diese mit Zorn verwerfend und verurteilend, an der er aber vor den ewigen Gesetzen Gottes *mitverantwortlich* ist! Es kann sich dabei um einen ihm völlig fremden Menschen handeln und um eine Tat, die er nie in der gröbsten Stofflichkeit selbst ausgeführt haben würde.

Denkt Euch einmal hinein in derartige Vorgänge, Ihr werdet dann erst recht verstehen, daß ich Euch in meiner Botschaft zurufe: *»Haltet den Herd Eurer Gedanken rein, Ihr stiftet damit Frieden und seid glücklich!«*

Wenn Ihr dann aber stark genug darin geworden seid in Eurer eigenen Reinigung, so werden auf der Erde vielerlei Verbrechen weniger geschehen als bisher, an denen viele mitschuldig gewesen sind, ohne es zu wissen.

Zeit und Ort solcher Taten, an denen Ihr mitschuldig werden könnt, spielen dabei keine Rolle. Auch wenn es am entgegengesetzten Ende der Erde geschehen ist von der Stelle, an der Ihr selbst Euch aufhaltet, an Orten, welche Euer Fuß niemals betreten hat, von deren Bestehen Ihr gar keine Kenntnis habt. Verstärkungen durch Euere Gedankenspielereien treffen *dort* auf, wo sie Gleicharten entdecken, unabhängig von Entfernungen, Nation und Land.

So können Haß- und Neidgedanken mit der Zeit auf Einzelmenschen, Gruppen oder ganze Völker stürzen, wo sie Gleichart finden, sie zu Taten zwingend, die in ihren auslösenden Formen ganz verschieden sind von denen, die mit Eueren Gedankenspielereien erst erstanden.

Auswirkend vermag es sich dann so zu zeigen, wie der *Ausübende* zur Zeit der Tat empfindet. So könnt Ihr zu der Ausübung von Taten beigetragen haben, an deren Entsetzlichkeit Ihr selbst in Wirklichkeit niemals gedacht habt, und doch steht Ihr damit in Verbindung und ein Teil der Rückwirkung muß Euren Geist belasten, muß sich an ihn hängen als Gewicht, wenn er sich von dem Körper löst.

Doch umgekehrt könnt Ihr auch noch weit stärker beitragen zum Frieden und zum Menschheitsglücke, könnt durch reines, frohes Denken teilhaben an Werken, die durch Euch ganz fernstehende Menschen sich entfalten.

Davon strömt selbstverständlich auch der Segen mit auf Euch zurück und Ihr wißt nicht, weshalb er zu Euch kommt.

Wenn Ihr nur einmal *sehen* könntet, wie die unverrückbare Gerechtigkeit des Allheiligen Willens Gottes sich in den selbsttätigen Gesetzen dieser Schöpfung stets erfüllt für jeden einzelnen Gedanken, den Ihr hegt, so würdet Ihr mit allen Euren Kräften dahin wirken, Reinheit Eures Denkens zu erhalten!

Damit seid Ihr dann *die* Menschen erst geworden, die der Schöpfer gnadenvoll in seinem Werke zu dem Wissen führen will, das ihnen Ewigkeit verleiht und sie zu Helfern in der Schöpfung werden läßt, die würdig sind, die hohen Gnaden zu empfangen, die dem Menschengeiste zugedacht sind, um sie in freudig dankbarer Weitergabe verwandelt *den* Kreaturen zukommen zu lassen, die sie nur in solcher Wandlung durch den Menschen aufzunehmen fähig sind und die in frevelhafter Weise heute davon abgeschnitten bleiben durch den Niedergang des Menschengeistes, nachdem sie schon in Zeiten besseren und reiner schwingenden Menschentumes erstehen konnten.

Damit habt Ihr aber dann erst *einen* Satz aus meiner Botschaft auf der Erde zur Lebendigkeit für Euch durchglüht!

Er ist für Euch der *schwerste*, der dann alles andere viel leichter werden läßt, dessen Erfüllung bereits Wunder über Wunder irdisch *sichtbar*, greifbar vor Euch auferstehen lassen muß. –

Wenn Ihr Euch *dazu* überwunden haben werdet, dann liegt auf dem Wege wiederum eine Gefahr, die aus Verbogenheit des Menschendenkens sich ergibt: Ihr werdet darin eine Macht erkennen, die Ihr nur zu gern in ganz bestimmte Formen pressen wollt, damit sie diesem oder jenem Sonderzwecke diene, der aus Eigenwünschen sich zusammensetzt!

Davor will ich Euch heute bereits *warnen;* denn die Gefahr kann Euch verschlingen, Ihr würdet darin untergehen, nachdem Ihr schon den rechten Weg beschritten habt.

Hütet Euch davor, *krampfhaft* diese Reinheit der Gedanken *kämpfend* zu erzwingen; denn dadurch würdet Ihr sie bereits in bestimmte Bahnen pressen und Euer Bemühen wird zur Gaukelei, würde *künstlich* nur herbeigezwungen bleiben und niemals die große Wirkung haben können, die sie haben soll. Euer Mühen würde Schaden anstatt Nutzen bringen, weil die Echtheit der freien Empfindung dabei fehlt. Es wäre wieder eine Wirkung Eueres *Verstandeswollens,* niemals aber Arbeit Eures Geistes! Davor warne ich.

Denkt an mein Wort der Botschaft, das Euch sagt, daß alle wahre Größe in der *Einfachheit* nur liegen kann, da wahre Größe einfach *ist! Die* Einfachheit, die ich hier meine, könnt Ihr besser wohl verstehen, wenn Ihr an die Stelle als einen Übergang den menschlich-irdischen Begriff der *Schlichtheit* setzt. Das liegt Eurem Verstehenkönnen vielleicht näher und Ihr trefft das Rechte.

Nicht mit Gedankenwollen könnt Ihr Eueren Gedanken jene Reinheit geben, die ich meine, sondern *schlicht* und unbegrenzt muß reines Wollen aus Eurer Empfindung in Euch aufsteigen, nicht in ein Wort gepreßt, das nur begrenzt einen Begriff erstehen lassen kann. Das darf nicht sein, sondern ein alles umfassendes Drängen zum Guten, das das Entstehen Euerer Gedanken zu umhüllen vermag, sie durchdringt, noch ehe sie in eine Form sich bilden, ist das Rechte, das Ihr nötig habt.

Es ist nicht schwer, sogar viel leichter als die anderen Versuche, sobald Ihr Schlichtheit walten laßt, in der Verstandesdünkel des eigenen Könnens und eigener Kraft nicht aufzukommen fähig ist. Macht Euch gedankenleer und laßt den Drang zu Edlem, Gutem in Euch frei, dann habt Ihr *die* Grundlage zu dem Denken, die vom Wollen Eures *Geistes* stammt, und was *daraus* ersteht, könnt Ihr in Ruhe der Verstandesarbeit dann zur Ausführung in der dichtesten Grobstofflichkeit überlassen. Es kann nie Unrechtes sich formen.

Werft alles Quälen durch Gedanken weit von Euch, vertraut dafür auf Euren *Geist,* der sich den Weg schon richtig bahnen wird, wenn Ihr diesen nicht selbst vermauert. Werdet *frei im Geiste* heißt nichts anderes, als *laßt dem Geiste in Euch seinen Weg!* Er *kann* dann gar nicht anders, als der Höhe zuzuwandeln; denn es zieht ihn seine Art ja selbst mit Sicherheit hinauf. Ihr hieltet ihn bisher zurück, so daß er sich nicht mehr entfalten konnte, sein Schwingen oder seine Schwingen hattet Ihr damit gebunden.

Der Boden zu dem Aufbau einer neuen Menschheit, den Ihr nicht umgehen könnt noch dürft, liegt in dem einen Satze: *Haltet den Herd Euerer Gedanken rein!*

Und *damit* muß der Mensch beginnen! Das ist seine *erste* Aufgabe, die ihn zu *dem* macht, was er werden *muß.* Ein *Vorbild* allen, die nach Licht und Wahrheit streben, die dem Schöpfer dankbar dienen wollen durch die Art des ganzen Seins. Wer *das* erfüllt, braucht keine anderen Weisungen mehr. Er *ist,* wie er sein soll, und wird damit die Hilfen unverkürzt empfangen, die seiner in der Schöpfung harren und ihn aufwärts führen ohne Unterbrechung.

DIE WELT

Die Welt! Wenn der Mensch dieses Wort benutzt, spricht er es oft gedankenlos dahin, ohne sich ein Bild davon zu machen, *wie* diese von ihm genannte Welt eigentlich ist.

Viele aber, die versuchen, sich etwas Bestimmtes dabei vorzustellen, sehen im Geiste zahllose Weltenkörper verschiedenster Beschaffenheit und Größe in Sonnensysteme geordnet im Weltall ihre Bahnen ziehen. Sie wissen, daß immer neue und mehr Weltenkörper zu sehen sind, je schärfer und weitreichender die Instrumente geschaffen werden. Der Durchschnittsmensch findet sich dann mit dem Worte »Unendlichkeit« ab, womit bei ihm der Irrtum einer *falschen* Vorstellung einsetzt.

Die Welt ist nicht unendlich. Sie ist die stoffliche Schöpfung, also das *Werk* des Schöpfers. Dieses Werk steht wie jedes Werk *neben* dem Schöpfer und ist als solches begrenzt.

Sogenannte Fortgeschrittene sind oft stolz darauf, die Erkenntnis zu haben, daß Gott in der ganzen Schöpfung ruht, in jeder Blume, jedem Gestein, daß die treibenden Naturkräfte Gott sind, also alles das Unerforschliche, was sich fühlbar macht, aber nicht wirklich erfaßt zu werden vermag. Eine dauernd wirkende Urkraft, die ewig sich selbst neu entwickelnde Kraftquelle, das wesenlose Urlicht. Sie dünken sich gewaltig vorgeschritten in dem Bewußtsein, Gott als eine immer auf das eine Ziel der Fortentwicklung zur Vollkommenheit hinwirkende, alles durchdringende Triebkraft überall zu finden, ihm überall zu begegnen.

Das ist aber nur in einem gewissen Sinne richtig. Wir begegnen in der ganzen Schöpfung nur seinem Willen, und damit seinem Geiste, seiner Kraft. Er selbst steht weit über der Schöpfung.

Die stoffliche Schöpfung wurde schon mit dem Entstehen an die unabänderlichen Gesetze des Werdens und Zerfallens gebunden; denn das, was wir Naturgesetze nennen, ist der Schöpfungswille Gottes, der sich auswirkend andauernd Welten formt und auflöst. Dieser Schöpfungswille ist *einheitlich* in der ganzen Schöpfung, zu der die feinstoffliche und die grobstoffliche Welt als *eins* gehören.

Die unbedingte und unverrückbare Einheitlichkeit der Urgesetze, also des Urwillens, bringt es mit sich, daß sich in dem kleinsten Vorgange der grobstofflichen Erde stets genau das abspielt, wie es bei jedem Geschehen, also auch in den gewaltigsten Ereignissen der ganzen Schöpfung, vor sich gehen muß, und wie in dem Erschaffen selbst.

Die straffe Form des Urwillens ist schlicht und einfach. Wir finden sie, einmal erkannt, in allem leicht heraus. Die Verwicklung und Unbegreiflichkeit so mancher Vorgänge liegt nur in dem vielfachen Ineinandergreifen der durch der Menschen verschiedenes Wollen gebildeten Um- und Nebenwege.

Das Werk Gottes, die Welt, ist also als Schöpfung den sich in allem gleichbleibenden und vollkommenen göttlichen Gesetzen unterworfen, auch daraus entstanden, und somit begrenzt.

Der Künstler ist zum Beispiel auch in seinem Werke, geht in diesem auf und steht doch persönlich neben ihm. Das Werk ist begrenzt und vergänglich, das Können des Künstlers deshalb noch nicht. Der Künstler, also der Schöpfer des Werkes, kann sein Werk vernichten, in dem sein Wollen liegt, ohne daß er selbst davon berührt wird. Er wird trotzdem immer noch der Künstler bleiben.

Wir erkennen und finden den Künstler in seinem Werke, und er wird uns vertraut, ohne daß wir ihn persönlich gesehen zu haben brauchen. Wir haben seine Werke, sein Wollen liegt darin und wirkt auf uns, er tritt uns darin entgegen und kann doch selbst weit von uns für sich leben.

Der selbstschöpferische Künstler und sein Werk geben einen matten Abglanz wieder von dem Verhältnisse der Schöpfung zu dem Schöpfer.

Ewig und ohne Ende, also unendlich, ist nur der *Kreislauf* der Schöpfung in dem dauernden Werden, Vergehen und sich wieder Neubilden.

In diesem Geschehen erfüllen sich auch alle Offenbarungen und Verheißungen. Zuletzt wird sich darin für die Erde auch das »Jüngste Gericht« erfüllen!

Das jüngste, das heißt, das *letzte* Gericht kommt einmal für *jeden* stofflichen Weltenkörper, aber es geschieht nicht gleichzeitig in der ganzen Schöpfung.

Es ist ein notwendiger Vorgang in jenem jeweiligen Teile der Schöpfung, der in seinem Kreislaufe den Punkt erreicht, an dem seine Auflösung beginnen muß, um auf dem weiteren Wege wieder neu sich bilden zu können.

Mit diesem ewigen Kreislaufe ist nicht der Lauf der Erde und anderer Sterne um ihre Sonnen gemeint, sondern der große, gewaltigere Kreis, den wiederum alle Sonnensysteme gehen müssen, während sie in sich besonders noch ihre eigenen Bewegungen ausführen.

Der Punkt, an dem die Auflösung eines jeden Weltenkörpers zu beginnen hat, ist genau festgesetzt, auch wieder auf Grund der Folgerichtigkeit natürlicher Gesetze. Ein ganz bestimmter Platz, an dem der Vorgang der Zersetzung sich entwickeln *muß*, unabhängig von dem Zustande des betreffenden Weltenkörpers und seiner Bewohner.

Unaufhaltsam treibt der Kreislauf jeden Weltenkörper darauf zu, ohne Aufschub wird die Stunde des Zerfallens sich erfüllen, das wie bei allem in der Schöpfung in Wirklichkeit nur eine Wandlung, die Gelegenheit zu einer Fortentwicklung bedeutet. Dann ist die Stunde des »Entweder- Oder« da für jeden Menschen. Entweder er wird hochgehoben dem Lichte zu, wenn er dem Geistigen zustrebt, oder er bleibt an die Stofflichkeit gekettet, an der er hängt, wenn er aus Überzeugung nur Materielles für Wertvolles erklärt.

In solchem Falle kann er sich in der gesetzmäßigen Folge seines eigenen Wollens nicht von der Stofflichkeit erheben und wird mit ihr dann auf der letzten Strecke Weges in die Auflösung gezogen. Das ist dann der geistige Tod! Gleichbedeutend mit dem Auslöschen aus dem Buche des Lebens.

Dieser an sich ganz natürliche Vorgang wird auch mit der ewigen Verdammnis bezeichnet, weil der so in die Zersetzung mit Hineingezogene »aufhören muß, persönlich zu sein«. Das Furchtbarste, was den Menschen treffen kann. Er gilt als »verworfener Stein«, der zu einem geistigen Bau nicht zu gebrauchen ist und deshalb zermahlen werden muß.

Diese auch auf Grund ganz natürlicher Vorgänge und Gesetze erfolgende Scheidung des Geistes von der Materie ist das sogenannte »Jüngste Gericht«, das mit großen Umwälzungen und Wandlungen verbunden ist.

Daß diese Auflösung nicht an *einem* Erdentage erfolgt, ist wohl für jeden leicht verständlich; denn in dem Weltgeschehen sind tausend Jahre wie ein Tag.

Aber wir sind mitten in dem Anfange dieses Zeitabschnittes. Die Erde kommt jetzt an den Punkt, an dem sie abweicht von der bisherigen Bahn, was sich auch grobstofflich sehr fühlbar machen muß. Dann setzt die Scheidung unter allen Menschen schärfer ein, die in der letzten Zeit schon vorbereitet wurde, sich aber bisher nur in »Meinungen und Überzeugungen« kundgab.

Jede Stunde eines Erdenseins ist deshalb kostbar, mehr als je. Wer ernsthaft sucht und lernen will, der reiße sich mit aller Anstrengung heraus aus niederen Gedanken, die ihn an das Irdische ketten müssen. Er läuft sonst Gefahr, an der Stofflichkeit hängen zu bleiben und mit ihr der vollständigen Auflösung entgegengezogen zu werden.

Nach dem Lichte Strebende aber werden von der Stofflichkeit nach und nach gelockert und zuletzt emporgehoben zu der Heimat alles Geistigen.

Dann ist die Spaltung zwischen Licht und Dunkel endgiltig vollbracht und das Gericht erfüllt.

»Die Welt«, also die ganze Schöpfung, geht dabei nicht zugrunde, sondern die Weltenkörper werden erst dann in den Auflösungsprozeß hineingezogen, sobald ihr Lauf den Punkt erreicht, an dem die Auflösung und damit auch die vorherige Scheidung einzusetzen hat.

Die Vollziehung bricht hervor durch naturgemäße Auswirkung der göttlichen Gesetze, die von Urbeginn der Schöpfung an in ihr ruhten, die die Schöpfung selbst bewirkten und auch heute und in Zukunft unentwegt den Willen des Schöpfers tragen. In ewigem Kreislaufe ist es ein dauerndes Erschaffen, Säen, Reifen, Ernten und Zergehen, um in dem Wechsel der Verbindung frisch gestärkt wieder andere Formen anzunehmen, die einem nächsten Kreislaufe entgegeneilen.

Bei diesem Kreislaufe der Schöpfung kann man sich einen Riesentrichter oder eine Riesenhöhle vorstellen, aus der im unaufhaltsamen Strome dauernd Ursamen herausquillt, der in kreisenden Bewegungen neuer Bindung und Entwicklung zustrebt. Genau so, wie es die Wissenschaft schon kennt und richtig aufgezeichnet hat.

Dichte Nebel formen sich durch Reibung und Zusammenschluß, aus diesen wieder Weltenkörper, die sich durch unverrückbare Gesetze in sicherer Folgerichtigkeit zu Sonnensystemen gruppieren und, in sich selbst kreisend, geschlossen dem großen Kreislaufe folgen müssen, der der ewige ist.

Wie in dem dem irdischen Auge sichtbaren Geschehen aus dem Samen die Entwicklung, das Formen, die Reife und Ernte oder der Verfall folgt, was ein Verwandeln, ein Zersetzen zur weiteren Entwicklung nach sich zieht, bei Pflanzen-, Tier- und Menschenkörpern, genau so ist es auch in dem großen Weltgeschehen. Die grobstofflich sichtbaren Weltenkörper, die eine weitaus größere feinstoffliche, also dem irdischen Auge nicht sichtbare Umgebung mit sich führen, sind demselben Geschehen in ihrem ewigen Umlauf unterworfen, weil dieselben Gesetze in ihnen tätig sind.

Das Bestehen des Ursamens vermag selbst der fanatischste Zweifler nicht abzuleugnen, und doch kann er von keinem irdischen Auge geschaut werden, weil er andersstofflich ist, »jenseitig«. Nennen wir es ruhig wieder feinstofflich.

Es ist auch nicht schwer zu verstehen, daß naturgemäß die sich *zuerst* davon bildende Welt ebenso feinstofflich und mit den irdischen Augen nicht erkennbar ist. Erst der dann *später* sich daraus weiter ergebende *gröbste* Niederschlag formt, abhängig von der feinstofflichen Welt, nach und nach die grobstoffliche Welt mit ihren grobstofflichen Körpern, und *das erst* ist aus den kleinsten Anfängen heraus mit den irdischen Augen und allen dazukommenden grobstofflichen Hilfsmitteln zu beobachten.

Nicht anders ist es mit der Umhüllung des eigentlichen Menschen in seiner geistigen Art, auf den selbst ich noch zu sprechen komme. Bei seinen Wanderungen durch die verschiedenartigen Welten muß sein Gewand, Mantel, Schale, Körper oder Werkzeug, gleichviel, wie man die Umhüllung nennen will, stets von der gleichen Stoffart der jeweiligen Umgebung werden, in die er tritt, um sich deren als Schutz und als notwendiges Hilfsmittel zu bedienen, wenn er die Möglichkeit haben will, sich *direkt* wirksam darin zu betätigen.

Da nun die grobstoffliche Welt abhängig von der feinstofflichen Welt ist, folgt daraus auch das Rückwirken alles Geschehens in der grobstofflichen Welt nach der feinstofflichen Welt.

Diese große feinstoffliche Umgebung ist aus dem Ursamen mit erschaffen worden, läuft den ewigen Kreislauf mit und wird zuletzt auch mit in die Rückseite des schon erwähnten Riesentrichters saugend getrieben, wo die Zersetzung vor sich geht, um an der anderen Seite als Ursamen wieder zu neuem Kreislaufe ausgestoßen zu werden.

Wie bei der Tätigkeit des Herzens und des Blutumlaufes, so ist der Trichter wie das Herz der stofflichen Schöpfung. Der Zersetzungsprozeß trifft also die gesamte Schöpfung, auch den feinstofflichen Teil, da *alles* Stoffliche sich wieder in Ursamen auflöst, um sich neu zu bilden. Nirgends ist eine Willkür dabei zu finden, sondern alles entwickelt sich aus selbstverständlicher Folgerichtigkeit der Urgesetze, die einen anderen Weg nicht zulassen.

An einem gewissen Punkte des großen Kreislaufes kommt daher für alles Erschaffene, grob- oder feinstofflich, der Augenblick, wo der Zersetzungsprozeß aus dem Erschaffenen heraus sich selbständig vorbereitet und zuletzt hervorbricht.

Diese feinstoffliche Welt nun ist der Durchgangsaufenthalt irdisch Abgeschiedener, das sogenannte Jenseits. Es ist innig mit der grobstofflichen Welt verbunden, die zu ihr gehört, eins mit ihr ist. In dem Augenblick des Abscheidens tritt der Mensch mit seinem feinstofflichen Körper, den er mit dem grobstofflichen Körper trägt, in die gleichartig feinstoffliche Umgebung der grobstofflichen Welt, während er den grobstofflichen Körper auf dieser zurückläßt.

Diese feinstoffliche Welt nun, das Jenseits, zur Schöpfung gehörend, ist den gleichen Gesetzen der dauernden Entwicklung und des Zersetzens unterworfen. Mit dem Einsetzen des Zerfalles erfolgt nun ebenfalls wieder auf ganz natürlichem Wege eine Scheidung des Geistigen von dem Stofflichen. Je nach dem geistigen Zustande des Menschen in der grobstofflichen wie auch in der feinstofflichen Welt muß sich der geistige Mensch, das eigentliche »Ich«, entweder nach oben zu bewegen oder an die Stofflichkeit gekettet bleiben.

Der ernste Drang nach Wahrheit und Licht wird jeden durch seine damit verbundene Veränderung geistig reiner und damit lichter machen, so daß dieser Umstand ihn naturgemäß von der dichten Stofflichkeit mehr und mehr lockern und seiner Reinheit und Leichtigkeit entsprechend in die Höhe treiben muß.

Der aber nur an die Stofflichkeit Glaubende hält sich selbst durch seine Überzeugung an die Stofflichkeit gebunden und bleibt daran gekettet, wodurch er nicht aufwärts getrieben werden kann. Durch selbstgewollten Entschluß jedes einzelnen erfolgt deshalb eine Scheidung zwischen den nach dem Lichte Strebenden und den dem Dunkel Verbundenen, nach den bestehenden natürlichen Gesetzen der geistigen Schwere.

Es wird somit klar, daß es auch für die Entwicklungsmöglichkeit irdisch Abgeschiedener in dem Läuterungsprozesse des sogenannten Jenseits einmal ein *wirkliches Ende* gibt. Eine letzte Entscheidung! Die Menschen in beiden Welten sind entweder so weit veredelt, daß sie emporgehoben werden können zu den Gebieten des Lichtes, oder sie bleiben in ihrer niederen Art nach eigenem Wollen gebunden und werden dadurch zuletzt hinabgestürzt in die

»ewige Verdammnis«, das heißt, sie werden mit der Stofflichkeit, von der sie nicht los können, der Zersetzung entgegengerissen, erleiden die Zersetzung selbst schmerzhaft mit und hören damit auf, persönlich zu sein.

Sie werden wie Spreu im Winde zerflattern, zerstäubt und damit aus dem goldenen Buche des Lebens gestrichen!

Dieses sogenannte »Jüngste Gericht«, das heißt: das letzte Gericht, ist also ebenfalls ein Vorgang, der sich in Auswirkung der die Schöpfung tragenden Gesetze auf ganz natürliche Weise vollzieht, derart, daß es nicht anders kommen könnte. Der Mensch erhält auch hierbei immer nur die Früchte dessen, was er selbst gewollt hat, was er also durch seine Überzeugung herbeiführt.

Das Wissen, daß alles in der Schöpfung Vorsichgehende in strengster Folgerichtigkeit sich selbst auswirkt, der Leitfaden für der Menschen Schicksale immer nur von diesen selbst gegeben wird durch ihr Wünschen und Wollen, daß der Schöpfer nicht beobachtend eingreift, um zu lohnen oder zu strafen, verkleinert die Größe des Schöpfers nicht, sondern kann nur Anlaß dazu geben, ihn noch weit erhabener zu denken.

Die Größe liegt in der *Vollkommenheit* seines Werkes, und diese zwingt zu ehrfurchtsvollem Aufblick, da die größte Liebe und unbestechlichste Gerechtigkeit in dem gewaltigsten wie in dem kleinsten Geschehen ohne Unterschied liegen muß.

Groß ist auch der Mensch, als solcher in die Schöpfung hineingestellt, als Herr seines eigenen Schicksales! Er vermag sich durch seinen Willen herauszuheben aus dem Werke, dabei zu dessen höherer Entfaltung beizutragen; oder aber es herabzuzerren und sich darin zu verstricken, so daß er nicht mehr loskommt und mit ihm der Auflösung entgegengeht, sei es nun in der grobstofflichen oder in der feinstofflichen Welt.

Darum ringt Euch frei von allen Banden niederen Gefühls; denn es ist hohe Zeit! Die Stunde naht, wo die Frist dazu abgelaufen ist! Erweckt in Euch das Sehnen nach dem Reinen, Wahren, Edlen! –

Weit über dem ewigen Kreislaufe der Schöpfung schwebt wie eine Krone in der Mitte eine »Blaue Insel«, die Gefilde der Seligen, der gereinigten Geister, die schon in den Gebieten des Lichtes weilen dürfen! Diese Insel ist von der Welt getrennt. Sie macht den Kreislauf deshalb auch nicht mit, sondern bildet trotz ihrer Höhe über der kreisenden Schöpfung den Halt und den Mittelpunkt der ausgehenden geistigen Kräfte. Es ist das Eiland, das auf seiner Höhe die viel gerühmte Stadt der goldenen Gassen trägt. Hier ist nichts mehr der Veränderung unterworfen. Kein »Jüngstes Gericht« mehr zu befürchten. Die dort weilen können, sind in der »Heimat«.

Als Letztes aber auf dieser Blauen Insel, als Höchstes, steht, unnahbar den Schritten Unberufener, die… Gralsburg, die in Dichtungen so viel genannt!

Sagenumwoben, als Sehnsucht Ungezählter, steht sie dort im Lichte der größten Herrlichkeit und birgt das heilige Gefäß der reinen Liebe des Allmächtigen, den Gral!

Als Hüter sind der Geister Reinste bestellt. Sie sind Träger der göttlichen Liebe in ihrer reinsten Form, die wesentlich anders aussieht, als sie von den Menschen auf Erden gedacht ist, trotzdem diese sie täglich und stündlich erleben.

Durch Offenbarungen kam die Kunde von der Burg in vielen Staffeln den weiten Weg herab von der Blauen Insel durch die feinstoffliche Welt, bis sie zuletzt in vertiefter Eingebung durch einige Dichter auch unter die Menschen der grobstofflichen Erde drang. Von Stufe zu Stufe weiter abwärts gegeben, erlitt dabei das Wahre auch ungewollt verschiedene Entstellungen, so daß die letzte Wiedergabe nur ein mehrfach getrübter Abglanz bleiben konnte, der zu vielen Irrungen Anlaß wurde.

Steigt nun aus einem Teil der großen Schöpfung in arger Bedrängnis Leid und heißes Flehen zu dem Schöpfer auf, so wird ein Diener des Gefäßes ausgesandt, um als ein Träger dieser Liebe helfend einzugreifen in die geistige Not. Was nur als Sage und Legende in dem Schöpfungswerke schwebt, tritt dann lebendig in die Schöpfung ein!

Solche Sendungen geschehen aber nicht oft. Jedesmal sind sie begleitet von einschneidenden Veränderungen, großen Umwälzungen. Die so Gesandten bringen Licht und Wahrheit den Verirrten, Frieden den Verzweifelnden, reichen mit ihrer Botschaft allen Suchenden die Hand, um ihnen neuen Mut und neue Kraft zu bieten und sie durch alle Dunkelheit hinaufzuführen zu dem Licht.

Sie kommen nur für die, die Hilfe aus dem Licht ersehnen, nicht aber für die Spötter und Selbstgerechten.

DER STERN VON BETHLEHEM

LICHT soll nun werden hier auf Erden, wie es einstens hätte sein sollen, als der Stern der Verheißung über einem Stall zu Bethlehem erstrahlte.

Aber das Licht wurde damals von wenigen nur aufgenommen, deren Hörer es nach Erdenmenschenart sehr bald verbogen und entstellten, Vergessenes durch eigenes Gedachtes zu ersetzen suchten und dadurch nur ein Durcheinander schufen, das als Wahrheit unantastbar heute gelten soll.

Aus Angst, daß alles stürzt, wenn nur der kleinste Pfeiler sich als unecht zeigt, wird jeder Lichtstrahl, der Erkenntnis bringen kann, bekämpft, besudelt und, wo es nicht anders geht, wenigstens lächerlich gemacht mit einer Bosheit, einer Tücke, welche klarem Denken deutlich zeigt, daß sie der Furcht entspringt! Doch klares Denken ist auf Erden selten nur zu finden.

Trotzdem *muß* das Licht wahrer Erkenntnis endlich über alle Menschheit kommen!

Die Zeit ist da, wo alles Ungesunde, das das Menschenhirn erfand, hinweggefegt wird aus der Schöpfung, damit es ferner nicht mehr niederhalte die Erleuchtung, daß die Wahrheit *anders* aussieht als die haltlosen Gebilde, welche prahlerischer Dünkel und Geschäftssinn, kranke Einbildung und Heuchelei aus schwülem Sumpfe niedriger Beschränktheiten im Drang nach Erdenmacht und irdischer Bewunderung erschufen.

Fluch denen nun, welche durch Irreführung Millionen Menschen derartig versklavten, daß sie heute nicht mehr wagen, ihre Augen aufzutun dem Licht, sondern blind darauflos schmähen, sobald etwas an ihre Ohren dringt, was anders klingt, als sie es bisher hörten, anstatt endlich aufzuhorchen und in sich einmal zu prüfen, ob das Neue nicht ihrem Verstehen näher kommt als das bisher Gelernte.

Die Ohren sind verstopft und ängstlich wird darauf gesehen, daß kein frischer Luftzug in sie kommt, tatsächlich nur aus Faulheit und aus Angst, daß diese frische Luft in der damit verbundenen Gesundung *Geistesregsamkeit* bedingt, die Selbstbemühung fordert und erzwingt. Im Gegensatz zu dem jetzigen anscheinend bequemen Geistesdämmern, das den dumpfen Dauerschlaf zur Folge hat und damit nur der Schlauheit des verbogenen, verdorbenen Verstandes freie Hand gewährt!

Aber es nützet nichts, daß Ihr die Ohren für das neue Wort verstopft, die Augen schließt, damit das Licht nicht blende und Euch nicht erschrecke! *Gewaltsam* werdet Ihr nun aufgescheucht aus dieser traurigen Betäubung! Frierend sollt Ihr vor dem kalten Lichte stehen, das Euch unbarmherzig aller falschen Einhüllung entblößt. Frierend, weil Euer Geistesfunke *in Euch* nicht mehr zu entzünden geht, um wärmend sich von innen heraus mit dem Lichte zu vereinen.

Es ist ja gar so *leicht* für Euch, *Unglaubliches zu glauben;* denn dabei braucht Ihr Euch nicht mühen, selbst zu denken und zu prüfen. Gerade weil es keiner Prüfung nach den göttlichen Naturgesetzen standzuhalten fähig ist, *müßt* Ihr nur einfach glauben, ohne nach dem Wie oder Warum zu fragen, müßt *blindlings* glauben, und das dünkt Euch *groß!* Ihr, die Ihr Euch in dieser so bequemen Art besonders gläubig wähnt, erhebt Euch darin einfach über allen Zweifel und... fühlt Euch wohl, geborgen, edel, fromm und seligwerdenmüssend!

Ihr aber habt Euch damit nicht erhoben über allen Zweifel, sondern seid nur feig daran vorbeigegangen! Ihr wart zu geistesträg, um selbst etwas dabei zu tun, und zogt den blinden Glauben einem Wissen vom natürlichen Geschehen im Gesetz des Gotteswillens vor. Und dazu halfen Euch Erdichtungen aus Menschenhirn. Denn je unmöglicher es ist, unfaßbarer, an das Ihr glauben sollt, desto bequemer wird es auch, in Buchstäblichkeit *blind* daran zu glauben, weil es in solchen Dingen gar nicht anders geht. Da *muß* das Wissen und die Überzeugung ausgeschaltet werden.

Unmögliches allein verlangt den blinden, rückhaltlosen Glauben; denn jede Möglichkeit regt sofort eignes Denken an. Wo Wahrheit ist, die stets Natürlichkeit und Folgerichtigkeiten zeigt, dort setzt das Denken und das Nachempfinden auch selbsttätig ein. Es hört nur dort auf, wo es nichts Natürliches mehr findet, wo also Wahrheit nicht vorhanden ist. Und *nur* durch Nachempfinden kann etwas zur Überzeugung werden, die allein dem Menschengeiste Werte bringt!

So schließt sich nun mit allem auch der Ring, der einsetzt mit der Weihenacht in Bethlehem! Und dieser Ringschluß muß das Unrichtige in den Überlieferungen ausschleudern, dafür die Wahrheit zu dem Siege bringen.

Das Dunkel, das die Menschheit schuf, wird durch das eindringende Licht zerstreut!

Alle Legenden, welche um das Leben Jesu mit der Zeit gewoben wurden, müssen fallen, damit es endlich rein hervortritt, gottgesetzlich, so, wie es in dieser Schöpfung anders gar nicht möglich war. Ihr habt bisher mit Euren selbstgeschaffnen Kulten die Vollkommenheit des Schöpfers, Eures Gottes, leichtgläubig frevelhaft verleugnet.

Gewollt, bewußt stellt Ihr ihn darin als in seinem Willen unvollkommen dar! Ich sprach darüber schon, und Ihr mögt Euch drehen, wenden, wie Ihr wollt, nicht *eine* Ausflucht kann Euch davor schützen, daß Ihr zu träge waret, selbst dabei zu denken. Ihr ehrt Gott nicht damit, wenn Ihr an Dinge blindlings glaubt, die sich mit Schöpfungsurgesetzen nicht vereinen lassen! Im Gegenteil, wenn Ihr an die Vollkommenheit des Schöpfers glaubt, so müßt Ihr wissen, daß nichts in der Schöpfung hier geschehen kann, was nicht genau der Folgerung in den festliegenden Gesetzen Gottes auch entspricht. Darin allein könnt Ihr ihn wirklich ehren.

Wer anders denkt, zweifelt damit an der *Vollkommenheit* des Schöpfers, seines Gottes! Denn wo Veränderungen oder noch Verbesserungen möglich sind, dort ist und war keine Vollkommenheit vorhanden! Entwickelung ist etwas anderes. Diese ist vorgesehen und gewollt in dieser Schöpfung. Aber sie muß sich unbedingt *als Folgerung* ergeben der Wirkung schon bestehender Gesetze. Das alles aber kann nicht solche Dinge bringen, wie sie bei vielen Gläubigen namentlich im Leben Christi als ganz selbstverständlich angenommen werden!

Wacht endlich auf aus Euren Träumen, werdet in Euch *wahr!* Es sei Euch noch einmal gesagt, daß es unmöglich ist nach den Gesetzen in der Schöpfung, daß Erdenmenschenkörper je geboren werden können ohne vorherige grobstoffliche Zeugung, ebenso unmöglich, daß ein grobstofflicher Körper aufgehoben wird ins feinstoffliche Reich nach seinem Erdentode, noch weniger ins wesenhafte oder gar das geistige! Und da Jesus auf Erden hier geboren werden mußte, unterlag dieses Geschehen auch dem grobstofflichen Gottgesetz der vorherigen Zeugung.

Gott müßte gegen seine eigenen Gesetze handeln, wäre es mit Christus so geschehen, wie es die Überlieferungen melden. Das aber kann er nicht, da er *vollkommen ist von Anfang an* und damit auch sein Wille, welcher in den Schöpfungsgesetzen liegt. Wer anders noch zu denken wagt, der zweifelt an dieser Vollkommenheit und somit auch zuletzt an Gott! Denn Gott ohne Vollkommenheit wäre nicht Gott. Da gibt es keine Ausrede! An dieser einfachen Gewißheit kann ein Menschengeist nicht deuteln, auch wenn damit die Grundfesten so mancher bisherigen Anschauungen nun erschüttert werden müssen. Hier gibt es nur Entweder-Oder. Ganz oder gar nicht. Eine Brücke läßt sich da nicht bauen, weil etwas Halbes, Unfertiges in der Gottheit nicht sein kann! Auch nicht in dem, was sich mit Gott befaßt!

Jesus wurde *grobstofflich* gezeugt, sonst wäre eine irdische Geburt nicht möglich gewesen.

Von einigen nur wurde damals der Stern als Erfüllung der Verheißungen erkannt. So von Maria selbst und von Josef, der erschüttert sein Gesicht verbarg.

Drei Könige fanden den Weg zum Stall und gaben irdische Geschenke; doch dann ließen sie das Kind schutzlos zurück, dem sie den Weg auf Erden ebnen sollten mit ihren Schätzen, ihrer Macht, daß ihm kein Leid geschehe in Erfüllung seiner Aufgabe. Sie hatten ihren hohen Ruf nicht voll erkannt, trotzdem ihnen Erleuchtung wurde, daß sie das Kind finden konnten.

Unruhe trieb Maria fort von Nazareth, und Josef, der ihr stilles Leiden, ihre Sehnsucht sah, erfüllte ihren Wunsch, nur um sie froh zu machen. Er übergab die Leitung seiner Zimmerei dem Ältesten seiner Gehilfen und reiste mit Maria und dem Kinde in ein fernes Land. Im Alltage der Arbeit und täglicher Sorgen verblaßte langsam die Erinnerung an den Strahlenden Stern bei beiden, namentlich da Jesus nichts Auffallendes in den Jugendjahren zeigte, sondern wie alle Kinder ganz natürlich war.

Erst als Josef, der Jesus stets der beste väterliche Freund gewesen war, nach seiner Rückkehr in die Heimatstadt zum Sterben kam, sah er bei dem Hinübergehen in den letzten Erdenaugenblicken über Jesus, der allein an seinem Sterbelager stand, das Kreuz und die Taube. Erschauernd waren seine letzten Worte: »Also bist Du es doch!«

Jesus selbst wußte nichts davon, bis es ihn zu Johannes trieb, von dem er hörte, daß er an dem Jordan weise Lehren kündete und taufte.

In dieser grobstofflichen Handlung einer Taufe wurde der Beginn der Sendung in der Grobstofflichkeit fest verankert. Die Binde fiel. Jesus war sich selbst von diesem Augenblicke an bewußt, daß er das Wort des Vaters in die Erdenmenschheit tragen sollte.

Sein ganzes Leben wird sich aufrollen vor Euch, so, wie es wirklich war, entkleidet aller Phantasien menschlicher Gehirne! Mit dem Ringschluß des Geschehens wird es im Gerichte allen kund im Sieg der Wahrheit, die nicht mehr verdüstert werden darf für lange Zeit!

Maria kämpfte in sich mit den Zweifeln, die verstärkt wurden durch mütterliche Sorgen um den Sohn bis zu dem schweren Gang nach Golgatha. Rein menschlich und nicht überirdisch. Erst dort wurde ihr zuletzt noch Erkenntnis über seine Sendung und damit der Glaube.

Doch jetzt zur Wiederkehr des Sternes soll durch Gottes Gnade nun gelöst sein aller Irrtum und gelöst auch alle Fehler derer, welche nicht in Starrsinn, nicht in üblem Wollen damals Christi Weg erschwerten und nun bei dem Ringschluß zur Erkenntnis kommen, gutzumachen suchen, was sie unterlassen haben oder fehlten.

In dem Gutmachenwollen steigt für sie mit dem Strahlenden Sterne die Erlösung auf. Befreit können sie Dank jubeln Dem, Der in Weisheit und in Güte die Gesetze schuf, an denen sich die Kreaturen richten und auch lösen müssen.

DER KAMPF

Von einem scharfen Gegenüberstehen zweier Weltanschauungen konnte bisher noch keine Rede sein. Kampf ist also ein schlecht gewählter Ausdruck für das eigentliche Geschehen zwischen den Verstandesmenschen und den ernsten Wahrheitssuchern.

Alles, was bisher erfolgte, bestand in einseitigen Angriffen der Verstandesmenschen, die für jeden ruhigen Beobachter auffallend unbegründet und oft lächerlich erscheinen müssen. Gegen alle, die sich rein geistig höher zu entwickeln suchen, liegt Verhöhnung, Anfeindung und sogar Verfolgung ernstester Art bereit, auch wenn sie stille Zurückhaltung bewahren. Es gibt immer einige, die versuchen, solche Aufwärtsstrebende mit Spott oder Gewalt zurückzureißen und herabzuzerren in das stumpfe Dahindämmern oder die Heuchelei der Massen.

Viele mußten dabei zu tatsächlichen Märtyrern werden, weil nicht nur die große Menge, sondern damit auch die irdische Gewalt, auf der Seite der Verstandesmenschen lag. Was diese geben können, liegt schon deutlich in dem Worte »Verstand«. Das ist: verengte Begrenzung des Begriffsvermögens auf das rein Irdische, also den winzigsten Teil des eigentlichen Seins.

Daß dies nichts Vollendetes, überhaupt nichts Gutes bringen kann für eine Menschheit, deren Sein sich hauptsächlich durch Teile zieht, die sich die Verstandesmenschen selbst verschlossen, ist leicht verständlich. Namentlich, wenn man dabei in Betracht zieht, daß gerade ein winziges Erdenleben ein bedeutsamer Wendepunkt für das ganze Sein werden soll und einschneidende Eingriffe in die den Verstandesmenschen völlig unbegreiflichen anderen Teile nach sich zieht.

Die Verantwortung der an sich schon tief gesunkenen Verstandesmenschen wächst dadurch in das Ungeheuere; sie wird als wuchtiger Druck dazu beitragen, sie dem Ziele ihrer Wahl schneller und schneller entgegenzupressen, damit sie endlich die Früchte dessen genießen müssen, dem sie mit Zähigkeit und Anmaßung das Wort geredet haben.

Unter Verstandesmenschen sind diejenigen zu verstehen, die sich bedingungslos ihrem eigenen Verstande unterwarfen. Diese glaubten sonderbarerweise seit Jahrtausenden ein unbedingtes Recht darauf zu haben, ihre beschränkten Überzeugungen durch Gesetz und Gewalt auch denen aufzwingen zu dürfen, die anderer Überzeugung leben wollten. Diese vollkommen unlogische Anmaßung liegt wiederum nur in dem engen Begriffsvermögen der Verstandesmenschen, das sich nicht höher aufzuschwingen vermag. Gerade die Begrenzung bringt ihnen einen sogenannten Höhepunkt des Begreifens, wodurch solche Überhebungen in der Einbildung entstehen müssen, weil sie glauben, wirklich auf der letzten Höhe zu stehen. Für sie selbst ist es auch so, da dann die Grenze kommt, die sie nicht überschreiten können.

Ihre Angriffe gegen die Wahrheitssucher zeigen aber in der so oft unverständlichen Gehässigkeit bei näherer Betrachtung deutlich die hinter ihnen geschwungene Peitsche des Dunkels. Selten ist bei diesen Anfeindungen ein Zug ehrlichen Wollens zu finden, das die oft unerhörte Art und Weise des Vorgehens einigermaßen entschuldigen könnte. In den meisten Fällen ist es ein blindes Draufloswüten, das jeder wirklichen Logik entbehrt. Man sehe sich die Angriffe einmal ruhig an. Wie selten ist ein Artikel dabei, dessen Inhalt den Versuch zeigt, wirklich *sachlich* auf die Reden oder Aufsätze eines Wahrheitssuchers einzugehen.

Ganz auffallend macht sich die gehaltlose Minderwertigkeit der Angriffe gerade immer darin bemerkbar, daß diese *niemals rein sachlich* gehalten sind! Immer sind es versteckte oder offene Beschmutzungen der *Person* des Wahrheitssuchers. *Das macht nur jemand, der sachlich nichts zu entgegnen vermag.* Ein Wahrheitssucher oder Wahrheitsbringer gibt doch nicht sich *persönlich*, sondern er bringt das, was er *sagt.*

Das Wort muß geprüft werden, nicht die *Person!* Daß man stets erst die Person zu beleuchten sucht und dann erwägt, ob man auf ihre Worte hören kann, ist eine Gepflogenheit der Verstandesmenschen. Diese in ihrer engen Begrenzung des Begriffsvermögens *brauchen* solchen äußerlichen Halt, weil sie sich an Äußerlichkeiten klammern müssen, um nicht in Verwirrung zu kommen. Das ist ja gerade der hohle Bau, den sie errichten, der unzulänglich für die Menschen ist, ein großes Hindernis zum Vorwärtskommen.

Hätten sie innerlich festen Halt, so würden sie einfach Sache gegen Sache sprechen lassen und die Personen dabei ausschalten. Das vermögen sie jedoch nicht. Sie vermeiden es auch absichtlich, weil sie fühlen oder zum Teil wissen, daß sie bei einem geordneten Turnier schnell aus dem Sattel stürzen würden. Der oft benützte ironische Hinweis auf »Laienprediger« oder »Laienauslegung« zeigt etwas derartig lächerlich Anmaßendes, daß jeder ernste Mensch sofort empfindet: »Hier wird ein Schild gebraucht, um krampfhaft Hohlheit zu verbergen. Eigene Leere mit einem wohlfeilen Aushängeschild zu verdekken!«

Eine plumpe Strategie, die sich nicht lange halten kann. Sie hat den Zweck, Wahrheitssucher, die unbequem werden können, in den Augen der Mitmenschen von vornherein auf eine »untergeordnete« Stufe zu stellen, wenn nicht gar auf eine lächerliche oder doch mindestens in die Kategorie der »Pfuscher« zu bringen, damit sie nicht ernst genommen werden.

Mit solchem Vorgehen will man vermeiden, daß sich überhaupt jemand ernsthaft mit den Worten befaßt. Die Veranlassung zu diesem Vorgehen ist aber nicht die Sorge, daß Mitmenschen durch irrtümliche Lehren aufgehalten werden am inneren Aufstieg, sondern es ist eine unbestimmte Furcht, an Einfluß zu verlieren und dadurch gezwungen zu sein, selbst tiefer einzudringen als bisher und vieles verändern zu müssen, was bisher als unantastbar gelten sollte und bequem war.

Gerade dieser öftere Hinweis auf die »Laien«, dieses sonderbare Herabsehen auf solche, die durch ihre verstärkte, unbeeinflußtere Empfindung der Wahrheit viel näher stehen, die sich nicht durch starre Formen des Verstandes Mauern bauten, deckt eine Schwäche auf, deren Gefahren keinem Denkenden entgehen können. *Wer solchen Ansichten huldigt, ist von vornherein davon ausgeschlossen, ein unbeeinflußter Lehrer und Führer zu sein;* denn er steht damit von Gott und seinem Wirken viel weiter entfernt als jeder andere.

Das Wissen der Religionsentwicklungen mit all den Irrtümern und Fehlern bringt die Menschen ihrem Gotte nicht näher, ebensowenig die verstandesmäßige Auslegung der Bibel oder anderer wertvoller Niederschriften der verschiedenen Religionen.

Verstand ist und bleibt an Raum und Zeit gebunden, also erdgebunden, während die Gottheit und demnach auch das Erkennen Gottes und seines Willens über Raum und Zeit und über alles Vergängliche erhaben ist und deshalb niemals von dem eng begrenzten Verstande erfaßt werden kann.

Aus diesem einfachen Grunde ist der Verstand auch nicht dazu berufen, Aufklärung in Ewigkeitswerten zu bringen. Es würde sich ja widersprechen.

Und wer deshalb in *diesen* Dingen auf Universitätsqualifikation pocht, auf unbeeinflußte Menschen herabsehen will, spricht damit selbst sein Unvermögen und seine Beschränkung aus. Denkende Menschen werden sofort die Einseitigkeit empfinden und die Vorsicht gegen den anwenden, der in solcher Art zur Vorsicht warnt!

Nur Berufene können wahre Lehrer sein. Berufene sind solche, welche die Befähigung in sich tragen. Diese Befähigungen aber fragen nicht nach Hochschulbildung, sondern nach den Schwingungen einer verfeinerten Empfindungsfähigkeit, die sich über Raum und Zeit, also über die Begriffsgrenze des irdischen Verstandes zu erheben vermag.

Außerdem wird jeder innerlich freie Mensch eine Sache oder Lehre immer darnach bewerten, *was* sie bringt, nicht *wer* sie bringt. Das letztere ist ein Armutszeugnis für den Prüfenden, wie es nicht größer sein kann. Gold ist Gold, ob es ein Fürst in der Hand hat oder ein Bettler.

Diese unumstößliche Tatsache aber sucht man gerade in den wertvollsten Dingen des geistigen Menschen hartnäckig zu übersehen und zu ändern. Selbstverständlich mit ebensowenig Erfolg wie bei dem Golde. Denn die, die wirklich ernsthaft suchen, lassen sich durch solche Ablenkungen nicht beeinflussen, die Sache selbst zu prüfen. Die aber, die sich dadurch beeinflussen lassen, sind noch nicht reif zum Empfange der Wahrheit, für diese ist sie nicht.

Doch die Stunde ist nicht fern, in der nunmehr ein Kampf beginnen muß, der bisher fehlte. Die Einseitigkeit hört auf, es folgt ein scharfes Gegenübertreten, das jede falsche Anmaßung zerstört.

MODERNE GEISTESWISSENSCHAFT

MODERNE Geisteswissenschaft! Was sammelt sich alles unter dieser Flagge! Was findet sich dabei zusammen, und was bekämpft sich auch darunter! Ein Tummelplatz von ernstem Suchen, wenig Wissen, großen Plänen, Eitelkeit und Dummheit, vielfach auch leere Prahlerei und noch mehr skrupellosester Geschäftssinn. Aus dem Gewirr erblüht nicht selten Neid und grenzenloser Haß, der sich zuletzt in tückischer Rachsucht niedrigster Art auslöst.

Bei solchen Zuständen ist es natürlich nicht zu verwundern, wenn viele Menschen dem ganzen tollen Tun und Treiben aus dem Wege gehen, mit einer Scheu, als ob sie sich vergiften würden, wenn sie damit in Berührung kommen. Diese haben auch nicht so unrecht; denn zahllose Anhänger der Geisteswissenschaft zeigen in ihrem Gebaren wahrlich nichts Verlockendes, noch weniger Anziehendes, sondern alles an ihnen mahnt viel eher jeden anderen Menschen zu größter Vorsicht.

Sonderbar ist es, daß das ganze Gebiet der sogenannten Geisteswissenschaft, die oft von Übelwollenden oder Nichtwissenden mit *Geister*wissenschaft verwechselt wird, heute noch als eine Art *Freiland* gilt, worauf jedermann sein Wesen und Unwesen ungehindert, ja zügellos und ungestraft treiben darf.

Es *gilt* dafür. Doch die Erfahrungen haben bereits sehr oft gelehrt, daß es *nicht* so ist!

Zahllose Pioniere auf dem Gebiete, die leichtsinnig genug waren, mit nur eingebildetem Wissen forschend einige Schritte vorwärts zu wagen, wurden hilflose Opfer ihrer Fahrlässigkeit. Traurig dabei ist nur, daß alle diese Opfer fielen, ohne daß der Menschheit auch nur das Geringste damit gegeben werden konnte!

Jeder dieser Fälle hätte ja nun eigentlich ein Beweis dafür sein sollen, daß der eingeschlagene Weg nicht der richtige ist, da er nur Schaden und sogar Verderben, aber keinen Segen bringt. Doch mit einer eigentümlichen Beharrlichkeit werden diese falschen Wege beibehalten, immer wieder neue Opfer gebracht; über jedes gefundene Stäubchen neu erkannter Selbstverständlichkeit in der gewaltigen Schöpfung wird großes Geschrei erhoben, und zahllose Abhandlungen werden geschrieben, die viele ernsthaft suchende Menschen abschrecken müssen, weil das unsichere Tasten darin deutlich fühlbar wird.

Das ganze bisherige Forschen ist in Wirklichkeit mehr eine gefährliche Spielerei zu nennen mit gutwollendem Hintergrunde.

Das als Freiland angesehene Gebiet der Geisteswissenschaft wird nie ungestraft betreten werden können, solange man nicht den *geistigen* Gesetzen in ihrem vollen Umfange *vorher* Rechnung zu tragen versteht. Jedes bewußte oder unbewußte Entgegenstellen, das heißt »Nichteinhalten« derselben, was gleichbedeutend mit Übertretung ist, muß in seiner unvermeidlichen Wechselwirkung den Kühnen, Frivolen oder Leichtsinnigen treffen, der sie nicht genau beachtet oder zu beachten vermag.

Das Unirdische mit irdischen Mitteln und Möglichkeiten durchstreifen zu wollen, ist nicht anders, als wenn ein mit irdischen Gefahren noch nicht vertrautes, unentwickeltes Kind in einen Urwald gestellt und allein gelassen würde, wo nur ein dazu entsprechend ausgerüsteter Mensch in seiner Vollkraft mit aller Vorsicht Aussicht haben kann, unbeschädigt hindurchzukommen.

Den modernen Geisteswissenschaftlern in ihrer jetzigen Arbeitsweise geht es nicht anders, auch wenn sie es noch so ernst zu meinen wähnen und wirklich nur des Wissens halber vieles wagen, um den Menschen damit vorwärts zu helfen über eine Grenze, an der sie schon lange anklopfend harren.

Wie Kinder stehen diese Forscher heute noch davor, hilflos, tastend, die Gefahren nicht kennend, die ihnen jeden Augenblick entgegenströmen oder sich durch sie auf andere Menschen ergießen können, wenn ihre tappenden Versuche eine Bresche in den natürlichen Schutzwall wühlen oder eine Türe öffnen, die besser für viele verschlossen bleiben würde.

Leichtsinn kann das alles nur genannt werden, nicht Kühnheit, solange die also Vordringenwollenden nicht genau wissen, daß sie alle eventuellen Gefahren unbedingt sofort zu meistern vermögen, nicht nur für sich selbst, sondern auch für andere.

Am unverantwortlichsten handeln die »Forscher«, die sich mit Experimenten befassen. Auf das Verbrechen der Hypnose ist bereits mehrfach schon hingewiesen.*

* Vortrag: »Das Verbrechen der Hypnose«.

Die nun in anderer Art noch experimentierenden Forscher begehen in den meisten Fällen den bedauerlichen Fehler, daß sie, selbst nichts wissend – denn sonst würden sie es sicherlich nicht tun –, andere sehr sensible oder mediale Menschen entweder in magnetischen oder gar hypnotischen Schlaf versetzen, um sie damit den körperlich unsichtbaren Einflüssen der »jenseitigen« Welt näherzubringen, in der Hoffnung, dadurch verschiedenes hören und beobachten zu können, was bei vollkommen tagbewußtem Zustande der betreffenden Versuchsperson nicht möglich sein würde.

In mindestens fünfundneunzig von hundert Fällen setzen sie damit solche Menschen großen Gefahren aus, denen diese noch nicht gewachsen sind; denn *jede Art* künstlicher Nachhilfe zur Vertiefung ist eine Bindung der Seele, durch die diese in eine Empfindsamkeit hineingedrängt wird, die weiter geht, als es ihre natürliche Entwicklung zulassen würde.

Die Folge ist, daß ein solches Opfer der Versuche plötzlich seelisch auf einem Gebiete steht, auf dem es seines natürlichen Schutzes durch die künstliche Nachhilfe beraubt ist oder für das es seinen natürlichen Schutz nicht hat, der nur durch *eigene*, innere gesunde Entwicklung entstehen kann.

Man muß sich einen solchen bedauernswerten Menschen bildlich so vorstellen, als ob er entblößt an einen Pfahl gebunden steht, weit als Köder in gefährliches Gelände vorgeschoben, um das dort noch unbekannte Leben und Wirken auf sich zu ziehen, sogar auf sich wirken zu lassen, damit er darüber Bericht geben kann oder damit verschiedene Auswirkungen durch seine Mithilfe unter Hergabe bestimmter irdischer Substanzen aus seinem Körper auch anderen sichtbar werden.

Eine derartige Versuchsperson vermag zeitweise durch die Verbindung, die ihre vorgedrängte Seele mit dem irdischen Körper halten muß, alles Vorgehende wie durch ein Telephon zu berichten und dem Zuschauer zu übermitteln.

Wird aber dabei der also künstlich vorgeschobene Posten irgendwie angegriffen, so vermag er sich wegen Mangels des natürlichen Schutzes nicht zu wehren, er ist hilflos preisgegeben, weil er durch Mithilfe anderer nur künstlich in ein Gebiet hineingeschoben wurde, in das er seiner eigenen Entwicklung nach noch nicht oder überhaupt nicht gehört. Der sogenannte Forscher aber, der ihn aus Wissensdurst hineindrängte, kann ihm ebensowenig helfen, da er selbst dort, woher die Gefahr kommt, fremd und unerfahren ist und deshalb nichts zu irgendeinem Schutze zu tun vermag.

So kommt es, daß die Forscher zu Verbrechern werden, ohne es zu wollen und ohne von irdischer Gerechtigkeit dafür belangt werden zu können. Das schließt aber nicht aus, daß die *geistigen* Gesetze mit voller Schärfe ihre Wechselwirkung üben und den Forschenden an sein Opfer ketten.

So manche Versuchsperson erlitt feinstoffliche Angriffe, die sich mit der Zeit, oft auch schnell oder sofort grobstofflich-körperlich mit auswirken, so daß irdische Krankheit oder Tod folgt, womit aber der seelische Schaden noch nicht behoben wird.

Die sich Forscher nennenden Beobachter aber, die ihre Opfer in die unbekannten Gebiete drängen, stehen während solcher gefährlichen Experimente in den meisten Fällen in guter irdischer Deckung unter dem Schutze ihres Körpers und Tagbewußtseins.

Selten ist es, daß sie an den Gefahren der Versuchspersonen gleichzeitig mit teilnehmen, daß solche also auf sie sofort übergehen. Aber bei ihrem irdischen Tode dann, dem Übergange in die feinstoffliche Welt, *müssen* sie durch ihre Verkettung mit den Opfern auf jeden Fall dorthin, wohin diese eventuell gerissen wurden, um erst gemeinsam mit ihnen langsam wieder emporsteigen zu können.

Das künstliche Hinausdrängen einer Seele in ein anderes Gebiet muß nun nicht immer so verstanden werden, daß die Seele aus dem Körper austritt und davonschwebt bis zu einer anderen Region. In den *meisten* Fällen bleibt sie ruhig in dem Körper. Sie wird nur durch den magnetischen oder hypnotischen Schlaf unnatürlich empfindsam gemacht, so daß sie auf viel feinere Strömungen und Einflüsse reagiert, als es in ihrem natürlichen Zustande möglich wäre.

Selbstverständlich ist es, daß in diesem unnatürlichen Zustande die Vollkraft nicht vorhanden ist, die sie sonst haben würde, wenn sie aus innerer Entwicklung heraus selbst so weit gekommen wäre und dadurch auf diesem neuen, verfeinerten Boden fest und sicher stehen würde, allen Einwirkungen die gleiche Kraft entgegenbringend.

Aus diesem Mangel an gesunder Vollkraft kommt durch das Gekünstelte eine Ungleichheit, die Störungen nach sich ziehen muß. Die Folge davon ist unbedingte Trübung in allen Empfindungen, wodurch Entstellungen der Wirklichkeit entstehen.

Die Ursachen zu den falschen Berichten, zu den zahllosen Irrtümern geben immer nur wieder die Forscher selbst durch ihre schädigende Nachhilfe.

Daher kommt es auch, daß in den vielen »erforschten« Dingen aus dem okkulten Gebiete, die schon vorliegen, so manches mit strenger Logik nicht übereinstimmen will. Es sind zahllose Irrtümer darin enthalten, die bisher noch nicht als solche erkannt werden konnten.

Bei diesen sichtbar falschen Wegen wird nun absolut nichts erreicht, was nur einigermaßen Nutzen oder Segen für die Menschen haben könnte.

Nützen kann den Menschen in Wirklichkeit nur etwas, das ihnen *aufwärts* hilft oder wenigstens einen Weg dazu zeigt. Aber das alles ist bei diesen Experimenten von vornherein und für immer vollkommen ausgeschlossen!

Durch künstliche Nachhilfe vermag ein Forscher manchmal aber doch schließlich irgendeinen sensiblen oder medialen Menschen aus dem irdisch-grobstofflichen Körper hinauszudrängen in die ihm zunächst befindliche feinstoffliche Welt, aber *nicht* um Haaresbreite *höher* als dorthin, wohin dieser seiner inneren Beschaffenheit entsprechend sowieso gehört. Im Gegenteil, durch künstliche Nachhilfe vermag er ihn nicht einmal dorthin zu bringen, sondern immer nur in die allem Irdischen nächste Umgebung.

Diese dem Irdischen allernächste Umgebung aber kann nur alles das Jenseitige bergen, was noch dicht erdgebunden ist, was durch seine Minderwertigkeit, Laster und Leidenschaft an die Erde gekettet bleibt.

Natürlich wird auch etwas weiter Fortgeschrittenes hier und da in dieser Umgebung sich vorübergehend aufhalten. Das ist aber nicht immer zu erwarten. Hohes kann sich aus rein naturgesetzlichen Gründen nicht dort befinden. Eher würde die Welt aus ihren Angeln gehen, oder … es müßte denn in einem Menschen ein Postament zur Verankerung des Lichtes vorhanden sein!

Daß dies aber in einer Versuchsperson oder einem derart tastenden Forscher zu suchen wäre, ist kaum anzunehmen. Also bleibt die Gefahr und die Zwecklosigkeit aller Experimente bestehen.

Sicher ist es auch, daß etwas wirklich Höheres *nicht* ohne die alles Gröbere reinigende Gegenwart eines weitentwickelten Menschen in die Nähe eines Mediums kommen kann, noch viel weniger durch dieses zu sprechen vermag. Materialisationen aus den *höheren* Kreisen kommen gleich gar nicht in Betracht, am allerwenigsten bei den beliebten neckischen Spielen mit Klopfen, Bewegen von Gegenständen usw. Die Kluft ist dazu viel zu groß, als daß sie ohne weiteres überbrückt werden könnte.

Alle diese Dinge können trotz eines Mediums nur von solchen Jenseitigen ausgeführt werden, die noch sehr dicht mit der Materie verbunden sind. Wenn es anders möglich wäre, also, daß Hohes sich so leicht mit der Menschheit in Verbindung setzen könnte, so hätte Christus ja gar nicht Mensch zu werden brauchen, sondern seine Mission auch ohne dieses Opfer erfüllen können*. Die Menschen von heute aber sind seelisch sicherlich nicht höher entwickelt als zu Jesu Erdenzeit, so daß nicht anzunehmen ist, daß eine Verbindung mit dem Lichte leichter herzustellen sei als damals.

Nun sagen die Geisteswissenschaftler allerdings, daß sie in erster Linie den Zweck verfolgen, jenseitiges Leben, namentlich das Fortleben nach dem irdischen Tode, festzustellen, und daß bei der jetzt allgemein herrschenden Skepsis sehr starke und grobe Geschütze dazu gehören, also *irdisch greifbare* Beweise, um in die Abwehrstellung der Gegner eine Bresche zu schlagen.

Diese Begründung entschuldigt jedoch nicht, daß Menschenseelen in so leichtfertiger Weise immer und immer wieder auf das Spiel gesetzt werden!

Außerdem liegt gar keine zwingende Notwendigkeit vor, böswillige Gegner unbedingt überzeugen zu wollen! Es ist doch bekannt, daß diese nicht zu glauben bereit sein würden, auch wenn ein Engel direkt vom Himmel käme, um ihnen die Wahrheit zu verkünden. Nach dessen Weggange würden sie eben behaupten, daß es eine Massenhalluzination gewesen sei, nicht aber ein Engel, oder sonst eine Ausrede gebrauchen. Und wenn irgend etwas oder jemand gebracht wird, das oder der irdisch bleibt, also nicht wieder verschwindet oder unsichtbar wird, so gibt es wieder andere Ausflüchte, gerade weil es den an ein Jenseits nicht Glaubenwollenden wiederum zu irdisch sein würde.

Sie würden nicht davor zurückschrecken, einen solchen Beweis als Betrug, einen Menschen aber als Phantasten, Fanatiker oder ebenfalls als Betrüger hinzustellen. Sei es nun zu irdisch oder unirdisch oder auch beides zusammen, etwas werden sie immer auszusetzen und zu bezweifeln haben. Und wenn sie sich gar nicht mehr anders zu helfen wissen, dann werfen sie mit Schmutz, gehen auch zu stärkeren Angriffen über und scheuen vor Gewalttätigkeiten nicht zurück.

Um *diese* also zu überzeugen, dazu sind Opfer nicht angebracht! Noch weniger aber für viele der sogenannten Anhänger. Diese wähnen in einer son-

* Vortrag: »Der Erlöser«.

derbaren Art von Hochmut, durch ihren in den meisten Fällen etwas unklaren und phantastischen Glauben an das Leben im Jenseits gewisse Forderungen daran stellen zu können, um ihrerseits etwas »sehen« oder »erleben« zu müssen. Sie erwarten von ihren Führern jenseitige Zeichen als Lohn für ihre Bravheit.

Geradezu lächerlich wirken dabei oft die selbstverständlichen Erwartungen, die sie mit sich herumtragen, sowie das vielwissende, gutmütig verzeihende Lächeln als Schau für ihr eigentliches Nichtwissen. Es ist Gift, diesen Massen auch noch Vorstellungen geben zu wollen; denn da sie so vieles zu wissen wähnen, gelten ihnen die Experimente nicht viel mehr als wohlverdiente Unterhaltungsstunden, bei denen Jenseitige die Varieté-Künstler abgeben sollen.

Sehen wir nun aber einmal von den großen Experimenten ab und betrachten wir uns die kleinen, wie Tischrücken. Diese sind durchaus nicht so harmlos, wie es gedacht wird, sondern in ihrer ungeheueren leichten Verbreitungsmöglichkeit eine *sehr ernste Gefahr!*

Jedermann sollte davor gewarnt werden! Wissende müssen sich mit Grauen wenden, wenn sie sehen, wie leichtfertig mit diesen Dingen umgegangen wird. Wie viele der Anhänger suchen ihr »Wissen« in manchen Kreisen zu zeigen, indem sie Versuche mit Tischrücken anregen, oder in Familien entweder lächelnd oder geheimnisvoll raunend die fast ins Spielerische gehende Übung mit Buchstaben und Glas oder einem anderen Hilfsmittel einführen, das bei leichtem Auflegen der Hand nach verschiedenen Buchstaben hingleitet oder hingezogen wird, so Worte bildend.

Mit unheimlicher Geschwindigkeit hat sich dies alles bis zu Gesellschaftsspielen entwickelt, wo es unter Lachen, Spotten und manchmal angenehmem Gruseln getrieben wird.

Täglich sitzen dann in Familien ältere und jüngere Damen an einem Tischchen zusammen oder auch allein vor auf Pappe gezeichneten Buchstaben, die, wenn möglich, noch in ganz bestimmter Form aufgezeichnet sein müssen, damit der die Phantasie anregende Hokuspokus nicht fehlt, der überdies ganz unnötig dabei ist; denn es würde auch ohne ihn gehen, wenn die betreffende Person nur einigermaßen dazu neigt. Und deren sind unzählige!

Die modernen Geisteswissenschaftler und die Führer der okkulten Verbindungen freuen sich darüber, da ja wirkliche Worte und Sätze dabei gebildet werden, an die der Ausübende weder-bewußt noch unbewußt gedacht hat. Er muß dadurch überzeugt werden und die Anhängerzahl des »Okkulten« vergrößern.

Schriften okkulter Richtungen weisen darauf hin, Redner treten dafür ein, Hilfsmittel werden fabriziert und verkauft, die all diesen Unfug erleichtern, und so tritt fast die gesamte okkulte Welt als *gutarbeitender Handlanger des Dunkels* auf in der ehrlichen Überzeugung, Priester des Lichtes damit zu sein!

Diese Vorgänge beweisen allein schon die vollkommene Unwissenheit, die in den okkulten Bestrebungen dieser Art liegt! Sie zeigen, daß niemand von allen denen *wirklich sehend* ist! Es darf nicht als Gegenbeweis gelten, wenn sich irgendein gutes Medium aus diesen Anfängen heraus hier und da einmal entwickelt hat oder vielmehr, was richtiger ist, wenn ein gutes Medium im Anfang vorübergehend dazugezogen wurde.

Die wenigen Menschen, die von vornherein dazu bestimmt sind, haben in ihrer eigenen natürlichen Entwicklung einen ganz anderen und sorgfältig jede Stufe überwachenden Schutz, den andere *nicht* genießen. Dieser Schutz wirkt aber auch nur bei natürlicher, eigener Entwicklung, *ohne jede künstliche Nachhilfe!* Weil gerade nur in allem Natürlichen als selbstverständlich ein Schutz ruht.

Sobald nur die geringste Nachhilfe darin kommt, sei es durch Übungen der Person selbst oder von anderer Seite durch magnetischen Schlaf oder Hypnose, so wird es unnatürlich und dadurch nicht mehr ganz in die natürlichen Gesetze passend, die allein Schutz zu gewähren imstande sind. Kommt nun noch Unkenntnis dazu, wie sie überall zur Zeit vorhanden ist, so ist das Verhängnis da. Das *Wollen* allein wird das Können nie ersetzen, wenn es zum Handeln kommt. Niemand aber soll sein Können überschreiten.

Es ist selbstverständlich nicht ausgeschlossen, daß bei den Hunderttausenden, die sich mit diesen gefährlichen Spielereien befassen, hier und da ein Mensch wirklich ungestraft davonkommt und guten Schutz hat. Ebenso werden viele nur so geschädigt, daß es irdisch noch nicht bemerkbar wird, so daß sie erst nach dem Hinübergehen plötzlich erkennen müssen, welche Dummheiten sie eigentlich gemacht haben. Aber es gibt auch viele, die bereits irdisch sichtbaren Schaden davontragen, wenn sie auch während ihres Erdenlebens nie zur Erkenntnis der eigentlichen Ursache kommen.

Aus diesem Grunde muß der feinstoffliche und geistige Vorgang während dieser Spielereien einmal erklärt werden. Er ist ebenso einfach wie alles in der

Schöpfung und durchaus nicht so kompliziert, aber doch auch wieder schwerer, als sich viele denken.

Wie die Erde jetzt ist, hat durch das Wollen der Menschheit das *Dunkel* die Oberhand über alles Materielle gewonnen. Es steht also in allem Materiellen so gut wie auf eigenem, ihm wohlvertrautem Boden und vermag dadurch sich im Materiellen auch voll auszuwirken. Es ist also darin in seinem Element, kämpft auf ihm bekanntem Grunde. Dadurch ist es zur Zeit in allem Materiellen, also Grobstofflichen, dem Lichte überlegen.

Die Folge davon ist, daß in allem Materiellen die Kraft des Dunkels stärker wird als die des Lichtes. Nun kommt aber bei derartigen Spielereien, wie Tischrücken usw., das Licht, also Hohes, überhaupt nicht in Betracht. Wir können höchstens von Schlechtem, also Dunkel, und Besserem, also Hellerem, sprechen.

Benutzt nun ein Mensch einen Tisch oder ein Glas oder überhaupt irgendeinen grobstofflichen Gegenstand, so begibt er sich damit auf den dem Dunkel vertrauten Kampfboden. Einen Boden, den alles Dunkle sein eigen nennt. Er räumt ihm damit von vornherein eine Kraft ein, gegen die er keinen entsprechenden Schutz aufbringen kann.

Betrachten wir uns einmal eine spiritistische Beschäftigung oder auch nur ein Gesellschaftsspiel mit dem Tische, und verfolgen wir dabei die geistigen oder besser feinstofflichen Vorgänge.

Tritt ein Mensch oder mehrere mit der Absicht an einen Tisch heran, um durch diesen in Verbindung mit Jenseitigen zu kommen, sei es nun, daß diese Klopftöne geben oder, was üblicher ist, den Tisch bewegen sollen, um aus diesen Zeichen Worte formen zu können, so wird in erster Linie in der Verbindung mit der Materie Dunkles mit angezogen, das die Kundgebungen übernimmt.

Mit großem Geschick verwenden die Jenseitigen oft hochtönende Worte, suchen die ja für sie leicht zu lesenden Gedanken der Menschen in diesen erwünschter Weise zu beantworten, führen sie aber in ernsten Fragen dann immer irre und suchen sie, wenn es oft geschieht, nach und nach unter ihren immer stärker werdenden Einfluß zu bringen und so langsam, aber sicher herabzuzerren. Dabei lassen sie die Irregeführten sehr geschickt in dem Glauben, daß diese aufwärts gehen.

Kommt aber vielleicht gleich im Anfang oder auch bei irgendeiner Gelegenheit ein hinübergegangener Verwandter oder Freund durch den Tisch zu

Worte, was sehr oft vorkommt, so läßt sich die Täuschung dann noch leichter durchführen. Die Menschen werden erkennen, daß es wirklich ein bestimmter Freund sein muß, der sich kundgibt, und daraufhin glauben, daß er es immer ist, wenn durch den Tisch irgendwelche Äußerungen kommen und der Name des Bekannten als Urheber genannt wird.

Das ist aber nicht der Fall! Nicht nur, daß das stets beobachtende Dunkel geschickt den Namen verwendet, um Irreführungen einen möglichst glaubhaften Anstrich zu geben und das Vertrauen der Fragenden zu erringen, sondern es geht sogar so weit, daß ein Dunkler mitten in einen von dem wirklichen Freunde begonnenen Satz eingreift und diesen absichtlich falsch vollendet. Es tritt dann die kaum bekannte Tatsache ein, daß an einem glatt und hintereinander bekundeten Satze *zwei* beteiligt waren. Erst der wirkliche und vielleicht ganz helle, also reinere Freund, und dann ein Dunkler, Übelwollender, ohne daß der Fragesteller etwas davon bemerkt.

Die Folgen davon sind leicht zu denken. Der Vertrauende wird getäuscht und in seinem Glauben erschüttert. Der Gegner benützt den Vorgang zur Bestärkung seines Spottes und seiner Zweifel, mitunter zu heftigen Angriffen gegen die ganze Sache. In Wirklichkeit haben aber beide unrecht, was nur auf die über dem ganzen Gebiet noch lagernde Unwissenheit zurückzuführen ist.

Der Vorgang aber spielt sich in aller Natürlichkeit ab: Ist ein hellerer, wirklicher Freund am Tische, um dem Wunsche des Fragenden nachzugeben und sich kundzutun, und es drängt sich ein Dunkler heran, so muß dieser Hellere davon zurückweichen, da der Dunklere durch die vermittelnde Materie des Tisches eine größere Kraft entfalten kann, weil alles Materielle zur Zeit das eigentliche Gebiet des Dunkels ist.

Den Fehler macht der Mensch, der Materielles wählt und so von vornherein einen ungleichen Boden schafft. Das Dichte, Schwere, also Dunkle, steht der grobstofflichen Materie an Dichtheit schon näher als das Lichte, Reine, Leichtere und hat durch die engere Verbindung größere Kraftentfaltung.

Auf der anderen Seite hat aber auch das Hellere, das sich noch durch Materielles kundzugeben vermag, ebenfalls immer noch eine diesem in gewissem Grade nahekommende Dichtheit, sonst wäre eine Verbindung mit der Materie zu irgendeiner Kundgebung gar nicht mehr möglich. Das setzt an sich ein Nahekommen an die Materie voraus, welches wiederum die Möglichkeit einer Beschmutzung nach sich zieht, sobald die Verbindung durch die Materie mit dem Dunkel geschaffen ist.

Dieser Gefahr zu entgehen, bleibt dem Helleren nichts anderes übrig, als sich schnell von der Materie, also dem Tische oder einem anderen Hilfsmittel, zurückzuziehen, sobald ein Dunkler darnach greift, um das vermittelnde Glied auszuschalten, das eine Brücke über die natürliche, trennende und dadurch schützende Kluft bilden würde.

Es ist jenseitig dann nicht zu vermeiden, daß in solchen Fällen der durch den Tisch experimentierende Mensch den niederen Einflüssen preisgegeben werden muß. Er hat ja allerdings durch seine eigene Handlung auch nicht anders gewollt; *denn die Unkenntnis der Gesetze vermag ihn auch hier nicht zu schützen.*

Mit diesen Vorgängen wird sich für viele so manches bisher Unerklärliche klären, zahlreiche rätselhafte Widersprüche finden ihre Lösung, und hoffentlich werden nun auch viele Menschen ihre Hände von solchem gefährlichen Spielzeuge lassen!

In gleicher ausführlicher Art können nun auch die Gefahren aller anderen Experimente geschildert werden, die viel größer sind und stärker. Doch es sei mit diesen gebräuchlichsten und verbreitetsten Dingen vorläufig getan.

Nur eine weitere Gefahr soll noch genannt werden. Durch diese Art der Fragestellungen und des Antwort- und Ratschlägeheischens machen sich die Menschen sehr unselbständig und abhängig. Das Gegenteil von dem, was das Erdenleben zum Zweck hat.

Der Weg ist falsch nach jeder Richtung hin! Er bringt nur Schaden, keinen Nutzen. Es ist ein Hinkriechen am Boden, wo die Gefahr besteht, immer wieder mit eklem Gewürm zusammenzutreffen, seine Kräfte zu vergeuden und zuletzt ermattet auf der Strecke liegen zu bleiben ... für nichts!

Mit diesem »Forschenwollen« wird aber auch den Jenseitigen großer Schaden zugefügt!

Vielen Dunklen wird damit Gelegenheit geboten, sie werden sogar damit direkt in Versuchung geführt, Übles auszuführen und sich neue Schuld aufzubürden, wozu sie sonst nicht so leicht kommen könnten. Andere aber werden durch die fortwährende Bindung der Wünsche und Gedanken von ihrem Aufwärtsstreben zurückgehalten.

Bei klarer Beobachtung dieses Forscherwesens erscheint es oft so kindisch eigensinnig, so von rücksichtslosestem Egoismus durchdrungen, dabei aber auch so täppisch, daß man sich kopfschüttelnd fragen muß, wie es überhaupt möglich ist, daß jemand der Allgemeinheit ein Land eröffnen will, von dem er selbst auch nicht einen Schritt breit wirklich kennt.

Falsch ist es auch, daß das ganze Suchen vor der breiten Öffentlichkeit stattfindet. Damit wird den Phantasten und Scharlatanen freie Bahn geschaffen und es der Menschheit schwergemacht, Vertrauen zu gewinnen.

In keiner Sache ist dies je geschehen. Und jedes Forschen, von dem heute voller Erfolg anerkannt wird, hat vorher während des Suchens zahlreiche Fehlschläge gehabt. Man ließ diese aber die Öffentlichkeit nicht so miterleben! Sie wird davon ermüdet und verliert mit der Zeit jedes Interesse. Die Folge ist, daß bei endlichem Finden der Wahrheit die Hauptkraft einer umwälzenden und durchschlagenden Begeisterung vorher verloren gehen mußte. Die Menschheit vermag sich zu einer jubelnden Freude, die alles überzeugend mitreißt, nicht mehr aufzuraffen.

Die Rückschläge bei der Erkennung falscher Wege werden zu scharfen Waffen in den Händen vieler Feinde, die Hunderttausenden von Menschen mit der Zeit ein solches Mißtrauen einflößen können, daß diese Ärmsten bei dem Auftreten der Wahrheit diese nicht mehr werden ernsthaft prüfen wollen, aus lauter Furcht vor neuer Täuschung! Sie schließen ihre Ohren, die sie sonst geöffnet hätten, und versäumen so die letzte Spanne Zeit, die ihnen noch Gelegenheit geben könnte, nach dem Licht emporzusteigen.

Damit hat dann das Dunkel einen neuen Sieg erreicht! Den Dank kann es den Forschern bringen, die ihm die Hände dazu reichten und die sich gern und stolz zur Führung der modernen Geisteswissenschaften aufschwingen!

FALSCHE WEGE

Die Menschen sind mit wenigen Ausnahmen in einem grenzenlosen und für sie sehr verhängnisvollen Irrtum!

Gott hat nicht nötig, ihnen nachzulaufen und darum zu bitten, daß sie an sein Dasein glauben sollen. Auch seine Diener sind nicht ausgesandt, immerfort zu mahnen, ja nicht von ihm abzulassen. Das wäre ja lächerlich. Es ist eine Entwertung und Herabzerrung der erhabenen Gottheit, so zu denken und solches zu erwarten.

Diese irrtümliche Auffassung richtet großen Schaden an. Genährt wird sie durch das Gebaren vieler wirklich ernster Seelsorger, die in tatsächlicher Liebe zu Gott und den Menschen immer wieder versuchen, nur dem Irdischen zugewandte Menschen zu bekehren, sie zu überzeugen und für die Kirche zu gewinnen. Das alles trägt nur dazu bei, den ohnedies genug vorhandenen Dünkel des Menschen von seiner Wichtigkeit maßlos zu steigern und viele zuletzt wirklich in den Wahn zu versetzen, daß sie darum gebeten werden müssen, Gutes zu wollen.

Das bringt auch die sonderbare Einstellung der größten Zahl aller »Gläubigen«, die viel eher abschreckende Beispiele darstellen als Vorbilder. Tausende und Abertausende fühlen in sich eine gewisse Genugtuung, ein Gehobensein in dem Bewußtsein, daß sie an Gott glauben, ihre Gebete mit dem von ihnen aufzubringenden Ernste vollziehen und ihren Nächsten nicht absichtlich Schaden zufügen.

In diesem inneren »Gehobensein« fühlen sie eine gewisse Vergeltung des Guten, einen Dank Gottes für ihre Folgsamkeit, spüren sie ein Verbundensein mit Gott, an den sie auch manchmal mit einem gewissen heiligen Erschauern denken, das ein Seligkeitsgefühl auslöst oder hinterläßt, das sie mit Glück genießen.

Aber diese Scharen der Gläubigen gehen falsch. Sie leben glücklich in einem selbstgeschaffenen Wahne, der sie sich selbst unbewußt zu jenen Pharisäern zählen läßt, die mit dem wirklichen, aber falschen Dankgefühle ihre kleinen Opfer darbringen: »Herr, ich danke Dir, daß ich nicht so bin wie jene.« Es wird dies nicht ausgesprochen, auch nicht in Wirklichkeit gedacht, aber das »hebende Gefühl« im Innern ist weiter nichts als dieses unbewußte Dankgebet, das auch Christus schon als falsch hinstellte.

Das innere »Gehobensein« ist in diesen Fällen weiter nichts als die Auslösung einer durch Gebet oder gewollt gute Gedanken erzeugten Selbstbefriedigung. Die sich demütig nennen, sind meistens sehr weit davon entfernt, in Wirklichkeit demütig zu sein! Es erfordert oft Überwindung, mit solchen Gläubigen zu sprechen. Nie und nimmer werden sie in solcher Verfassung die Seligkeit erreichen, die sie schon sicher zu haben wähnen! Sie mögen zusehen, daß sie nicht etwa ganz verloren gehen in ihrem geistigen Hochmut, den sie für Demut halten.

Viele der jetzt noch vollkommen Ungläubigen werden es leichter haben, in das Reich Gottes einzugehen, als alle die Scharen mit ihrer dünkelhaften Demut, die in Wirklichkeit nicht einfach bittend, sondern indirekt fordernd vor Gott treten, damit er sie belohne für ihre Gebete und frommen Worte. Ihre Bitten sind Forderungen, ihr Wesen Heuchelei. Sie werden vor seinem Angesicht weggeweht werden wie leere Spreu. Ihnen wird der Lohn, gewiß, nur anders, als sie denken. Sie haben sich bereits auf Erden genug gesättigt in dem Bewußtsein ihres eigenen Wertes.

Das Wohlfühlen vergeht bald bei dem Übertreten in die feinstoffliche Welt, in der das hier kaum geahnte innere Empfinden hervortritt, während das bisher vorwiegend nur durch Gedanken erzeugte Gefühl in Nichts verweht.

Das innere, stille, sogenannte demutsvolle Erwarten eines Besseren ist in Wirklichkeit weiter nichts als ein Fordern, auch wenn es in noch so schönen Worten anders ausgedrückt wird.

Jede Forderung ist aber eine Anmaßung. Gott allein hat zu fordern! Auch Christus kam nicht bittend zu den Menschen mit seiner Botschaft, sondern warnend und fordernd. Er gab wohl Erklärungen über die Wahrheit, hielt aber nicht lockend Belohnungen vor die Augen der Hörer, um sie damit anzuspornen, besser zu werden. Er befahl den ernsthaft Suchenden ruhig und streng: »Gehet hin und handelt darnach!«

Fordernd steht Gott vor der Menschheit, nicht lockend und bittend, nicht klagend und trauernd. Ruhig wird er alle Schlechten, sogar alle Schwankenden, dem Dunkel überlassen, um die Aufwärtsstrebenden den Angriffen nicht mehr auszusetzen und um die anderen alles das gründlich erleben zu lassen, was sie für richtig halten, damit sie zur Erkenntnis ihres Irrtumes kommen!

WAS TRENNT SO VIELE MENSCHEN HEUTE VON DEM LICHT?

Wie tiefe Nacht lagert das feinstoffliche Dunkel über dieser Erde! Sehr lange schon. Es hält die Erde in erstickender Umklammerung, so dicht und fest, daß jede aufsteigende Lichtempfindung einer Flamme gleicht, die ohne Sauerstoff die Kraft verliert und schnell verbleichend in sich selbst zusammensinkt.

Furchtbar ist dieser feinstoffliche Zustand, der sich zur Zeit in seiner schlimmsten Auswirkung betätigt. Wer einmal fünf Sekunden nur dieses Geschehen schauen dürfte, dem würde das Entsetzen alle Hoffnung auf Errettung rauben! –

Und alles das ist durch die Schuld der Menschen selbst herbeigeführt. Durch Schuld des Hanges nach dem Niederen. Der größte Feind ist sich die Menschheit dabei selbst gewesen. Nun laufen sogar noch die wenigen Gefahr, die wieder ernsthaft nach der Höhe streben, daß sie *mit* hinabgerissen werden in die Tiefe, der andere mit unheimlicher Schnelle jetzt entgegenreifen.

Es kommt einem Umschlingen gleich, dem unbedingt tötendes Aufsaugen nachfolgt. Aufsaugen in den schwülen, zähen Sumpf, in welchem lautlos alles untergeht. Es ist kein Ringen mehr, sondern nur noch ein stilles, stummes, unheimliches Würgen.

Und der Mensch erkennt es nicht. Geistige Trägheit läßt ihn blind sein gegen das verderbliche Geschehen.

Der Sumpf aber schickt dauernd seine giftigen Ausstrahlungen voraus, die die noch Starken, Wachen langsam müde machen, damit auch sie einschlafend kraftlos mit versinken.

So sieht es jetzt auf dieser Erde aus. Es ist kein Bild, das ich damit entrolle, sondern *Leben!* Da alles Feinstoffliche Formen trägt, geschaffen und belebt durch die Empfindungen der Menschen, spielt sich ein solch Geschehen wirklich dauernd ab. Und das ist die Umgebung, die der Menschen wartet, wenn sie von dieser Erde gehen müssen und nicht hinaufgeleitet werden können zu den lichteren und schöneren Gefilden.

Aber das Dunkel zieht sich immer *mehr* zusammen.

Es naht deshalb die Zeit, da diese Erde eine Spanne lang dem Regiment des Dunkels überlassen bleiben muß, ohne direkte Hilfe aus dem Licht, weil es die Menschheit durch ihr Wollen so erzwang. Die Folgen ihres Wollens in der Mehrheit *mußten* dieses Ende bringen. – Es ist die Zeit, die einst Johannes schauen durfte, wo Gott sein Angesicht verhüllt. –

Nacht ist es ringsumher. Doch in der höchsten Not, wo alles, auch das Bessere, mit zu versinken droht, bricht nun gleichzeitig auch die Morgenröte an! Die Morgenröte aber bringt zuerst die Wehen einer großen Reinigung, die unvermeidlich ist, bevor die Rettung aller ernsthaft Suchenden beginnen kann; denn allen denen, die das Niedere erstreben, kann die Hand zur Hilfe *nicht* geboten werden! Sie sollen stürzen bis in jene grauenvollen Tiefen, wo sie allein noch auf Erwachen hoffen können, durch Qualen, die ihnen zum Ekel vor sich selber werden müssen.

Die, die bisher höhnend und anscheinend ungestraft den Aufwärtsstrebenden Hemmnisse schaffen konnten, werden schweigsam, nachdenklicher sein, bis sie zuletzt noch bettelnd, wimmernd um die Wahrheit flehen.

So leicht wird es für diese dann nicht sein, sie werden unaufhaltsam durch die Mühlsteine der ehernen Gesetze göttlicher Gerechtigkeit geführt, bis sie in dem *Erleben* zur Erkenntnis ihrer Irrtümer gelangen. –

Auf meinen Reisen konnte ich erkennen, daß eine Brandfackel unter die trägen Menschengeister flog mit meinem Wort, welches erklärt, daß kein Mensch Göttliches sein eigen nennen kann, während gerade jetzt vieles Bemühen dahin geht, Gott *in* sich zu entdecken, und damit zuletzt auch selbst zum Gott zu werden!

Unruhe ist deshalb mit meinem Wort vielfach erwacht, die Menschheit will sich aufbäumend dagegen wehren, weil sie nur einschläfernde und beruhigende Worte hören will, die ihr *angenehm* erscheinen!

Die sich also Aufbäumenden sind nur Feiglinge, die sich am liebsten vor sich selbst verstecken, nur um im Düsteren zu bleiben, in dem es sich so schön und ruhig träumen läßt, nach *eigenem* Verlangen.

Nicht jedermann kann es vertragen, dem Licht der Wahrheit ausgesetzt zu sein, welches klar und erbarmungslos die Mängel und die Flecken des Gewandes zeigt.

Durch Lächeln, Spott oder durch Feindschaft wollen solche den kommenden Tag verhindern, der die tönernen Füße ihres unhaltbaren Aufbaues des

Götzen »Ich« deutlich erkennen läßt. So Törichte spielen nur Maskenfeste mit sich selbst, denen der graue Aschermittwoch unerbittlich folgen wird. Sie wollen sich in ihren falschen Anschauungen doch nur selbst vergöttern, und darin fühlen sie sich irdisch wohl, behaglich. Sie betrachten *den* von vornherein als Feind, der sie aus dieser trägen Ruhe stört!

Doch alles Aufbäumen nützt ihnen *diesmal* nichts!

Die Selbstvergöttlichung, die sich in der Behauptung zeigt, daß Göttliches im Menschen sei, ist ein schmutziges Tasten nach der Erhabenheit und Reinheit Eures Gottes, das Euch das Heiligste, nach dem Ihr aufschaut in dem seligsten Vertrauen, *damit schändet!* –

In Eurem Innern steht ein Altar, der zur Verehrung Eures Gottes dienen soll. Dieser Altar ist Euere Empfindungsfähigkeit. Ist diese rein, hat sie direkt Verbindung mit dem Geistigen und dadurch mit dem Paradiese! Dann gibt es Augenblicke, in denen auch Ihr die Nähe Eures Gottes voll empfinden könnt, wie es im tiefsten Schmerz und höchster Freude oft geschieht!

Ihr empfindet seine Nähe dann in gleicher Art, wie sie die ewigen Urgeistigen im Paradies dauernd erleben, mit denen Ihr in solchen Augenblicken eng verbunden seid. Die starke Vibration durch das Aufwühlen der großen Freude wie des tiefen Schmerzes drängt alles Irdisch-Niedere sekundenlang weit in den Hintergrund, und dadurch wird die Reinheit der Empfindung frei, sie gibt damit sofort die Brücke zu der gleichartigen Reinheit, die das Paradies belebt!

Das ist das höchste Glück des Menschengeistes. Die Ewigen im Paradiese leben darin dauernd. Es bringt die herrliche Gewißheit des Geborgenseins. Sie sind sich dann der Nähe ihres großen Gottes voll bewußt, in dessen Kraft sie stehen, sehen aber dabei auch als selbstverständlich ein, daß sie auf ihrer größten Höhe sind und niemals fähig werden können, Gott zu erschauen.

Das drückt sie aber nicht, sondern in der Erkenntnis seiner unnahbaren Größe finden sie jauchzenden Dank für seine namenlose Gnade, die Er im Hinblick auf die anmaßende Kreatur stets walten ließ.

Und dieses Glück kann schon der Erdenmensch genießen. Es ist ganz richtig, wenn gesagt wird, daß der Erdenmensch in weihevollen Augenblicken die Nähe seines Gottes spürt. Zum Frevel aber wird es, will man aus dieser wundervollen Brücke des Bewußtwerdens göttlicher Nähe heraus die Behauptung aufstellen, selbst einen Funken Gottheit in sich zu haben.

Hand in Hand mit dieser Behauptung geht auch die Herabzerrung göttlicher Liebe. Wie kann man Gottesliebe mit dem Maße einer Menschenliebe abmessen? Noch mehr, sie sogar in dem Werte *unter* diese Menschenliebe stellen? Seht Euch die Menschen an, welche göttliche Liebe als das höchste Ideal sich nur ganz still erduldend und dazu alles verzeihend vorstellen! Sie wollen *darin* Göttliches erkennen, daß es sich von niedereren *Kreaturen* alles Ungezogene gefallen läßt, wie es nur bei dem größten Schwächling ist, wie bei dem feigsten Menschen, den man darob verachtet. Denkt doch darüber nach, welche ungeheuerliche Schmach darin verankert ist!

Die Menschen wollen ungeahndet sündigen, um dann zuletzt noch ihrem Gotte eine Freude damit zu bereiten, wenn sie sich von ihm ohne eigene Sühne ihre Schuld verzeihen lassen! Solches anzunehmen, dazu gehört entweder maßlose Beschränktheit, strafwürdige Faulheit oder die Erkenntnis hoffnungsloser eigener Schwäche für das gute Wollen nach dem Aufwärtsstreben: Eins ist aber so verwerflich wie das andere.

Stellt Euch göttliche Liebe vor! Kristallklar, strahlend, rein und groß! Könnt Ihr Euch dabei denken, daß sie so süßlich-schwächlich, entwürdigend nachgebend sein kann, wie die Menschen so gern möchten? Sie wollen falsche Größe aufbauen, dort, wo sie Schwäche *wünschen,* geben ein falsches Bild, nur um sich selbst dabei noch etwas vorzutäuschen, sich zu beruhigen über die eigene Fehlerhaftigkeit, die sie bereitwillig im Dienst des Dunkels stehen läßt.

Wo ist dabei die Frische und die Kraft, die zur Kristallreinheit göttlicher Liebe unbedingt gehört? Göttliche Liebe ist untrennbar von der größten Strenge göttlicher Gerechtigkeit. Sie ist sie sogar selbst. Gerechtigkeit ist Liebe, und Liebe wiederum liegt nur in der *Gerechtigkeit.* Darin allein liegt auch die göttliche Verzeihung.

Es ist richtig, wenn die Kirchen sagen, daß Gott *alles* verzeiht! Und *wirklich* verzeiht! Im Gegensatz zum Menschen, der selbst noch den, der irgendeine kleine Schuld gebüßt, für dauernd unwert hält und sich mit solcher Art Gedanken doppelt Schuld auflädt, weil er darin nicht nach dem Willen Gottes handelt. Hier fehlt der Menschenliebe die Gerechtigkeit.

Die Auswirkung göttlichen Schöpfungswillens reinigt jeden Menschengeist von seiner Schuld, in eigenem Erleben oder in der freiwilligen Besserung, sobald er aufwärts strebt.

Kommt er aus diesen Mühlen in der Stofflichkeit zum Geistigen zurück, so steht er rein im Reiche seines Schöpfers, es spielt keine Rolle, *was* er je gefehlt! Genau so rein wie einer, der noch niemals fehlte. Doch durch die Auswirkung der göttlichen Gesetze geht sein Weg *vorher*, und in *der* Tatsache liegt die Gewähr der göttlichen Verzeihung, seiner Gnade!

Hört man nicht heute vielfach die entsetzte Frage: Wie konnten diese Jahre solcher Not geschehen mit Gottes Willen? Wo bleibt dabei die Liebe, wo Gerechtigkeit? Die *Menschheit* fragt, es fragen die *Nationen*, oft die Familien und der einzelne Mensch! Sollte ihm dies nicht eher der Beweis sein, daß die Gottesliebe *doch* wohl *anders* ist, als sich so mancher denken möchte? Versucht doch einmal, die alles verzeihende Gottesliebe *so* bis zu einem *Ende* auszudenken, wic man krampfhaft sich bemüht, sie hinzustellen! Ohne eigene Sühne, alles duldend und zuletzt großmütig noch verzeihend. Es muß ein klägliches Ergebnis werden! Dünkt sich der Mensch so wertvoll, daß sein Gott darunter leiden soll? Noch wertvoller demnach als Gott? Was liegt alles in dieser Anmaßung der Menschen. –

Bei ruhigem Denken müßt Ihr über tausend Hindernisse straucheln und könnt nur *dann* zu einem Schlusse kommen, wenn Ihr Gott verkleinert, Ihn unvollkommen macht.

Er aber war, und ist, und bleibt vollkommen, gleichviel, wie sich die Menschen dazu stellen.

Seine Verzeihung liegt in der *Gerechtigkeit.* Nicht anders. Und in dieser unverrückbaren Gerechtigkeit liegt auch allein die große, bisher so verkannte Liebe!

Gewöhnt Euch ab, dabei nach Irdischem zu messen. Gottes Gerechtigkeit und Gottes Liebe gilt dem Menschen*geiste.* Das Stoffliche spricht dabei gar nicht mit. Es ist ja nur vom Menschengeiste selbst *geformt*, und ohne Geist hat es kein Leben.

Was quält Ihr Euch so oft mit rein irdischen Kleinigkeiten, die Ihr als Schuld empfindet und die es gar nicht sind.

Nur das, was der *Geist* bei einer Handlung *will*, ist ausschlaggebend für die göttlichen Gesetze in der Schöpfung. Dieser geistige Wille ist aber nicht Gedankentätigkeit, sondern das innerste Empfinden, das eigentliche Wollen in dem Menschen, das allein die Gesetze des Jenseits in Bewegung setzen kann und auch selbsttätig in Bewegung setzt.

Göttliche Liebe läßt sich von den Menschen nicht herabzerren; denn in ihr ruhen in der Schöpfung auch die ehernen Gesetze seines Willens, der von der Liebe getragen ist. Und diese Gesetze wirken sich so aus, wie der Mensch sich darin gibt. Sie können ihn verbinden bis zur Nähe seines Gottes, oder sie bilden eine Scheidewand, die nie zertrümmert werden kann, es sei denn durch das endliche Sicheinfügen des Menschen, was gleichbedeutend mit Gehorchen ist, worin allein er sein Heil finden kann, sein Glück.

Es ist *ein* Guß, das große Werk zeigt keine Mängel, keinen Spalt. Ein jeder Tor, ein jeder Narr, der anders will, wird sich dabei den Kopf zerschmettern. –

Göttliche Liebe wirkt darin nur das, was jedem Menschengeiste *nützt*, nicht aber das, was ihm auf Erden Freude macht und angenehm erscheint. Darüber geht sie *weit* hinaus, weil sie das ganze Sein beherrscht. –

So mancher Mensch denkt jetzt sehr oft: Wenn Trübsal zu erwarten ist, Vernichtung, um eine große Reinigung herbeizuführen, so muß Gott so gerecht sein, vorher Bußprediger auszusenden. Der Mensch muß doch vorher gewarnt werden. Wo ist Johannes, der das Kommende verkündet?

Es sind Unselige in großseinsollender Gedankenleere! Nur Anmaßung der größten Hohlheit birgt sich hinter solchen Rufen. Sie würden ihn doch stäupen, in den Kerker werfen!

Öffnet doch die Augen und die Ohren! Doch *tanzend* geht man über alle Not und Schrecken seiner Nebenmenschen leichtsinnig hinweg! Man *will* nicht sehen und nicht hören! –

Auch ein Bußprediger ging voraus, schon vor zweitausend Jahren, das menschgewordene Wort folgte ihm auf dem Fuße. Doch die Menschen haben sich eifrig bemüht, den reinen Glanz des Wortes wieder fortzuwischen, zu verdunkeln, damit die Anziehungskraft seines Leuchtens nach und nach erlosch. –

Und alle, die das Wort ausgraben wollen aus den Schlinggewächsen, müssen bald verspüren, wie Boten aus dem Dunkel krampfhaft sich bemühen, jedes freudige Erwachen zu verhindern!

Es wiederholt sich aber heute kein Geschehen wieder wie zu Christi Zeiten! Da kam das Wort! Die Menschheit hatte ihren freien Willen und entschied sich damals in der Hauptsache zur Ablehnung, zu dem Verwerfen! Von da an war sie nun den Gesetzen unterworfen, die sich selbsttätig an den damals so getätigten freien Entschluß angliederten. Die Menschen fanden auf dem selbstgewählten Wege nachher alle Früchte ihres eigenen Wollens.

Bald schließt sich nun der Kreis. Es häuft sich immer stärker an und staut sich wie ein Wall, der bald zusammenbricht über der Menschheit, die in geistiger Stumpfheit ahnungslos dahinlebt. Am Ende, zur Zeit der Erfüllung, bleibt ihnen naturgemäß nicht mehr die freie Wahl!

Sie müssen nunmehr einmal ernten, was sie damals und auch auf den späteren Abwegen säten.

Alle sind heute zur Abrechnung wieder auf dieser Erde inkarniert, welche zu Christi Zeiten einst das Wort verwarfen. Sie haben heute nicht das Anrecht mehr auf vorherige Warnung und nochmalige Entscheidung. In den zweitausend Jahren blieb ihnen Zeit genug, sich anders zu besinnen! Auch wer Gott und seine Schöpfung falsch gedeutet aufnimmt und sich nicht bemüht, es reiner zu erfassen, der hat es *gar nicht* aufgenommen. Es ist sogar weit schlimmer, da ein falscher Glaube davon fernhält, Wahrheit zu erfassen.

Doch wehe dem, der Wahrheit *fälscht* oder *verändert*, um dadurch Zulauf zu erhalten, weil es den Menschen in bequemerer Form auch angenehmer ist. Er bürdet sich nicht nur die Schuld der Fälschung, Irreführung auf, sondern er trägt auch noch alle Verantwortung für die, die er mit der Bequemermachung oder Annehmbarermachung an sich ziehen konnte. Ihm wird dann *nicht* geholfen, wenn seine Stunde der Vergeltung kommt. Er stürzt hinab in Tiefen, die ihn niemals wiedergeben können, und mit Recht! – Auch das durfte Johannes miterschauen und in seiner Offenbarung davor warnen.

Und wenn die große Reinigung beginnt, so bleibt dem Menschen diesmal keine Zeit, sich aufzubäumen oder gar sich gegen das Geschehen anzustemmen. Die göttlichen Gesetze, von denen sich der Mensch so gern ein falsches Bild macht, wirken sich dann unerbittlich aus.

Gerade in der größten Furchtbarkeit der Zeit, welche die Erde je erlebte, wird die Menschheit endlich lernen, daß Gottesliebe weit entfernt ist von der Weichheit und der Schwächlichkeit, die man ihr anzudichten sich vermaß.

Mehr als die Hälfte aller Menschen in der Gegenwart gehört gar nicht auf diese Erde!

Schon seit Jahrtausenden ist diese Menschheit so gesunken, lebt *so* stark in der Dunkelheit, daß sie in ihrem unsauberen Wollen viele Brücken schlug zu dunklen Sphären, die weit *unter* diesem Erdenplane sind. Dort leben Tiefgesunkene, deren feinstoffliches Gewicht niemals die Möglichkeit zuließ, herauf auf diesen Erdenplan zu kommen.

Darin lag *Schutz* für alle auf der Erde Lebenden, sowie für diese Dunklen selbst. Sie sind getrennt durch das natürliche Gesetz der feinstofflichen Schwere. Dort unten können sie sich austoben in ihren Leidenschaften, allen

Niedrigkeiten, ohne damit Schaden anzurichten. Im Gegenteil. Ihr ungehemmtes Sichausleben trifft dort nur die Gleichgearteten, ebenso wie deren Ausleben auch sie angreift. Sie leiden damit gegenseitig, was zum Reifen führt, nicht aber zu weiterer Schuld. Denn durch das Leiden kann der Ekel einst erwachen vor sich selbst und mit dem Ekel auch der Wunsch, aus diesem Reiche fortzukommen. Der Wunsch führt mit der Zeit zu qualvoller Verzweiflung, die zuletzt heißeste Gebete nach sich ziehen kann und damit ernstes Wollen zu der Besserung.

So sollte es geschehen. Doch durch der Menschen falsches Wollen kam es anders!

Die Menschen schlugen durch ihr *dunkles* Wollen eine Brücke in die Region des Dunkels. Sie reichten damit den dort Lebenden die Hand, ermöglichten ihnen durch Anziehungskraft gleicher Art, heraufzukommen auf die Erde. Hier fanden sie natürlich auch Gelegenheit zu der erneuten Inkarnierung, die für sie nach normalem Weltgeschehen noch nicht vorgesehen war.

Denn auf dem Erdenplane, wo sie durch Vermittelung des Grobstofflichen mit den Lichteren und Besseren *gemeinsam* leben können, richten sie nur Schaden an und bürden damit *neue* Schuld auf sich. Das können sie in ihren Niederungen nicht; denn ihren Gleichartigen bringt die Niedrigkeit nur Nutzen, weil sie darin zuletzt doch schließlich nur sich selbst erkennen und Abscheu davor lernen, was zur Besserung beiträgt.

Diesen normalen Weg aller Entwickelung hat nun der Mensch *gestört*, durch niedrige Verwendung seines freien Willens, mit dem er feinstoffliche Brücken formte zu der Region des Dunkels, so daß dahin Gesunkene wie eine Meute auf den Erdenplan geworfen werden konnten, die nun frohlockend den größten Teil davon bevölkern.

Da lichte Seelen vor dem Dunkel weichen müssen, dort, wo Dunkel festen Fuß gewonnen hat, war es den so zu Unrecht auf den Erdenplan gekommenen dunkleren Seelen leicht, auch manchmal dort zur Inkarnierung zu gelangen, wo sonst nur eine lichte Seele eingegangen wäre. Die dunkle Seele hat dabei durch irgend jemand der Umgebung der werdenden Mutter einen Halt gefunden, der es ihr ermöglichte, sich zu behaupten und das Lichte zu verdrängen, auch wenn die Mutter oder der Vater zu den Lichteren gehören.

Damit erklärt sich auch das Rätsel, daß so manches schwarze Schaf zu guten Eltern kommen konnte. Achtet aber eine werdende Mutter besser auf sich und ihre nähere Umgebung, auf ihren Verkehr, so kann dies *nicht* geschehen.

Es ist also nur *Liebe* darin zu erkennen, wenn die Schlußauswirkung der Gesetze in voller Gerechtigkeit endlich die *nicht* Hierhergehörenden hinwegfegt von dem Erdenplane, daß sie hinabstürzen in jenes Reich des Dunkels, wohin sie auch nach ihrer Art gehören. Sie können dadurch Lichtere nicht mehr am Aufstieg hindern und sich selbst neue Schuld aufbürden, sondern vielleicht doch noch reifen in dem Ekel ihres eigenen Erlebens. – –

Die Zeit wird selbstverständlich kommen, die mit ehernem Griff die Herzen *aller* Menschen packt, wo mit furchtbarer Unerbittlichkeit in jeder Menschenkreatur geistiger Hochmut ausgerottet wird. Dann fällt auch jeder Zweifel, der jetzt den Menschengeist an der Erkenntnis hindert, daß Göttliches nicht *in* ihm ist, sondern hoch *über* ihm. Daß es nur als das reinste *Bild* auf dem Altare seines Innenlebens stehen kann, nach dem er aufschaut in demütigem Gebet. –

Es ist kein Irrtum, sondern Schuld, wenn sich ein Menschengeist dazu bekennt, auch göttlich sein zu wollen. Solche Überhebung muß ihn stürzen; denn es ist gleichbedeutend mit einem Versuche, seinem Gott das Zepter aus der Hand zu reißen, ihn herabzuzerren auf die gleiche Stufe, die der Mensch einnimmt und die er bisher nicht einmal erfüllte, weil er *mehr* sein wollte und nach den Höhen blickt, die er doch nie erreichen, nicht einmal erkennen kann. So übersah er achtlos alle Wirklichkeit, machte sich selbst nicht nur ganz nutzlos in der Schöpfung, sondern weit schlimmer, zum direkten *Schädling!*

Am Ende wird es ihm, durch seine eigene falsche Einstellung herbeigeführt, mit unheimlicher Deutlichkeit bewiesen werden, daß er in seiner jetzigen so tief gesunkenen Beschaffenheit nicht einmal den Schatten einer Göttlichkeit bedeutet. Der ganze Schatz irdischen Wissens, den er mühsam aufgespeichert hat in den Jahrtausenden, wird dann vor dem entsetzten Blicke seiner Augen sich als *Nichts* erweisen; hilflos wird er an sich selbst erleben, wie die Früchte seines einseitigen Erdenstrebens nutzlos werden, manchmal sogar ihm zum Fluche. *Dann mag er sich auf seine eigene Göttlichkeit besinnen, wenn er kann!* – –

Zwingend wird es ihm entgegendröhnen: »Nieder auf die Knie, Kreatur, vor Deinem Gott und Herrn! Versuche nicht, frevelnd Dich selbst zum Gotte zu erheben!« ––

Die Eigenbrötlerei des faulen Menschengeistes geht nicht weiter. –

Erst dann kann diese Menschheit auch an einen Aufstieg denken. Das ist dann auch die Zeit, in welcher stürzen wird, was nicht auf rechtem Grunde steht. Scheinexistenzen, die falschen Propheten und Vereinigungen, die sich darum schließen, werden in sich selbst zusammenbrechen! Damit werden dann auch die bisherigen falschen Wege offenbar.

So mancher Wohlgefällige wird dann wohl auch entsetzt erkennen, daß er vor einem Abgrund steht und, falsch geführt, schnell abwärts gleitet, während er stolz wähnte, aufsteigend sich schon dem Licht zu nähern! Daß er Schutztore öffnete, ohne dahinter auch die Vollkraft der Verteidigung zu haben. Daß er Gefahren auf sich zog, die in natürlichem Geschehen von ihm übersprungen worden wären. Wohl dem, der dann den rechten Weg zur Umkehr findet!

ES WAR EINMAL...!

Drei Worte sind es nur, doch sie sind wie eine Zauberformel; denn sie tragen die Eigenart in sich, bei jedem Menschen sofort irgendein besonderes Empfinden auszulösen. Selten ist dieses Empfinden gleichartig. Ähnlich der Wirkung der Musik. Genau wie die Musik finden auch die drei Worte ihren Weg direkt zum Geist des Menschen, seinem eigentlichen »Ich«. Natürlich nur bei denen, die den Geist nicht ganz in sich verschlossen halten und damit das eigentliche Menschentum auf Erden hier bereits verloren.

Ein jeder *Mensch* aber wird bei den Worten unwillkürlich sofort an irgendein früheres Erleben zurückdenken. Dieses steht lebendig vor ihm auf und mit dem Bilde auch eine entsprechende Empfindung.

Sehnsuchtsvolle Weichheit bei dem einen, wehmütiges Glück, auch stilles, unerfüllbares Verlangen. Bei anderen jedoch der Stolz, Zorn, Grauen oder Haß. Immer denkt der Mensch an etwas, das er einst erlebte, das außergewöhnlichen Eindruck auf ihn machte, das er aber auch schon längst in sich erloschen wähnte.

Doch es ist nichts in ihm erloschen, nichts verloren von dem, was er wirklich einst in sich *erlebte*. Alles davon kann er noch sein eigen nennen, als wirklich Erworbenes und damit Unvergängliches. Aber auch nur Erlebtes! Anderes wird nicht erstehen können bei den Worten.

Der Mensch achte einmal mit Sorgfalt und mit wachem Sinn genau darauf, dann wird er bald erkennen, was wirklich lebendig in ihm ist, und was als tot bezeichnet werden kann, als seelenlose Schale zweckloser Erinnerungen.

Zweck und Nutzen für den Menschen, unter dem wir nicht den Körper denken dürfen, hat nur das, was während seines Erdenlebens tief genug einwirkte, um auf die *Seele* einen Stempel aufzudrücken, der nicht vergeht, sich nicht wieder verwischen läßt. Nur derartige Stempel haben Einfluß auf die Bildung der Menschenseele und damit weitergehend auch auf Förderung des Geistes zu dessen dauernder Entwickelung.

In Wirklichkeit ist also nur *das* erlebt und damit zu eigen gemacht, was einen derart tiefen Eindruck hinterläßt. Alles andere rauscht wirkungslos vorüber oder dient höchstens als Hilfsmittel dazu, Ereignisse heranbilden zu lassen, welche fähig sind, so große Eindrücke hervorzurufen.

Wohl dem, der viele so kraftvolle Erlebnisse sein eigen nennen kann, gleichviel, ob es nun Freude oder Leid gewesen ist, die sie hervorriefen; denn deren Eindrücke sind einst das Wertvollste, was eine Menschenseele mit auf ihren Weg ins Jenseits nimmt. –

Rein irdisches Verstandesschaffen, wie es heute üblich ist, nützt nur *bei guter Anwendung* zu der Erleichterung des *körperlichen* Erdenseins. Das ist, scharf überlegt, das eigentliche Endziel eines *jeden* Wirkens des Verstandes! Es gibt am letzten Ende nie ein anderes Ergebnis. Bei *aller* Schulweisheit, gleichviel, welches Gebiet es ist, und auch bei allem Schaffen, sei es im Staatswesen oder in der Familie, bei jedem Einzelmenschen oder bei Nationen, wie auch zuletzt bei der gesamten Menschheit.

Alles hat sich aber leider ganz bedingungslos nur dem Verstande unterworfen und liegt damit in schweren Ketten irdischer Beschränktheit des Begriffsvermögens, was selbstverständlich unheilvolle Folgen in allem Wirken und Geschehen nach sich ziehen mußte und noch nach sich ziehen wird.

Nur *eine* Ausnahme gibt es darin auf dieser ganzen Erde. Die Ausnahme bietet uns aber nicht etwa die Kirche, wie so mancher denken wird, und wie es auch sein sollte, sondern die *Kunst!* Bei dieser spielt nun der Verstand unweigerlich die *zweite* Rolle. Dort, wo aber der Verstand dabei die Oberhand gewinnt, wird Kunst sofort zum *Handwerk* erniedrigt; sie sinkt unmittelbar und auch ganz unbestreitbar tief herab. Es ist dies eine Folgerung, die in ihrer einfachen Natürlichkeit gar nicht anders möglich ist. Nicht eine Ausnahme kann darin nachgewiesen werden.

Dieselbe Folgerung ist aber selbstverständlich auch bei allem anderen zu ziehen! Gibt das dem Menschen nicht zu denken? Es muß ihm doch wie Schuppen von den Augen fallen. Dem Denkenden und dem Vergleichenden sagt es ganz deutlich, daß er bei allem anderen, was der Verstand beherrscht, auch nur einen Ersatz erhalten kann, das Minderwertige! An dieser Tatsache sollte der Mensch erkennen, welche Stelle dem Verstand von Natur aus gehört, wenn etwas Richtiges und Wertvolles erstehen soll!

Die Kunst allein ist bisher noch aus dem Wirken des lebendigen Geistes, aus der Empfindung heraus geboren. Sie allein hat einen natürlichen, also normalen und gesunden Ursprung und Werdegang gehabt. Der Geist *äußert* sich aber nicht in dem Verstande, sondern in den *Empfindungen*, und zeigt sich nur in dem, was man so allgemein *»Gemüt«* benennt. Gerade das, was der auf sich so maßlos stolze Verstandesmensch von heute gern verspottet und verlacht. Er höhnt damit das Wertvollste am Menschen, ja, ausgerechnet das, was überhaupt den Menschen zum Menschen macht!

Mit dem Verstande hat Geist nichts zu tun. Will der Mensch endlich einmal Besserung in allem, muß er das Christuswort beachten: *»An ihren Werken sollt Ihr sie erkennen!«* Die Zeit ist da, wo dies geschehen wird.

Nur Werke des *Geistes* tragen in sich von ihrem Ursprung her das *Leben*, damit Dauer und Bestand. Und alles andere muß in sich selbst zusammenbrechen, wenn seine Blütezeit vorüber ist. Sobald die Früchte dafür kommen sollen, wird die Hohlheit offenbar!

Seht doch nur die Geschichte an! Allein das Werk des Geistes, also die Kunst, überdauerte die Völker, die an dem Wirken ihres in sich leblosen, kalten Verstandes schon zusammenbrachen. Ihr hohes, vielgerühmtes Wissen konnte ihnen davor keine Rettung bieten. Ägypter, Griechen, Römer gingen diesen Weg, später auch Spanier und Franzosen, jetzt die Deutschen – *doch die Werke echter Kunst haben sie alle überlebt!* Sie werden auch nie untergehen können. Niemand aber sah die strenge Regelmäßigkeit in dem Geschehen dieser Wiederholungen. Kein Mensch dachte daran, die eigentliche Wurzel dieses schweren Übels zu ergründen.

Anstatt diese zu suchen und dem immer wiederkehrenden Verfalle einmal Einhalt zu gebieten, ergab man sich blindlings darein und fügte sich mit Klagen und mit Grollen diesem großen »Nichtzuändernsein«.

Jetzt trifft es nun zum Schluß die ganze Menschheit! Viel Elend liegt schon hinter uns, noch größeres steht uns bevor. Und tiefes Weh geht durch die dichten Reihen der zum Teil schon jetzt davon Betroffenen.

Denkt an die Völker alle, die schon stürzen mußten, sobald sie in die Blütezeit gekommen waren, auf des Verstandes Höhepunkt. Die aus der Blütezeit heranwachsenden Früchte waren *überall dieselben!* Unsittlichkeit, Schamlosigkeit und Völlerei in mancherlei Gestalt, dem unentrinnbar der Verfall und Niederbruch sich anschloß.

Die unbedingte Gleichart ist für jedermann sehr auffallend! Und auch ein jeder Denkende muß eine ganz bestimmte Art und Folgerichtigkeit strengster Gesetze in diesem Geschehen finden.

Eins dieser Völker nach dem anderen mußte zuletzt erkennen, daß ihre

Größe, ihre Macht und Herrlichkeit nur scheinbar waren, nur durch Gewalt und Zwang gehalten, nicht aus Gesundheit in sich selbst gefestigt.

Öffnet doch Eure Augen, anstatt zu verzagen! Schauet um Euch, lernt aus dem Gewesenen, vergleicht es mit den Botschaften, die aus dem Göttlichen schon vor Jahrtausenden zu Euch gelangten, und Ihr *müßt* die Wurzel des fressenden Übels finden, das ganz allein die Hemmung für den Aufstieg der gesamten Menschheit bildet.

Erst wenn das Übel gründlich ausgerottet ist, wird der Weg zu dem allgemeinen Aufstieg offen sein, nicht früher. Und dieser ist dann von Bestand, weil er Lebendiges des Geistes in sich tragen kann, das bisher ausgeschlossen war. –

Bevor wir näher darauf eingehen, will ich erklären, was Geist ist, als einziges, wirklich Lebendiges im Menschen. Geist ist nicht Witz und nicht Verstand! Geist ist auch nicht erlerntes Wissen. Mit Irrtum nennt man deshalb einen Menschen »geistreich«, wenn er viel studierte, las, beobachtete und sich darüber gut zu unterhalten weiß. Oder wenn er durch gute Einfälle und Verstandeswitz brilliert.

Geist ist etwas ganz anderes. Er ist eine selbständige *Beschaffenheit*, aus der Welt seiner Gleichart kommend, die anders ist als der Teil, dem die Erde und damit der Körper angehört. Die geistige Welt liegt höher, sie bildet den oberen und leichtesten Teil der Schöpfung. Dieser geistige Teil im Menschen trägt durch seine Beschaffenheit die Aufgabe in sich, nach dem Geistigen zurückzukehren, sobald sich alle stofflichen Umhüllungen von ihm gelöst haben. Der Drang dazu wird frei bei einem ganz bestimmten Grad der Reife und führt ihn dann empor zu seiner Gleichart, durch deren Kraft der Anziehung gehoben.*

Geist hat mit irdischem Verstande nichts zu tun, nur mit der Eigenschaft, die man als das »Gemüt« bezeichnet. Geistreich ist also gleichbedeutend mit »gemütvoll«, aber nicht verstandesvoll.

Um diesen Unterschied einmal leichter herauszufinden, benütze der Mensch nun den Satz: »Es war einmal!« Sehr viele Suchende werden dadurch schon eine Klärung finden. Beobachten sie aufmerksam sich selbst, so können sie erkennen, was alles in dem bisherigen Erdenleben ihrer *Seele* nützte, oder was dazu diente, ihnen lediglich das Durchkommen und ihre Arbeit in der

* Vortrag: »Ich bin die Auferstehung und das Leben ... !«

irdischen Umgebung zu erleichtern. Was also nicht nur irdische, sondern auch jenseitige Werte hat, und was allein für Erdenzwecke dient, fürs Jenseits aber wertlos bleibt. Das eine kann der Mensch mit hinübernehmen, das andere jedoch läßt er bei dem Abscheiden zurück als nur hierher gehörend, da es ihm weiterhin nichts nützen kann. Was er zurückläßt, ist aber nur Werkzeug für das irdische Geschehen, Hilfsmittel für die *Erdenzeit,* sonst nichts.

Wird nun ein Werkzeug nicht als solches nur benützt, sondern viel höher eingeschätzt, so kann es selbstverständlich dieser Höhe nicht genügen, es ist am falschen Platze, bringt naturgemäß damit auch Mängel vieler Art, die mit der Zeit ganz unheilvolle Folgen nach sich ziehen.

Zu diesen Werkzeugen gehört als oberstes der *irdische Verstand,* der als Produkt des menschlichen Gehirnes die Beschränkung in sich tragen muß, der alles Körperlich-Grobstoffliche durch seine eigene Beschaffenheit stets unterworfen bleibt. Und anders als der Ursprung kann auch das Produkt nicht sein. Dieses bleibt immer an die Art des Ursprunges gebunden. Ebenso die Werke, die durch das Produkt erstehen.

Das ergibt für den Verstand naturgemäß das engste, nur irdische Begriffsvermögen, dicht an Raum und Zeit gebunden. Da er von der an sich toten Grobstofflichkeit stammt, welche kein *eigenes* Leben in sich trägt, ist auch er ohne lebendige Kraft. Dieser Umstand setzt sich selbstverständlich ebenfalls in allem Wirken des Verstandes fort, dem es dadurch unmöglich bleibt, in seine Werke auch Lebendiges zu legen.

In diesem unabbiegbaren natürlichen Geschehen liegt der Schlüssel zu den trüben Vorgängen während des Menschenseins auf dieser kleinen Erde.

Wir müssen endlich unterscheiden lernen zwischen Geist und dem Verstande, dem lebendigen Kerne des Menschen und seinem Werkzeuge! Wird dieses Werkzeug *über* den lebenden Kern gesetzt, wie es bisher geschah, ergibt es Ungesundes, das den Todeskeim schon beim Erstehen in sich tragen muß, und das Lebendige, das Höchste, Wertvollste, wird damit eingeschnürt, gebunden, abgeschnitten von seiner notwendigen Tätigkeit, bis es im unausbleiblichen Zusammensturz des toten Baues unfertig frei emporsteigt aus den Trümmern.

Stellen wir uns nun anstatt »Es war einmal« die Frage vor: »Wie war es in früherer Zeit?« Wie anders ist die Wirkung. Man bemerkt sofort den großen Unterschied. Die erste Frage spricht zu der Empfindung, die mit dem Geiste in Verbindung steht. Die zweite Frage aber wendet sich an den Verstand. Ganz andere Bilder tauchen dabei auf. Sie sind von vornherein beengt, kalt, ohne Lebenswärme, weil der Verstand nichts anderes zu geben hat.

Der Menschheit größte Schuld aber ist es von Anfang an, daß sie diesen Verstand, der doch nur Lückenhaftes ohne Leben schaffen kann, auf einen hohen Sockel setzte und förmlich anbetend umtanzte. Man gab ihm einen Platz, der *nur dem Geiste* vorbehalten werden durfte.

Dieses Beginnen steht in allem gegen die Bestimmungen des Schöpfers und somit gegen die Natur, da diese ja in dem Geschehen der Natur verankert liegen. Deshalb kann auch nichts zu einem wahren Ziele führen, sondern es muß alles scheitern an dem Punkte, wo die Ernte einzusetzen hat. Es ist nicht anders möglich, sondern ein natürliches, vorauszusetzendes Geschehen.

Nur in der *reinen Technik* ist es anders, in jeder Industrie. Diese ist durch Verstand auf großer Höhe angelangt und wird in Zukunft noch viel weiter kommen! Die Tatsache dient jedoch als Beweis der Wahrheit meiner Ausführungen. Technik ist und bleibt in *allen* Dingen immer nur rein irdisch, tot. Da der Verstand nun ebenfalls zu allem Irdischen gehört, vermag er sich in der Technik glänzend zu entfalten, wirklich Großes zu verrichten. Er steht darin am rechten Platze, in seiner wirklichen Aufgabe!

Doch dort, wo auch »Lebendiges«, also rein *Menschliches,* mit in Betracht gezogen werden muß, reicht der Verstand in seiner Art nicht aus und *muß* deshalb versagen, sobald er nicht dabei geführt wird durch den Geist! Denn nur der Geist ist Leben. Erfolg in einer ganz bestimmten Art kann immer nur die Tätigkeit der Gleichart bringen. Niemals wird irdischer Verstand deshalb im Geiste wirken können! Aus diesem Grunde wurde es schweres Vergehen dieser Menschheit, daß sie den Verstand über das Leben setzte.

Der Mensch *wendete* damit seine Aufgabe entgegen der schöpferischen, also ganz natürlichen Bestimmung *direkt um,* stellte sie sozusagen auf den Kopf, indem er dem an zweiter und nur irdischer Stelle kommenden Verstande den obersten Platz einräumte, der dem lebendigen Geiste gehört. Dadurch ist es wiederum ganz natürlich, daß er nunmehr gezwungen ist, von unten nach oben mühsam zu suchen, wobei der darüber gestellte Verstand mit seinem begrenzten Begriffsvermögen jeden weiteren Ausblick verhindert, anstatt durch den Geist von oben herab schauen zu können.

Will er erwachen, so ist er gezwungen, vorher erst die »Lichter umzustellen«. Was jetzt oben ist, den Verstand, an seinen ihm von Natur aus gegebenen Platz zu setzen, und den Geist wieder an oberste Stelle zu bringen.

Diese notwendige Umstellung ist für den heutigen Menschen nicht mehr so leicht. –

Die damalige umstellende Handlung der Menschen, die sich so einschneidend gegen den Schöpferwillen, also gegen die Naturgesetze, richtete, war der eigentliche *»Sündenfall«*, dessen Folgen an Furchtbarkeit nichts zu wünschen übrig lassen; denn er wuchs sich dann zur »Erbsünde« aus, weil die Erhebung des Verstandes zum Alleinherrscher auch wieder die natürliche Folge nach sich zog, daß die so einseitige Pflege und Betätigung mit der Zeit auch das Gehirn einseitig stärkte, so daß nur der Teil, der die Arbeit des Verstandes zu verrichten hat, heranwuchs, und der andere verkümmern mußte. Dadurch vermag sich dieser durch Vernachlässigung verkümmerte Teil heute nur noch als unzuverlässiges Traumgehirn zu betätigen, das auch dabei noch unter dem kraftvollen Einflusse des sogenannten Tagesgehirnes steht, das den Verstand betätigt.

Der Teil des Gehirnes, der die Brücke zum Geist bilden soll, oder besser die Brücke vom Geist zu allem Irdischen, ist also damit lahmgelegt, eine Verbindung abgebrochen oder doch sehr stark gelockert, wodurch der Mensch für sich jede Betätigung des Geistes unterband und damit auch die Möglichkeit, seinen Verstand »beseelt« zu machen, durchgeistet und belebt.

Die beiden Teile des Gehirnes hätten ganz *gleichmäßig* großgezogen werden müssen, zu gemeinsamer harmonischer Tätigkeit, wie alles in dem Körper. Führend der Geist, ausführend hier auf Erden der Verstand. Daß dadurch auch alle Betätigung des Körpers, und sogar dieser selbst, nie so sein kann, wie er sein soll, ist selbstverständlich. Dieses Geschehen zieht sich doch naturgemäß durch alles! Weil damit die Hauptsache zu allem Irdischen fehlt!

Daß mit dem Unterbinden gleichzeitig auch die Entfernung und Entfremdung von dem Göttlichen verbunden war, ist leicht verständliches Geschehen. Es gab dazu ja keinen Weg mehr.

Das hatte zuletzt wiederum den Nachteil, daß schon seit Jahrtausenden ein jeder Kindeskörper, der geboren wird, durch immer weitergreifende Vererbung das vordere Verstandesgehirn so groß mit auf die Erde bringt, daß jedes Kind von vornherein durch diesen Umstand spielend wieder dem Verstande unterworfen wird, sobald dieses Gehirn die volle Tätigkeit entfaltet. Die Kluft zwischen den beiden Teilen des Gehirnes ist nun so groß geworden, das Verhältnis der Arbeitsmöglichkeit so ungleich, daß sich bei der Mehrzahl aller Menschen ohne Katastrophe eine Besserung nicht mehr erzielen läßt.

Der jetzige Verstandesmensch ist nicht mehr ein *normaler* Mensch, sondern ihm fehlt jede Entwickelung des Hauptteiles seines Gehirnes, der zum Vollmenschen gehört, durch das Verkümmernlassen seit Jahrtausenden. Jeder Verstandesmensch hat ausnahmslos nur ein *verkrüppeltes* Normalgehirn! *Gehirnkrüppel* beherrschen deshalb seit Jahrtausenden die Erde, betrachten den Normalmenschen als Feind und suchen ihn zu unterdrücken. Sie bilden sich in der Verkümmerung ein, sehr viel zu leisten, und wissen nicht, daß der Normalmensch *Zehnfaches* zu leisten in der Lage ist und Werke schafft, die *Dauer* haben, vollkommener sind als das jetzige Bemühen! Zu dieser Fähigkeit zu kommen, steht einem wirklich ernsten Sucher der Weg offen!

Ein Verstandesmensch jedoch wird nicht so leicht mehr fähig werden können, etwas zu begreifen, was zur Tätigkeit dieses verkümmerten Teiles seines Gehirnes gehört! Er *kann* es einfach nicht, wenn er auch möchte, und nur aus seiner freiwilligen Einengung heraus verlacht er alles das, was für ihn unerreichbar ist, und infolge seines in Wirklichkeit *zurückgebliebenen*, nicht normalen Gehirnes auch nie mehr von ihm begriffen werden wird.

Darin ruht gerade der furchtbarste Teil des Fluches dieser unnatürlichen Abirrung. Die zu einem normalen Menschen unbedingt gehörende harmonische Zusammenarbeit der beiden Teile des menschlichen Gehirnes ist für die heutigen Verstandesmenschen, die man Materialisten nennt, endgiltig ausgeschlossen. –

Materialist zu sein, ist nicht etwa ein Lob, sondern der Ausweis für verkümmertes Gehirn.

Es herrscht also bisher auf dieser Erde das *unnatürliche* Gehirn, dessen Wirken zuletzt selbstverständlich auch den unaufhaltsamen Zusammenbruch in allem bringen muß, da alles das, was es auch bringen will, durch die Verkümmerung naturgemäß Disharmonie und Ungesundheit in sich birgt schon bei Beginn.

Daran ist nun nichts mehr zu ändern, sondern man muß ruhig das natürlich sich entwickelnde Zusammenbrechen kommen lassen. *Dann aber ist der Tag der Auferstehung für den Geist und auch ein neues Leben!* Der seit Jahrtausenden das Wort führende Sklave des Verstandes ist damit abgetan für immer! Nie wieder wird er sich erheben können, weil der Beweis und eigenes Erleben ihn zwingen werden, sich *dem* als Kranker und geistig Verarmter endlich freiwillig zu beugen, was er nicht verstehen konnte. Gelegenheit zum Auftreten wider den Geist wird ihm nie mehr geboten sein, weder mit Spott noch mit dem Schein des Rechtes durch Gewalt, wie es ja auch dem Gottessohne gegenüber angewendet wurde, der dagegen kämpfen mußte.

Damals wäre es noch Zeit gewesen, vieles Unglück abzuwenden. Jetzt aber nicht mehr; denn inzwischen läßt sich die gelockerte Verbindung zwischen beiden Teilen des Gehirnes nicht mehr überbrücken.

Viele Verstandesmenschen wird es geben, welche wieder spötteln wollen über die Ausführungen in diesem Vortrage, ohne aber dabei wie schon immer außer leeren Schlagworten nur *einen wirklich sachlichen Gegenbeweis* führen zu können. Doch jeder ernsthaft Suchende und Denkende wird derartig blindes Eifern nur als erneuten Beweis dafür nehmen müssen, was ich hierin klarlegte. Die Leute *können* einfach nicht, auch wenn sie sich bemühen. Betrachten wir sie deshalb nun von heute ab als Kranke, die der Hilfe bald bedürfen werden, und ... warten wir es ruhig ab.

Es ist kein Kampf und kein Gewaltakt nötig, um den notwendigen Fortschritt zu erzwingen; denn das Ende kommt von selbst. Auch hierin wirkt sich das natürliche Geschehen in den unabbiegbaren Gesetzen aller Wechselwirkungen ganz unerbittlich und auch pünktlich aus. – –

Ein »neues Geschlecht« soll dann erstehen nach so mancherlei Verkündigungen. Dieses wird sich jedoch nicht nur aus Neugeburten zusammenstellen, wie sie jetzt in Kalifornien und auch in Australien bereits beobachtet werden, als mit einem »neuen Sinn« begabt, sondern in der Hauptsache aus *schon lebenden Menschen,* die in naher Zeit »sehend« werden durch viel kommendes Geschehen. Dann haben sie denselben »Sinn« wie die jetzt Neugeborenen; denn dieser ist nichts weiter als die Fähigkeit, offenen, unbeengten Geistes in der Welt zu stehen, der sich von der Beschränkung des Verstandes nicht mehr unterdrücken läßt. *Die Erbsünde wird damit ausgelöscht!*

Es hat dies alles aber mit den bisher als »okkulte Fähigkeiten« bezeichneten Eigenschaften nichts zu tun. *Es ist dann lediglich der normale Mensch, wie er sein soll!* Das »Sehendwerden« hat nichts mit dem »Hellsehen« zu schaffen, sondern es bedeutet das *»Einsehen«,* Erkennen.

Die Menschen sind dann in der Lage, alles unbeeinflußt zu erblicken, was nichts anderes bedeutet, als zu beurteilen. Sie sehen den Verstandesmenschen so, wie er wirklich ist, mit der für ihn und seine Umwelt so gefährlichen Beschränkung, der gleichzeitig die anmaßende Herrschsucht und Rechthaberei entspringt, die eigentlich dazu gehört.

Sie werden es auch sehen, wie seit Jahrtausenden in strenger Folgerichtigkeit einmal in dieser, dann in jener Form die ganze Menschheit unter diesem Joche litt, und wie sich dieser Krebsschaden als Erbfeind immer gegen die Entwickelung des freien Menschen*geistes* richtete, den Hauptzweck in der Menschen Sein! Nichts wird ihnen entgehen, auch nicht die bittere Gewißheit, daß die Trübsal, *alle* Leiden, ein jeder Sturz durch dieses Übel kommen mußte, und daß die Besserung niemals erstehen konnte, weil jedes Einsehen von vornherein durch die Beengung des Begriffsvermögens ausgeschlossen war.

Mit *dem* Erwachen hat aber auch jeder Einfluß, jede Macht dieser Verstandesmenschen aufgehört. Für *alle* Zeit; denn eine neue, bessere Epoche für die Menschheit setzt dann ein, in der sich Altes nicht mehr halten kann.

Damit kommt der heute schon von Hunderttausenden ersehnte notwendige Sieg des Geistes über den versagenden Verstand. Viele der bisher irregeführten Massen werden dabei noch erkennen, daß sie bisher den Ausdruck »Verstand« vollkommen falsch gedeutet hatten. Die meisten nahmen ihn einfach als einen Götzen hin, ganz ungeprüft, nur weil ihn auch die anderen als solchen hinstellten, und weil sich alle seine Anhänger stets als die unfehlbaren, unbeschränkten Herrscher durch Gewalt und durch Gesetze aufzuspielen wußten. Viele nehmen sich deshalb gar keine Mühe, deren eigentliche Hohlheit und die Mängel aufzudecken, welche sich dahinter bargen.

Es gibt nun allerdings auch manche, welche schon Jahrzehnte hindurch gegen diesen Feind ankämpfen, mit zäher Energie und Überzeugung, versteckt und teilweise auch offen, mitunter auch den schwersten Leiden ausgesetzt. *Doch sie kämpfen, ohne den Feind selbst zu kennen!* Und das erschwerte selbstverständlich den Erfolg. Es machte ihn von vornherein unmöglich. Das Schwert der Kämpfer war nicht gut geschärft, weil sie es stets an nebensächlichen Geschehen schartig schlugen. Mit diesen Nebensachen aber trafen sie auch stets zur Seite in das Leere, vergeudeten die eigne Kraft und brachten nur Zersplitterung unter sich.

Es gibt in Wirklichkeit nur *einen* Feind der Menschheit auf der ganzen Linie: *die bisher unbeschränkte Herrschaft des Verstandes! Das* war der große *Sündenfall*, die schwerste Schuld des Menschen, welche alles Übel nach sich zog. *Das* wurde zu der *Erbsünde*, und *das ist auch der Antichrist*, von dem verkündet ist, daß er sein Haupt erheben wird. Deutlicher ausgedrückt, ist Herrschaft des Verstandes sein Werkzeug, wodurch die Menschen ihm verfallen sind. Ihm, dem Gottfeindlichen, dem Antichristen selbst ... Luzifer!*

Wir stehen mitten in der Zeit! Er wohnt heute in *jedem* Menschen, bereit, ihn zu verderben, denn seine Tätigkeit bringt sofort Abwendung von Gott als ganz natürliche Folge. Er schneidet den Geist ab, sobald er herrschen darf.

Deshalb sei der Mensch scharf auf seiner Hut. –

Seinen Verstand soll er nun deshalb nicht etwa verkleinern, doch *zum Werkzeug* machen, was er ist, nicht aber zu dem maßgebenden Willen. Nicht zum Herrn!

Der Mensch des kommenden Geschlechtes wird die bisherige Zeit nur noch mit Ekel, Grauen und mit Scham betrachten können. Ungefähr so, wie es mit uns geschieht, wenn wir in eine alte Folterkammer treten. Auch darin sehen wir die schlechten Früchte der kalten Verstandeswirtschaft. Denn es ist wohl unbestreitbar, daß ein Mensch *mit nur etwas Gemüt* und demnach Geistestätigkeit solcherart Greuel nie ersonnen haben würde! Es ist im ganzen heute allerdings nicht anders, nur etwas übertünchter, und die Massenelende sind ebensolche faulen Früchte wie die damalige Einzelfolter.

Wenn der Mensch dann einen Rückblick werfen wird, so kommt er aus dem Kopfschütteln nicht mehr heraus. Er wird sich fragen, wie es möglich war, die Irrungen Jahrtausende hindurch still zu ertragen. Die Antwort gibt sich selbstverständlich einfach: durch Gewalt. Wohin man blickt, ist es ganz deutlich zu erkennen. Abgesehen von den Zeiten grauen Altertums, brauchen wir nur einzutreten in die schon erwähnten Folterkammern, die noch heute überall zu sehen sind, und deren Ausübung nicht so sehr weit zurückliegt.

Wir schaudern, wenn wir diese alten Werkzeuge betrachten. Wieviel kalte Brutalität liegt darin, welche Bestialität! Kaum ein Mensch heutiger Zeit wird daran zweifeln, daß in jenem damaligen Tun schwerstes Verbrechen lag. An den Verbrechern wurde damit ein noch größeres Verbrechen verübt. Aber, herausgeholt aus der Familie und Freiheit, wurde auch so mancher Unschuldige roh hineingeworfen in diese Gewölbe. Welche Klagen, welche Schmerzensschreie verhallten hier von denen, die den Peinigern vollkommen wehrlos darin preisgegeben waren. Menschen mußten Dinge leiden, vor denen man in Gedanken nur mit Grauen und Abscheu stehen kann.

* Vortrag: »Der Antichrist«.

Ein jeder fragt sich unwillkürlich, ob das wirklich menschenmöglich war, was da alles an diesen Wehrlosen geschah, dazu noch unter einem Scheine alles Rechtes. Eines Rechtes, das man sich doch einst nur mit Gewalt erzwungen hatte. Und nun erzwang man wiederum durch körperliche Schmerzen Schuldbekenntnisse von den Verdächtigten, damit man sie dann in Gemächlichkeit ermorden konnte. Wenn diese Schuldbekenntnisse auch nur erzwungen abgegeben wurden, um diesen unsinnigen körperlichen Qualen zu entgehen, so genügte es den Richtern doch, weil sie es brauchten, um dem »Worte« des Gesetzes zu genügen. Ob die also Beschränkten wirklich wähnten, daß sie sich dadurch auch vor dem göttlichen Willen reinwaschen und von dem unerbittlich arbeitenden Grundgesetze einer Wechselwirkung freikommen konnten?

Entweder waren alle diese Menschen Auswürfe der hartgesottensten Verbrecher, die sich unterfingen, über andere Gericht zu halten, oder es zeigte sich darin so deutlich die krankhafte Beschränktheit irdischen Verstandes. Ein Mittelding kann es nicht geben.

Nach göttlichen Schöpfungsgesetzen sollte ein jeder Würdenträger, jeder Richter, gleichviel, welches Amt er hier auf Erden trägt, in seinem *Handeln* niemals unter einem Schutze dieses Amtes stehen, sondern er hat allein und rein *persönlich, ungeschützt* wie jeder andere Mensch, für alles *selbst* volle Verantwortung zu tragen, was er in seinem Amte tut. Nicht geistig nur, sondern auch irdisch. Dann wird es jedermann viel ernster, sorgfältiger nehmen. Und sogenannte »Irrtümer« werden ganz sicher nicht so leicht wieder vorkommen, deren Folgen nie gutzumachen sind. Ganz abgesehen von den körperlichen und seelischen Leiden der davon Betroffenen und ihrer Angehörigen.

Doch betrachten wir uns einmal weiterhin das auch dazu gehörende Kapitel der Prozesse über sogenannte »Hexen«!

Wer einmal Zugang hatte zu Gerichtsakten über derartige Prozesse, möchte mit Aufwallung flammender Scham sich wünschen, nie zu dieser Menschheit zugezählt zu werden. Besaß ein Mensch damals nur Kunde über Heilkräuter, sei es durch praktische Erfahrungen oder durch Überlieferungen, und half er damit den leidenden Menschen, die ihn darum baten, so kam er unerbittlich dafür unter diese Folter, wovon ihn zuletzt nur der Tod durch Feuer erlöste, wenn sein Körper nicht schon vorher diesen Grausamkeiten erlag.

Selbst körperliche Schönheit konnte damals Anlaß dazu sein, namentlich Keuschheit, welche nicht zu Willen war.

Und dann die Furchtbarkeiten der Inquisition! Verhältnismäßig wenig Jahre sind es nur, die uns von diesem »damals« trennen!

Wie wir nun heute diese Ungerechtigkeit erkennen, genau so fühlte es damals das Volk. Denn dieses war von dem »Verstande« noch nicht ganz so eingeengt, bei ihm brach noch hier und da Empfindung hindurch, der Geist.

Erkennt man heute nicht vollkommene Beschränktheit in dem allen? Unverantwortliche Dummheit?

Man spricht davon mit Überlegenheit und Achselzucken, doch es ist im Grunde nichts daran geändert. Die beschränkte Anmaßung allem Nichtverstandenen gegenüber ist noch genau so da! Nur ist an Stelle dieser Folterungen jetzt öffentlicher Spott zur Hand, bei allem, was man durch die eigene Beschränktheit nicht versteht.

Es schlage sich doch mancher einmal an die Brust und denke, ohne sich dabei zu schonen, ernst darüber nach. Ein jeder Mensch wird von Verstandesheroen, das heißt also nicht ganz normalen Menschen, von vornherein als Schwindler angesehen, auch vielfach vor Gericht, wenn er die Fähigkeit besitzt, etwas zu wissen, was den anderen verschlossen ist, vielleicht mit feinstofflichen Augen auch die feinstoffliche Welt zu schauen, als ein natürliches Geschehen, was man in ganz kurzer Zeit nicht mehr bezweifeln, noch weniger brutal bekämpfen wird.

Und wehe dem, der selbst nichts damit anzufangen weiß, sondern in aller Harmlosigkeit davon spricht, was er gesehen hat, und was er hörte. Er muß sich davor fürchten, wie die ersten Christen unter Nero mit seinen allezeit zum Mord bereiten Helfern.

Wenn er nun gar noch andere Fähigkeiten hat, die von den ausgesprochenen Verstandesmenschen *nie* begriffen werden können, dann wird er unbedingt erbarmungslos gehetzt, verleumdet, ausgestoßen, wenn er nicht jedermann zu Willen ist; wenn irgend möglich wird er »unschädlich« gemacht, wie man sich so schön auszudrücken pflegt. Niemand macht sich darüber irgendwie Gewissensbisse. Ein solcher Mensch gilt heute noch als Freiwild eines jeden innerlich manchmal sehr unsauberen Menschen. Je beschränkter, desto größer ist der Wahn der Klugheit und der Hang zur Überhebung.

Man hat an diesen Vorgängen der alten Zeit mit ihren Foltern und Verbrennungen und den so lächerlichen Akten der Prozesse nichts gelernt! Denn jeder darf auch heute noch Außergewöhnliches und Nichtverstandenes straffrei beschmutzen und beleidigen. Es ist darin nicht anders, als es früher war.

Noch schlimmer als bei der Justiz war es bei den Inquisitionen, welche von der Kirche ihren Ausgang hatten. Hier wurden Schreie der Gequälten von frommen Gebeten übertönt. Es war ein Hohn auf den göttlichen Willen in der Schöpfung! Die damaligen kirchlichen Vertreter bewiesen damit, daß sie keine Ahnung von der wahren Lehre Christi hatten, noch von der Gottheit und von deren schöpferischem Willen, dessen Gesetze unumstößlich in der Schöpfung ruhen und dort wirken, gleichartig schon von Anfang an und bis ans Ende aller Tage.

Gott gab dem Menschengeiste in dessen Beschaffenheit den freien Willen des Entschlusses. In *diesem* nur kann er so reifen, *wie er soll*, sich abschleifen und voll entwickeln. Nur darin liegt für ihn die Möglichkeit dazu. Wird dieser freie Wille aber unterbunden, so ist es eine Hemmung, wenn nicht ein gewaltsames Zurückschleudern.

Christliche Kirchen aber, wie viele Religionen, bekämpften damals diese göttliche Bestimmung, traten ihr mit größter Grausamkeit entgegen. Durch Marter und zuletzt durch Tod wollten sie Menschen zwingen, Wege einzuschlagen und zu gehen, Bekenntnisse zu machen, die gegen deren Überzeugung, also *gegen deren Willen* waren. Damit verstießen sie gegen das göttliche Gebot. Doch nicht nur das, sondern sie hinderten die Menschen an dem Vorwärtsschreiten ihres Geistes und schleuderten sie noch Jahrhunderte zurück.

Wenn dabei nur ein Funken wirklicher Empfindung sich gezeigt hätte, also des Geistes, so durfte und so konnte solches nie geschehen! Es bewirkte demnach nur die Kälte des Verstandes das Unmenschliche.

Wie mancher Papst selbst hat geschichtlich nachweisbar mit Gift und Dolch arbeiten lassen, um seine rein irdischen Wünsche, seine Ziele zu verwirklichen. *Das* konnte nur unter der Herrschaft des Verstandes sein, welcher auf seinem Siegeszuge *alles* unterwarf, vor nichts haltmachte. –

Und über allem lag und liegt in unabwendbarem Geschehen ehern unseres Schöpfers Wille. Beim Hinübertreten in das Jenseits ist ein jeder Mensch entkleidet der irdischen Macht und deren Schutzes. Sein Name, seine Stellung, alles ist zurückgeblieben. Nur eine arme Menschenseele geht hinüber, um dort zu empfangen, auszukosten, was sie säte. Nicht *eine* Ausnahme ist möglich! Ihr Weg führt sie durch alles Räderwerk der unbedingten Wechselwirkung göttlicher Gerechtigkeit. Da gibt es keine Kirche, keinen Staat, sondern nur Einzelmenschenseelen, die persönlich über jeden Irrtum abzurechnen haben, den sie taten!

Wer gegen Gottes Willen handelt, also in der Schöpfung sündigt, ist den Folgen dieser Übertretung unterworfen. Gleichviel, wer es auch sei, und unter welchem Vorwande es ausgeführt wurde. Sei es ein Einzelmensch, unter dem Deckmantel der Kirche, der Justiz ... Verbrechen an dem Körper oder an der Seele ist und bleibt Verbrechen! Es kann durch nichts geändert werden, auch nicht durch einen *Schein* des Rechtes, das durchaus nicht immer das Recht ist; denn selbstverständlich wurden die Gesetze ebenfalls nur durch Verstandesmenschen aufgestellt und müssen dieserhalb irdische Beschränkung in sich tragen.

Man sehe sich das Recht so vieler Staaten einmal an, namentlich in Zentral- und Südamerika. Der Mensch, der heute die Regierung führt und dabei alle Ehren hat, kann morgen schon als ein Verbrecher in den Kerker kommen oder hingerichtet werden, wenn es dem Widersacher glückt, diese Regierung durch einen Gewaltakt an sich zu reißen. Gelingt ihm dieses nicht, wird *er* anstatt als Regent anerkannt zu werden, als ein Verbrecher angesehen und verfolgt. Und alle behördlichen Organe dienen bereitwillig dem einen wie dem anderen. Sogar ein Weltreisender muß oft sein Gewissen wechseln wie ein Kleid, wenn er aus einem Lande in ein anderes geht, um überall als gut zu gelten. Was in dem einen Lande als Verbrechen gilt, ist in dem anderen sehr oft erlaubt, noch mehr, vielleicht sogar begrüßt.

Das ist natürlich nur in den Errungenschaften irdischen Verstandes möglich, nie aber dort, wo der Verstand seine natürliche Stufe als Werkzeug des lebendigen Geistes einnehmen muß; denn wer auf den Geist hört, wird niemals Gesetze Gottes übersehen. Und wo diese als die Grundlage genommen werden, dort kann es keine Mängel, keine Lücken geben, sondern nur Einheitlichkeit, die Glück und Frieden nach sich zieht. Die Ausdrücke des Geistes können überall in ihren Grundzügen nur immer ganz die gleichen sein. Sie werden nie einander gegenüberstehen.

Auch Rechtskunst, Heilkunst, Staatskunst muß nur mangelhaftes Handwerk bleiben dort, wo nur Verstand die Grundlage bilden kann und das Geistige darin fehlt. Es ist einfach nicht anders möglich. Dabei natürlich immer wieder von dem wirklichen Begriffe »Geist« ausgehend. –

Wissen ist ein Produkt, Geist aber Leben, dessen Wert und Kraft nur nach seinem Zusammenhange mit dem Ursprunge des Geistigen bemessen werden kann. Je inniger dieser Zusammenhang, desto wertvoller, machtvoller der von dem Ursprung ausgegangene Teil. Je lockerer aber dieser Zusammenhang wird, desto entfernter, fremder, einsamer und schwächer muß auch der ausgegangene Teil sein, also der betreffende Mensch.

Das sind alles so einfache Selbstverständlichkeiten, daß man nicht begreifen kann, wie die fehlgegangenen Verstandesmenschen immer und immer wieder wie blind daran vorübergehen. Denn was die Wurzel bringt, erhält der Stamm, die Blüte und die Frucht! Aber auch hierin zeigt sich diese hoffnungslose Selbsteinengung im Begreifen. Mühsam haben sie sich eine Mauer vorgebaut und können nun nicht mehr darüber schauen, noch weniger hindurch.

Allen geistig Lebendigen jedoch müssen sie mit ihrem eingebildet-überlegenen, spöttischen Lächeln, mit dem Sichüberheben und Herabsehen auf andere, nicht so tief Versklavte, manchmal wie arme, kranke Narren erscheinen, die man trotz alles Mitleides in ihrem Wahne lassen muß, weil deren Grenze des Begreifens selbst Tatsächlichkeiten gegenteiliger Beweise ohne Eindrücke vorübergehen läßt. Jede Bemühung, etwas daran zu bessern, muß nur dem erfolglosen Bestreben gleichen, einem kranken Körper durch das Umhängen eines neuen glänzenden Mäntelchens auch gleichzeitig Gesundung zu verschaffen.

Schon jetzt ist der Materialismus über seinen Höhepunkt hinaus und muß nun überall versagend bald in sich zusammensinken. Nicht ohne dabei vieles Gute mitzureißen. Die Anhänger sind bereits am Ende ihres Könnens, werden bald an ihrem Werke und dann an sich selbst verwirrt, ohne den Abgrund zu erkennen, der sich vor ihnen aufgerissen hat. Wie eine Herde ohne Hirten werden sie bald sein, einer dem anderen nicht trauend, jeder seinen eigenen Weg verfolgend, und dabei trotzdem stolz noch über andere sich erhebend. Undurchdacht, nur früherer Gewohnheit folgend.

Mit allen Zeichen des äußeren Scheines ihrer Hohlheit werden sie zuletzt auch blindlings in den Abgrund stürzen. Sie halten noch für Geist, was nur Produkte ihrer eigenen Gehirne sind. Wie aber kann tote Materie lebenden Geist erzeugen? In vielen Dingen sind sie stolz auf ihr exaktes Denken und lassen in den Hauptsachen ganz skrupellos die unverantwortlichsten Lücken.

Ein jeder neue Schritt, jeder Versuch zur Besserung wird immer wieder alle Dürre des Verstandeswerkes in sich tragen müssen und somit den Keim des nicht abzuwendenden Verfalles.

Alles, was ich derart sage, ist kein Prophezeien, kein haltloses Voraussagen, sondern die unabänderliche Folge des alles belebenden Schöpfungswillens, dessen Gesetze ich in meinen Vorträgen erläutere. Wer mit mir im Geiste den darin scharf angedeuteten Wegen folgt, muß auch das notwendige Ende überschauen und erkennen. Und alle Anzeichen dafür sind bereits da.

Man klagt und zetert, sieht mit Ekel, wie sich heute Auswüchse des Materialismus in Formen zeigen, die kaum glaublich sind. Man fleht und betet um Befreiung aus der Qual, um Besserung, Gesundung von dem grenzenlosen Niedergange. Die wenigen, die irgendeine Regung ihres Seelenlebens retten konnten aus der Sturmflut des unglaublichen Geschehens, die geistig nicht erstickten in dem allgemeinen Niedergang, der trügend stolz den Namen »Fortschritt« an der Stirne trägt, sie fühlen sich wie Ausgestoßene, Zurückgebliebene, und werden auch als solche von den seelenlosen Mitläufern der Neuzeit angesehen und verlacht.

Ein Kranz von Lorbeer allen denen, die den Mut besaßen, sich den Massen nicht mit anzuschließen! Die stolz zurückblieben auf der steil abschüssigen Bahn!

Ein *Schlafwandler,* der heute noch sich darob unglücklich erachten will! *Die Augen auf!* Seht Ihr denn nicht, daß alles das, was Euch bedrückt, bereits der Anfang von dem jähen Ende des jetzt nur noch scheinbar herrschenden Materialismus ist? Der ganze Bau ist bereits am Zusammenstürzen, ohne Zutun derer, die darunter litten und noch leiden müssen. Das Verstandesmenschentum muß nunmehr ernten, was es in Jahrtausenden erzeugte, nährte, großzog und umschwärmte.

Für Menschenrechnung eine lange Zeit, für Gottes selbsttätige Mühlen in der Schöpfung eine kurze Spanne. Wohin Ihr blickt, überall kommt das Versagen. Es wogt zurück und staut sich drohend wie ein schwerer Wall empor, um bald sich überstürzend und zusammensinkend seine Anbeter tief unter sich zu begraben. Es ist das unerbittliche Gesetz der Wechselwirkung, das bei dieser Auslösung sich furchtbar zeigen muß, weil in Jahrtausenden trotz vielerlei Erfahrungen nie eine Änderung zu Höherem erfolgte, sondern im Gegenteil der gleiche falsche Weg noch breiter ausgetreten wurde.

Verzagende, die Zeit ist da! Hinauf die Stirn, die Ihr oft schamvoll senken mußtet, wenn Ungerechtigkeit und Dummheit Euch so tiefes Leid bereiten konnten. Seht Euch den Gegner heute ruhig an, der Euch so unterdrücken wollte!

Das bisherige Prunkgewand ist schon sehr arg zerschlissen. Aus allen Löchern sieht man endlich die Gestalt in ihrer wahren Form. Unsicher, doch nicht minder eingebildet, schaut daraus das ermattete Produkt des menschlichen Gehirnes, der Verstand, der sich zum Geist erheben ließ, verständnislos hervor!

Nehmt nur getrost die Binde ab und schaut Euch schärfer um. Allein die Durchsicht sonst ganz guter Zeitungen gibt einem klaren Blicke mancherlei bekannt. Man sieht krampfartiges Bemühen, an allem alten Schein noch festzuhalten. Mit Arroganz und oft sehr plumpen Witzeleien sucht man die immer deutlicher sich zeigende Verständnislosigkeit zu decken. Mit abgeschmackten Ausdrücken will oft ein Mensch etwas beurteilen, wovon er doch in Wirklichkeit ganz augenfällig keine Ahnung des Begreifens hat.

Selbst Menschen mit ganz guten Anlagen flüchten sich heute hilflos auf die unsauberen Wege, nur um nicht zu bekennen, daß so viele Dinge über das Begriffsvermögen ihres eigenen Verstandes gehen, auf den allein sie sich bisher verlassen wollten. Sie fühlen nicht das Lächerliche des Gebarens, sehen nicht die Blößen, die sie nur damit vergrößern helfen. Verwirrt, geblendet werden sie bald vor der Wahrheit stehen und trauernd ihr verfehltes Leben überblicken, dabei endlich beschämt erkennend, daß dort gerade Dummheit lag, wo man sich weise dünkte.

Wie weit ist es heute schon gekommen? *Der Muskelmensch ist Trumpf!* Hat je ein ernster Forscher, der in jahrzehntelangem Ringen ein Serum fand, das Hunderttausenden von Menschen jährlich unter Groß und Klein Schutz und auch Hilfe vor tödlichen Krankheiten bescherte, solche Triumphe feiern können wie ein Boxer, der in rein irdischer, grober Brutalität den Nebenmenschen niederringt? Doch hat dabei nur eine Menschen*seele* irgendwelchen Nutzen? Nur irdisch, alles irdisch, das heißt *niedrig* in dem ganzen Schöpfungswerke! Ganz dem goldnen Kalbe der Verstandestätigkeit entsprechend. Als Triumph dieses so erdgebundenen, tönernen Scheinfürsten über die eingeengte Menschlichkeit! --

Und niemand sieht dieses rasende Abwärtsgleiten in die grauenhafte Tiefe!

Wer es empfindet, hüllt sich vorläufig noch ein in Schweigen, mit dem beschämenden Bewußtsein, doch verlacht zu werden, wenn er spricht. Es ist bereits ein toller Taumel, in dem jedoch aufkeimende Erkenntnis liegt des Unvermögens. Und mit dem Ahnen *der* Erkenntnis bäumt sich alles nur noch mehr auf, schon aus Trotz, aus Eitelkeit und nicht zuletzt aus Furcht und Grauen vor dem Kommenden. Man *will* um keinen Preis schon an das Ende dieses großen Irrtums denken! Es wird zum krampfhaften Festhalten an dem stolzen Bau vergangener Jahrtausende, der ganz dem Turmbaue zu Babel gleicht und auch so enden wird!

Der bisher ungebeugte Materialismus trägt das Todesahnen in sich, das mit jedem Monat deutlicher zutage tritt. –

Doch in zahlreichen Menschenseelen regt es sich, an allen Orten, auf der ganzen Erde! Über den Glanz der Wahrheit ist nur eine dünne Schicht der alten, falschen Anschauungen noch gebreitet, die der erste Windstoß einer Reinigung hinwegfegt, um damit den Kern freizugeben, dessen Leuchten mit so vielen anderen sich bindet, um seinen Strahlenkegel zu entfalten, der hinaufsteigt wie ein Dankesfeuer nach dem Reich der lichten Freude, zu des Schöpfers Füßen.

Das wird die Zeit des vielersehnten Tausendjährigen Reiches sein, das vor uns liegt als großer Hoffnungsstern in strahlender Verheißung!

Und damit ist die große *Sünde* aller Menschheit *wider den Geist* endlich gelöst, die ihn durch den Verstand gebunden hielt auf Erden! Erst *das* ist dann der rechte Weg zu dem Natürlichen zurück, dem Weg des Schöpferwillens, der der Menschen Werke groß sein lassen will, und von lebendigen Empfindungen durchströmt! Der Sieg des Geistes aber wird gleichzeitig auch der Sieg der reinsten Liebe sein!

IRRUNGEN

SUCHEND erhebt so mancher Mensch den Blick nach Licht und Wahrheit. Sein Wunsch ist groß, doch fehlt es ihm sehr oft an ernstem Wollen! Mehr als die Hälfte aller Sucher ist nicht echt. Sie bringen ihre eigne, abgeschlossene Meinung. Sollen sie auch nur ein wenig daran ändern, so lehnen sie viel lieber alles für sie Neue ab, auch wenn darin die Wahrheit liegt.

Tausende müssen dadurch sinken, weil sie in der Verstrickung irrtümlicher Überzeugung die Bewegungsfreiheit unterbanden, die sie zur Rettung durch den Schwung nach oben brauchen.

Immer ist ein Teil vorhanden derer, welche meinen, alles Rechte schon erfaßt zu haben. Sie beabsichtigen nicht, nach dem Gehörten und Gelesenen auch eine strenge Prüfung *gegen sich* zu führen.

Für solche spreche ich natürlich *nicht!*

Ich spreche auch nicht zu Kirchen und Parteien, nicht zu Orden, Sekten und Vereinen, sondern lediglich in aller Einfachheit zum *Menschen* selbst. Fern liegt es mir, etwas Bestehendes zu stürzen; denn ich baue auf, ergänze bisher ungelöste Fragen, die ein jeder in sich tragen muß, sobald er nur ein wenig denkt.

Nur eine Grundbedingung ist für jeden Hörer unerläßlich: ernstes Suchen nach der Wahrheit. Er soll *die Worte* in sich prüfen und lebendig werden lassen, aber nicht des Redners achten. Sonst wird ihm kein Gewinn. Für alle, die das *nicht* erstreben, ist jedes Zeitopfer von vornherein verloren.

Es ist unglaublich, wie naiv die größte Mehrzahl aller Menschen krampfhaft unwissend darüber bleiben will, woher sie kommen, was sie sind, wohin sie gehen!

Geburt und Tod, die untrennbaren Pole alles Erdenseins, sie dürften kein Geheimnis für den Menschen bilden.

Zerrissenheit liegt in den Anschauungen, die den Wesenskern der Menschen klären wollen. Das ist die Folge des krankhaften Größenwahns der Erdenbürger, die sich vermessen rühmen, ihr Wesenskern sei *göttlich!*

Seht Euch die Menschen an! Könnt Ihr denn Göttliches in ihnen finden? Die törichte Behauptung müßte man als Gotteslästerung bezeichnen, da sie Herabzerrung des Göttlichen bedeutet.

Der Mensch trägt nicht ein Stäubchen Göttliches in sich!

Die Anschauung ist lediglich krankhafte Überhebung, die als Ursache nur das Bewußtsein eines Nichtverstehenkönnens hat. Wo ist der Mensch, der ehrlich sagen kann, daß ihm ein solcher Glaube auch zur Überzeugung wurde? Wer ernsthaft in sich geht, muß es verneinen. Er fühlt genau, daß es nur Sehnsucht, Wunsch ist, Göttliches in sich zu tragen, aber nicht Gewißheit! Man spricht ganz richtig von einem Gottesfunken, den der Mensch in sich trägt. Dieser *Funke* Gottes ist aber *Geist!* Er ist nicht ein Stück der Göttlichkeit.

Der Ausdruck Funke ist eine ganz richtige Bezeichnung. Ein Funke entwickelt sich und sprüht aus, ohne etwas von der Beschaffenheit des Erzeugers mitzunehmen oder in sich zu tragen. So auch hier. Ein Gottes*funke* ist nicht selbst göttlich.

Wo solche Fehler schon im Hinblick auf den *Ursprung* eines Seins zu finden sind, dort *muß* Versagen in dem ganzen Werden kommen! Habe ich auf falschen Grund gebaut, muß einst der ganze Bau ins Wanken und zum Stürzen kommen.

Gibt doch der Ursprung *Halt* fürs ganze Sein und Werden eines jeden! Wer nun, wie üblich, sucht, über den Ursprung weit hinauszugreifen, langt nach für ihn Unfaßbarem, und er verliert in ganz natürlichem Geschehen damit jeden Halt.

Wenn ich zum Beispiel nach dem Aste eines Baumes greife, der durch die irdische Beschaffenheit mit meinem Erdenkörper Gleichart hat, gewinne ich in diesem Aste einen Halt und kann mich deshalb daran aufwärtsschwingen.

Greife ich aber über diesen Ast hinaus, so kann ich an der andersartigen Beschaffenheit der Luft keinen Stützpunkt finden und ... kann deshalb auch nicht empor! Das ist doch klar.

Genauso ist es mit der *inneren* Beschaffenheit des Menschen, die man Seele nennt und deren Kern den Geist.

Will dieser Geist den notwendigen Halt aus seinem Ursprung haben, den er braucht, so darf er selbstverständlich nicht ins Göttliche zu fassen suchen. Das wird dann unnatürlich; denn das Göttliche liegt viel zu weit darüber, ist von ganz anderer Beschaffenheit!

Und doch sucht er in seiner Einbildung Verbindung an dieser Stelle, die er nie erreichen kann, und unterbricht dadurch natürliches Geschehen. Wie ein *Wehr* senkt sich sein falsches Wünschen hemmend zwischen ihn und seine notwendige Kraftzufuhr vom Ursprung her. Er schneidet sich selbst ab davon.

Deshalb hinweg mit solchen Irrtümern! Dann kann der Menschengeist erst seine volle Kraft entfalten, die er noch heute achtlos übersieht, und wird zu dem, was er sein kann und soll, *zum Herrn in der Schöpfung!* Doch wohlgemerkt, nur in der Schöpfung, nicht *über* dieser stehend.

Nur *Göttliches* steht über aller Schöpfung. –

Gott selbst, der Ursprung alles Seins und Lebens, ist, wie schon das Wort sagt, göttlich! Der Mensch wurde von *Seinem Geist* erschaffen!

Geist ist der *Wille* Gottes. Aus diesem *Willen* nun erstand die *erste* Schöpfung. Halten wir uns doch an diese einfache Tatsache, sie gibt die Möglichkeit des besseren Verstehens.

Man stelle sich doch einmal zum Vergleich den eigenen Willen vor. Er ist ein Akt, nicht aber ein Stück Mensch, sonst müßte sich der Mensch auflösen mit der Zeit in seinen vielen Willensakten. Es würde von ihm gar nichts übrig bleiben.

Nicht anders auch bei Gott! Sein Wille schuf das Paradies! Sein Wille aber ist der Geist, den man als »Heiligen Geist« bezeichnet. Das Paradies war wiederum auch nur das *Werk* des Geistes, nicht ein Stück von ihm selbst. Darin liegt eine Abstufung nach *unten* zu. Der schöpferische Heilige Geist, also der lebendige Wille Gottes, ging nicht in seiner Schöpfung auf. Er gab darein auch nicht ein Stück von sich, sondern er blieb selbst ganz *außerhalb* der Schöpfung. Das bringt die Bibel schon ganz klar und deutlich mit den Worten: »Der *Geist* Gottes schwebte *über* den Wassern«, nicht Gott in eigener Person! Das ist schließlich ein Unterschied. Der Mensch trägt also auch nichts von dem Heiligen Geiste selbst in sich, sondern nur von dem *Geiste*, der ein Werk des Heiligen Geistes ist, ein Akt.

Anstatt sich nun mit dieser Tatsache zu befassen, will man hier mit aller Kraft schon eine Lücke bilden! Denkt nur an die bekannte Anschauung über die *erste* Schöpfung, an das Paradies! Es sollte unbedingt auf dieser Erde sein. Der kleine menschliche Verstand zog damit das Geschehen notwendiger Jahrmillionen in seinen eng an Raum und Zeit begrenzten Kreis und stellte sich als Mittelpunkt und Achse alles Weltgeschehens vor. Die Folge war, daß er dadurch den Weg zum eigentlichen Lebensausgangspunkte ohne weiteres verlor.

An Stelle dieses klaren Weges, den er nicht mehr überschauen konnte, mußte in seinen religiösen Anschauungen ein Ersatz gefunden werden, wenn er sich nicht selbst als Urheber des ganzen Seins und Lebens und somit *als Gott* bezeichnen wollte. Diesen Ersatz gab ihm bisher der Ausdruck »Glaube«! Und an dem Worte »Glaube« krankt seither die ganze Menschheit! Ja, noch mehr, das unerkannte Wort, welches alles Verlorene ergänzen sollte, wurde ihr zur Klippe, die das vollständige Scheitern brachte!

Mit Glaube findet sich nur jeder *Träge* ab. Der Glaube ist es auch, an dem die *Spötter* sich verankern können. Und das Wort »Glaube«, *falsch* gedeutet, ist der Schlagbaum, der sich heute hemmend vor den Weg zum Weiterschreiten für die Menschheit legt.

Glaube soll nicht der Mantel sein, der alles Denkens Trägheit großmütig verdeckt, der sich wie eine Schlafkrankheit behaglich lähmend auf den Geist der Menschen senkt! Glaube soll in Wirklichkeit zur *Überzeugung* werden. Überzeugung aber fordert Leben, schärfstes Prüfen!

Wo auch nur *eine* Lücke bleibt, *ein* ungelöstes Rätsel, dort wird die Überzeugung zur Unmöglichkeit. Kein Mensch kann deshalb wahren Glauben haben, solange in ihm eine Frage offen bleibt.

Schon das Wort »blinder Glaube« gibt das Ungesunde zu erkennen!

Lebendig muß der Glaube sein, wie Christus einst schon forderte, sonst hat er keinen Zweck. Lebendigkeit aber bedeutet das Sichregen, Abwägen und auch Prüfen! Nicht stumpfes Hinnehmen fremder Gedanken. Blindglauben heißt doch deutlich nicht verstehen. Was der Mensch aber nicht versteht, kann ihm auch geistig keinen Nutzen bringen, denn im Nichtverstehen kann es nicht in ihm zum Leben kommen.

Was er aber in sich nicht ganz erlebt, wird ihm auch nie zu eigen! Und nur das Eigene bringt ihn empor.

Es kann auch schließlich niemand einen Weg beschreiten, vorwärts gehen, wenn in dem Wege große Spalten klaffen. Der Mensch muß geistig dort stehenbleiben, wo er nicht wissend weiter kann. Die Tatsache ist unumstößlich und wohl auch leicht verständlich. Wer also geistig vorwärtskommen will, der wache auf!

Im Schlafe kann er seinen Weg zum Licht der Wahrheit niemals gehen! Auch nicht mit einer Binde oder einem Schleier vor den Augen.

Sehend will der Schöpfer seine Menschen in der Schöpfung haben. Sehend sein aber heißt wissend! Und zu dem Wissen paßt kein blinder Glaube. Trägheit, Denkfaulheit liegt nur in einem solchen, keine Größe!

Der Vorzug eines Denkvermögens bringt dem Menschen auch die Pflicht zum *Prüfen!*

Um allem diesem zu entgehen, hat man aus Bequemlichkeit den großen Schöpfer einfach so verkleinert, daß man ihm Willkürakte als Beweis der Allmacht zumutet.

Wer nur ein wenig denken will, muß darin wieder einen großen Fehler finden. Ein Willkürakt bedingt die Möglichkeit der Abbiegung bestehender Naturgesetze. Wo aber solches vor sich gehen kann, dort fehlt Vollkommenheit. Denn wo Vollkommenheit vorhanden ist, kann keine Änderung erfolgen. Somit wird irrtümlich von einem großen Teil der Menschheit die Allmacht Gottes derart hingestellt, daß sie dem tiefer Denkenden als ein Beweis der Unvollkommenheit zu gelten hätte. Und darin ruht die Wurzel vielen Übels.

Gebt Gott die Ehre der Vollkommenheit! Dann findet Ihr darin den Schlüssel zu den ungelösten Rätseln alles Seins. –

Die ernsthaft Suchenden dahin zu bringen, soll mein Bestreben sein. Ein Aufatmen soll durch die Kreise aller Wahrheitssucher gehen. Sie werden zuletzt froh erkennen, daß in dem ganzen Weltgeschehen kein Geheimnis, keine Lücke ist. Und dann … sehen sie den Weg zum Aufstieg klar vor sich. Sie brauchen ihn nur zu gehen. –

Mystik hat keinerlei Berechtigung in der gesamten Schöpfung! Es ist darin kein Platz für sie vorhanden; denn klar und lückenlos soll alles vor dem Menschengeiste liegen, bis zu seinem Ursprunge zurück. Nur was dann *über* diesem ist, wird jedem Menschengeiste heiligstes Geheimnis bleiben müssen. Deshalb wird Göttliches auch nie von ihm begriffen werden. Mit bestem Willen und dem größten Wissen nicht. In diesem Nichtbegreifenkönnen alles Göttlichen liegt für den Menschen aber das *natürlichste* Geschehen, das man denken kann; denn nichts vermag bekanntlich über die Zusammensetzung seines Ursprunges hinauszugehen. Auch nicht der Geist des Menschen! In andersartiger Zusammensetzung liegt stets eine Grenze. Und Göttliches ist von ganz anderer Beschaffenheit als Geistiges, welchem der Mensch entstammt.*

* Hierüber werden in späteren Vorträgen noch weitgehendere Gliederungen gegeben.

Das Tier zum Beispiel kann auch in der vollsten seelischen Entwickelung niemals zum Menschen werden. Aus seiner Wesenhaftigkeit kann unter keinen Umständen das Geistige erblühen, welches den Menschengeist gebiert. In der Zusammensetzung alles Wesenhaften fehlt geistige Grundart. Der aber aus dem Teile geistiger Schöpfung hervorgegangene Mensch kann wiederum auch niemals göttlich werden, da Geistiges die Art des Göttlichen nicht hat. Der Menschengeist kann wohl bis zur Vollkommenheit im höchsten Grade sich entwickeln, wird aber trotzdem immer *geistig* bleiben müssen. Er kann nicht über sich ins Göttliche gelangen. Die andere Beschaffenheit bildet auch hier naturgemäß die niemals überbrückbare Begrenzung nach oben zu. Die Stofflichkeit spricht hierbei gar nicht mit, da sie kein eigenes Leben birgt, sondern als Hülle dient, getrieben und geformt vom Geistigen und von dem Wesenhaften.

Das gewaltige Gebiet des Geistes geht durch die ganze Schöpfung. Der Mensch kann, soll und muß sie deshalb voll erfassen und erkennen! Und durch sein Wissen wird er darin herrschen. Herrschen aber, selbst das strengste, heißt, recht erkannt, nur dienen! –

An keiner Stelle in der ganzen Schöpfung bis hinauf zum höchsten Geistigen wird von natürlichem Geschehen abgewichen! Schon dieser Umstand macht doch jedem alles viel vertrauter. Die ungesunde und geheime Scheu, das Sichversteckenwollen vor so manchen vorläufig noch unbekannten Dingen, fällt dabei von allein in sich zusammen. Mit der *Natürlichkeit* zieht frischer Luftstrom durch die schwüle Umwelt düsterer Gehirngespinste solcher, die gern von sich reden machen wollen. Deren krankhaft-phantastische Gebilde, schreckhaft den Schwachen, zum Gespött der Starken, wirken lächerlich und kindhaft läppisch vor dem klarwerdenden Blick, der zuletzt frisch und froh die prachtvolle Natürlichkeit alles Geschehens umfaßt, das immer nur in einfachen, geraden Linien sich bewegt, die deutlich zu erkennen sind.

Einheitlich geht es durch in strengster Regelmäßigkeit und Ordnung. Und das erleichtert jedem Suchenden den großen, freien Überblick bis zu dem Punkte seines eigentlichen Ausganges!

Er braucht dazu kein mühevolles Erforschen und keine Phantasie. Hauptsache ist, daß er sich abseits hält von allen, die in verworrener Geheimniskrämerei dürftiges Teilwissen größer erscheinen lassen wollen.

Es liegt alles *so* einfach vor den Menschen, daß diese oft gerade durch die

Einfachheit nicht zur Erkenntnis kommen, weil sie von vornherein annehmen, daß das große Werk der Schöpfung so viel schwerer, verwickelter sein müßte.

Darüber stolpern Tausende mit bestem Wollen, richten ihre Augen suchend hoch empor und ahnen nicht, daß sie nur einfach ohne Anstrengung *vor* sich und umherzublicken brauchen. Sie werden dabei sehen, daß sie schon durch ihr Erdendasein auf rechtem Wege stehen, nur ruhig vorwärts schreiten brauchen! Ohne Hast und ohne Anstrengung, doch *offenen* Blikkes, freien, unbeengten Sinnes! Der Mensch muß endlich lernen, daß wahre Größe nur im einfachsten, natürlichsten Geschehen liegt. Daß Größe diese Einfachheit bedingt.

So ist es in der Schöpfung, so auch in ihm selbst, der zu der Schöpfung als ein Teil gehört!

Allein *einfaches* Denken und Empfinden kann ihm Klarheit geben! So einfach, wie es Kinder noch besitzen! Ruhiges Überlegen wird ihn erkennen lassen, daß in dem Begriffsvermögen Einfachheit identisch ist mit Klarheit und auch mit Natürlichkeit! Eins ist ohne das andere gar nicht zu denken. Es ist ein Dreiklang, der *einen* Begriff ausdrückt! Wer ihn zum Grundstein seines Suchens nimmt, wird schnell das nebelhaft Verworrene durchbrechen. Alles künstlich Aufgeschraubte fällt dabei in Nichts zusammen.

Der Mensch erkennt, daß nirgends das natürliche Geschehen ausgeschaltet werden darf, daß es an keiner Stelle unterbrochen ist! Und darin offenbart sich auch die Größe *Gottes!* Die unverrückbare Lebendigkeit des selbsttätigen schöpferischen Willens! Denn die Naturgesetze sind die ehernen Gesetze Gottes, allen Menschen dauernd sichtbar vor den Augen, eindringlich zu ihnen redend, für des Schöpfers Größe zeugend, von unerschütterlicher, ausnahmsloser Regelmäßigkeit! Ausnahmsloser! Denn aus des Hafers Samenkorn kann wiederum nur Hafer kommen, aus Weizen ebenfalls nur Weizen, und so fort.

So ist es auch in jener ersten Schöpfung, die als das eigene Werk des Schöpfers dessen Vollkommenheit am nächsten steht. Dort sind die Grundgesetze so verankert, daß sie, getrieben von Lebendigkeit des Willens, die Entstehung der weiteren Schöpfung bis zuletzt herab zu diesen Weltenkörpern in natürlichstem Geschehen nach sich ziehen mußten. Nur gröber werdend, je weiter sich die Schöpfung in der Fortentwickelung von der Vollkommenheit des Ursprunges entfernt. –

Wollen wir die Schöpfung erst einmal betrachten.

Stellt Euch vor, daß alles Leben darin nur zwei Arten trägt, gleichviel, in welchem Teile es sich befindet. Die eine Art ist Sichbewußtes, die andere ist das Sichunbewußte. Diese zwei Verschiedenheiten zu beachten, ist von größtem Wert! Es hängt zusammen mit dem »Ursprunge des Menschen«. Die Verschiedenheiten geben auch den Ansporn zu der Fortentwickelung, zum anscheinenden Kampfe. Das Unbewußte ist die Folie alles Bewußten, doch in der Zusammensetzung von ganz gleicher Art. Bewußtwerden ist Fortschritt und Entwickelung fürs Unbewußte, das durch das Zusammensein mit dem Bewußten dauernd Anregung dazu erhält, auch so bewußt zu werden.

Die erste Schöpfung selbst hat nacheinander abwärts sich entwickelnd drei große Grundabspaltungen gebracht: als Oberstes und Höchstes ist das *Geistige,* die Urschöpfung, dem sich das dichter und somit auch schwerer werdende Wesenhafte anschließt. Zuletzt folgt noch als Unterstes und ob der größten Dichtheit Schwerstes, das große Reich des Stofflichen, das nach und nach, sich aus der Urschöpfung lösend, herabsank! Dadurch blieb zuletzt als Oberstes nur das Urgeistige zurück, weil es in seiner reinen Art das Leichteste und Lichteste verkörpert. Es ist das vielgenannte Paradies, die Krone aller Schöpfung.

Mit dem Herabsinken des dichter Werdenden berühren wir schon das Gesetz der Schwere, welches nicht nur in dem Stofflichen verankert ist, sondern Wirkung in der ganzen Schöpfung hat, vom sogenannten Paradiese angefangen bis herab zu uns.

Das Gesetz der Schwere ist von so ausschlaggebender Bedeutung, daß es sich jeder Mensch einhämmern sollte; denn es ist der Haupthebel im ganzen Werdegang und dem Entwickelungsprozeß des Menschengeistes.

Ich sagte schon, daß diese Schwere nicht nur für irdische Beschaffenheiten gilt, sondern auch gleichmäßig in jenen Schöpfungsteilen wirkt, die Erdenmenschen nicht mehr sehen können und deshalb einfach Jenseits nennen.

Des besseren Verständnisses halber muß ich die *Stofflichkeit* noch in zwei Abteilungen trennen. In das *Feinstoffliche* und das *Grobstoffliche.* Das Feinstoffliche ist die Stofflichkeit, die für das irdische Auge nicht sichtbar werden kann, durch ihre andere Art. Und doch ist es noch Stofflichkeit.

Das sogenannte »Jenseits« darf man nicht verwechseln mit dem ersehnten Paradiese, welches rein geistig ist. Geistig ist nicht etwa als »gedanklich« zu verstehen, sondern geistig ist eine *Beschaffenheit,* wie auch wesenhaft und stofflich eine Beschaffenheit ist. Man nennt also nun dieses Feinstoffliche einfach Jenseits, weil es jenseits des irdischen Sehvermögens ist. Das Grobstoffliche aber ist das Diesseits, alles Irdische, das unseren grobstofflichen Augen durch die Gleichart sichtbar wird.

Der Mensch sollte sich abgewöhnen, ihm unsichtbare Dinge auch als unbegreifbar, unnatürlich anzusehen. *Alles* ist natürlich, sogar das sogenannte Jenseits und das von diesem noch sehr weit entfernte Paradies.

Wie nun hier unser grobstofflicher Körper empfindsam ist gegen seine Umgebung *gleicher* Art, die er dadurch sehen, hören und fühlen kann, genauso ist es in den Schöpfungsteilen, deren Beschaffenheit der unseren nicht ähnlich ist. Der feinstoffliche Mensch in dem sogenannten Jenseits fühlt, hört und sieht nur seine gleichartig *feinstoffliche* Umgebung, der höhere geistige Mensch kann wiederum nur seine *geistige* Umgebung fühlen.

So kommt es vor, daß mancher Erdenbürger hier und da auch schon mit seinem feinstofflichen Körper, den er ja in sich trägt, die Feinstofflichkeit sieht und hört, bevor die Trennung von dem grobstofflichen Erdenkörper durch dessen Absterben erfolgt. Es ist darin durchaus nichts Unnatürliches.

Neben dem Gesetz der Schwere steht als mitwirkend noch das nicht minder wertvolle Gesetz der Gleichart.

Ich berührte es schon damit, daß Art nur immer gleiche Art erkennen kann. Die Sprichwörter: »Gleich und gleich gesellt sich gern« und »Art läßt nicht von Art« scheinen dem Urgesetze abgelauscht zu sein. Es schwingt sich neben dem Gesetz der Schwere durch die ganze Schöpfung.

Ein drittes Urgesetz liegt neben diesen schon genannten in der Schöpfung: das Gesetz der Wechselwirkung. Es bewirkt, daß der Mensch ernten muß, was er einst säte, unbedingt. Er kann nicht Weizen ernten, wenn er Roggen säet, nicht Klee, sobald er Disteln streut. Genau so in der feinstofflichen Welt. Er wird zuletzt nicht Güte ernten können, wenn er Haß empfand, nicht Freude, wo er Neid in sich nährte!

Diese drei Grundgesetze bilden Marksteine göttlichen Willens! Sie sind es ganz allein, die selbsttätig für einen Menschengeist Lohn oder Strafe auswirken, in unerbittlicher Gerechtigkeit! Derart unbestechlich, in den wundervollsten, feinsten Abstufungen, daß in dem riesigen Weltgeschehen der Gedanke einer kleinsten Ungerechtigkeit unmöglich wird.

Die Wirkung dieser einfachen Gesetze bringt jeden Menschengeist genau dorthin, wohin er nach seiner inneren Einstellung auch gehört. Eine Irrung ist dabei unmöglich, weil die Auswirkung dieser Gesetze nur von dem *innersten* Zustande des Menschen bewegt werden kann, aber in jedem Falle auch unbedingt bewegt wird! Die Auswirkung bedingt also als Hebel zur Betätigung die *in* dem Menschen befindliche geistige Kraft seiner *Empfindungen!* Alles andere bleibt dafür wirkungslos. Aus diesem Grunde ist allein nur das wirkliche *Wollen*, die *Empfindung* des Menschen, maßgebend dafür, was sich für ihn in der ihm unsichtbaren Welt entwickelt, in welche er nach seinem Erdentode treten muß.

Da hilft kein Vortäuschen, kein Selbstbetrug. Er muß dann unbedingt das ernten, was er in seinem *Wollen* säte! Sogar genau je nach der Stärke oder Schwäche seines Wollens setzt es auch mehr oder weniger die gleichartigen Strömungen der anderen Welten in Bewegung, gleichviel, ob es nun Haß ist, Neid oder die Liebe. Ein ganz natürliches Geschehen, in größter Einfachheit, und doch von der eisernen Wirkung eherner Gerechtigkeit!

Wer es versucht, sich ernst in diese jenseitigen Vorgänge hineinzudenken, wird erkennen, welch unbestechliche Gerechtigkeit in dieser selbsttätigen Wirkung liegt, sieht darin schon die unfaßbare Größe Gottes. Dieser braucht nicht einzugreifen, nachdem er seinen Willen als Gesetze, also vollkommen, in die Schöpfung gab.

Wer aufwärtssteigend wieder in das Reich des Geistes kommt, der ist gereinigt; denn er mußte vorher durch die selbsttätigen Mühlen des göttlichen Willens gehen. Ein anderer Weg führt nicht in Gottes Nähe. Und *wie* die Mühlen an dem Menschengeiste wirken, richtet sich nach dessen vorherigem Innenleben, dessen eigenem *Wollen*. Sie können ihn wohltuend in die lichte Höhe tragen, ihn aber ebenso auch schmerzhaft abwärts reißen in die Nacht des Grauens, ja sogar bis zur völligen Vernichtung zerren. –

Man denke, bei der irdischen Geburt trägt der zur Inkarnierung reif gewordene Menschengeist schon eine feinstoffliche Hülle oder Körper, den er in seinem Laufe durch die Feinstofflichkeit brauchte. Er bleibt ihm auch im Erdensein, als Bindeglied zum Erdenkörper. Das Gesetz der Schwere nun macht seine Hauptwirkung stets an dem dichtesten und gröbsten Teile geltend. Im Erdensein also am Erdenkörper. Fällt dieser aber absterbend zurück, so wird der feinstoffliche Körper wieder frei und unterliegt in diesem Augenblicke ungeschützt, als nunmehr gröbster Teil, diesem Gesetz der Schwere.

Wenn gesagt wird, daß der Geist sich seinen Körper bildet, so ist dies wahr im Hinblick auf den feinstofflichen Körper. Die innere Beschaffenheit des Menschen, sein Wünschen und sein eigentliches Wollen legen den Grund dazu.

Das Wollen birgt die Kraft, Feinstoffliches zu formen. Durch Drang nach Niederem oder nach nur irdischen Genüssen wird der feinstoffliche Körper dicht und damit schwer und dunkel, weil die Erfüllung solcher Wünsche in der Grobstofflichkeit liegt. Der Mensch bindet sich damit selbst an Grobes, Irdisches. Sein Wünschen zieht den feinstofflichen Körper nach, das heißt, er wird so dicht gebildet, daß er dem irdischen in der Beschaffenheit so nahe wie möglich kommt, worin allein die Aussicht ruht, an irdischen Genüssen oder Leidenschaften teilnehmen zu können, sobald der grobstoffliche Erdenkörper weggefallen ist. Wer darnach strebt, muß sinken im Gesetz der Schwere.

Anders aber bei den Menschen, deren Sinn hauptsächlich nach dem Höheren und Edleren gerichtet ist. Hier wirkt das Wollen selbsttätig den feinstofflichen Körper leichter und somit auch lichter, damit er in die Nähe alles dessen kommen kann, das diesen Menschen als das Ziel des ernsten Wünschens gilt! Also zur Reinheit lichter Höhe.

Mit anderen Worten ausgedrückt: Der feinstoffliche Körper in dem Erdenmenschen wird durch das jeweilige Ziel des Menschengeistes gleichzeitig derart ausgerüstet, daß er nach Absterben des Erdenkörpers diesem Ziel entgegenstreben kann, gleichviel, welcher Art es ist. Hier bildet sich der Geist wirklich den Körper; denn sein Wollen trägt als geistig seiend auch die Kraft in sich, Feinstoffliches sich nutzbar zu machen. Diesem natürlichen Geschehen kann er sich niemals entziehen. Es erfolgt mit jedem Wollen, gleichviel, ob es ihm nun behaglich oder unbehaglich ist. Und diese Formen bleiben an ihm haften, solange er sie durch sein Wollen und Empfinden nährt. Sie fördern oder halten ihn zurück; je nach der Art, die dem Gesetz der Schwere unterliegt.

Doch ändert er sein Wollen und Empfinden, so erstehen damit sofort neue Formen, während die bisherigen, durch die Änderung des Wollens keine Nahrung mehr empfangend, absterben müssen und zerfallen. Damit ändert der Mensch auch sein Schicksal.

Sobald nun irdische Verankerung durch Absterben des Erdenkörpers fällt, so sinkt der dadurch losgelöste feinstoffliche Körper oder schwebt wie Kork empor in der Feinstofflichkeit, die man das Jenseits nennt. Er wird genau durch das Gesetz der Schwere an jener Stelle festgehalten, die gleiche Schwere hat wie er; denn dann kann er nicht weiter, weder auf- noch abwärts. Hier findet er naturgemäß auch alle Gleichart oder alle Gleichgesinnten vor; denn gleiche Art bedingt die gleiche Schwere, gleiche Schwere selbstverständlich gleiche Art. Wie er nun selbst war, wird er unter Gleichgesinnten leiden müssen oder sich erfreuen können, bis er sich innerlich erneut verändert, mit ihm sein feinstofflicher Körper, der ihn unter Auswirkung veränderten Gewichtes weiter aufwärts oder abwärts führen muß.

Der Mensch kann sich deshalb weder beklagen, noch braucht er zu danken; denn wird er hochgehoben, nach dem Lichte zu, so ist es seine eigene Beschaffenheit, die das Gehobenwerdenmüssen nach sich zieht, stürzt er hinab ins Dunkel, so ist es wiederum sein Zustand, der ihn dazu zwingt.

Aber ein jeder Mensch hat Ursache, den Schöpfer hoch zu preisen ob der Vollkommenheit, die in der Wirkung dieser drei Gesetze liegt. Der Menschengeist wird dadurch unbedingt zum unbeschränkten Herrn des eigenen Schicksales gemacht! Da sein wirkliches Wollen, also der unverfälschte innere Zustand, ihn heben oder sinken lassen muß.

Wenn Ihr versucht, Euch die Wirkung richtig vorzustellen, einzeln und ineinandergreifend, so findet Ihr, daß darin haarscharf abgemessen für jeden Lohn und Strafe, Gnade oder auch Verdammnis liegt, je nach ihm selbst. Es ist das einfachste Geschehen und zeigt das Rettungsseil durch jedes ernste Wollen eines Menschen, das nie zerreißen, nie versagen kann. Die Größe einer solchen Einfachheit ist es, die den Erkennenden gewaltsam auf die Knie zwingt vor der gewaltigen Erhabenheit des Schöpfers!

In jeglichem Geschehen, allen meinen Ausführungen, stoßen wir stets klar und deutlich immer wieder auf die Wirkung dieser einfachen Gesetze, deren wundervolles Ineinanderarbeiten ich noch besonders schildern muß.

Kennt der Mensch dieses Ineinanderwirken, so hat er damit auch die Stufenleiter zu dem lichten Reich des Geistes, zu dem Paradiese. Doch er sieht dann auch den Weg hinab ins Dunkel!

Er braucht nicht einmal selbst zu schreiten, sondern wird von dem selbsttätigen Getriebe hoch emporgehoben oder hinabgezerrt, ganz wie er das Getriebe durch sein *Innen*leben für sich stellt.

Seiner Entscheidung bleibt es immer vorbehalten, von welchem Wege er sich tragen lassen will.

Der Mensch darf sich dabei durch Spötter nicht beirren lassen.

Zweifel und Spott sind, recht geschaut, nichts anderes als ausgesprochene Wünsche. Ein jeder Zweifler spricht, sich selbst ganz unbewußt, das aus, was er sich wünscht, und gibt damit sein Inneres dem Forscherblicke preis. Denn auch in der Verneinung, in der Abwehr, liegen, leicht erkennbar, tiefverborgene Wünsche. Welche Vernachlässigung, welche Armut sich da manchmal offenbart, ist traurig oder auch empörend, weil sich ein Mensch gerade dadurch innerlich nicht selten tiefer zerrt als jedes unwissende Tier. Man sollte Mitleid mit den Leuten haben, ohne jedoch nachsichtig zu sein; denn Nachsicht würde ja bedeuten, Trägheit ernstem Prüfen vorzuziehen. Wer ernsthaft sucht, muß mit der Nachsicht sparsam werden, sonst schadet er sich zuletzt selbst, ohne dem anderen damit zu helfen.

Jauchzend wird er aber mit der wachsenden Erkenntnis vor dem Wunder einer solchen Schöpfung stehen, um sich bewußt emporschwingen zu lassen zu den lichten Höhen, die er Heimat nennen darf!

DAS MENSCHENWORT

Euch Menschen wurde von dem Schöpfer als eine große Gnade für Euer Reifen in der groben Stofflichkeit die Fähigkeit des Wortformens geschenkt! Ihr habt den wahren Wert der hohen Gabe nie erkannt, weil Ihr Euch nicht darum bemühtet, und seid leichtfertig damit umgegangen. Nun müßt Ihr unter allen Folgen Eures falschen Handelns bitter leiden.

Ihr steht in diesem Leid und kennt die *Ursachen* noch nicht, deren Gefolgschaft solches Leiden bringt.

Mit Gaben des Allmächtigen darf niemand spielen, ohne sich dabei zu schaden, so will es das Gesetz, das in der Schöpfung wirkend ruht und das sich nie beirren läßt.

Und wenn Ihr denkt, daß dieses Sprechenkönnen, also Eure Fähigkeit, Worte zu bilden, welche Euer Wollen durch das Sprechen in die grobe Stofflichkeit verankern, eine ganz besonders hohe Gabe Eures Schöpfers ist, so wißt Ihr auch, daß Euch damit Verpflichtungen erwachsen und eine ungeheuere Verantwortung darin ersteht; denn Ihr sollt mit der Sprache und durch sie in der Schöpfung wirken!

Die Worte, die Ihr formt, die Sätze, bilden Euer äußeres Geschick auf dieser Erde. Sie sind wie Saat in einen Garten, den Ihr um Euch baut; denn jedes Menschenwort gehört zu dem Lebendigsten, was *Ihr* in dieser Schöpfung für Euch wirken könnt.

Das gebe ich Euch heute warnend zu bedenken: es liegt auslösende Veranlagung in jedem Wort, weil alle Worte in den Schöpfungsurgesetzen fest verankert sind!

Ein jedes Wort, das der Mensch bildete, erstand unter dem Drucke höherer Gesetze, muß je nach seiner Anwendung sich formend auswirken in einer ganz bestimmten Art!

Die *Anwendung* liegt in der Hand des Menschen nach seinem freien Wollen, die Auswirkung jedoch vermag er nicht zu meistern, sie wird dem Heiligen Gesetz entsprechend streng gerecht geführt von einer ihm bisher noch unbekannten Macht.

Deshalb kommt bei der Endabrechnung nun ein Wehe über jeden Menschen, der Mißbrauch getrieben hat mit den geheimnisvollen Wirkungen des Wortes!

Wo ist aber *der* Mensch, welcher darin noch *nicht* gesündigt hat! Das ganze irdische Geschlecht hängt tief in dieser Schuld seit Tausenden von Jahren. Was wurde durch die falsche Anwendung der Gabe dieses Sprechendürfens schon für Unheil über diese Erde ausgestreut!

Gift säten alle Menschen durch verderbenbringendes, leichtfertiges Geschwätz. Die Saat ist richtig aufgegangen, kam zu voller Blüte und bringt nun die Früchte, die Ihr ernten müßt, ob Ihr es wollet oder nicht; denn es sind alles Folgen *Eures* Tuns, die Euch nun in den Schoß geworfen werden!

Daß dieses Gift die widerlichsten Früchte bringen *muß*, wird niemand überraschen, der die Gesetze in der Schöpfung kennt, die sich nicht nach dem Menschendünken richten, sondern ruhig ihre großen Wege gehen, unaufhaltsam, ohne Abweichung, seit Urbeginn und unverändert auch in alle Ewigkeit.

Schaut um Euch, Menschen, klar und unbefangen: Ihr *müßt* die selbsttätigen, göttlichen Gesetze des Heiligsten Willens ohne weiteres erkennen, da Ihr ja die Früchte Eurer Aussaat vor Euch habt! Wohin Ihr blickt, dort ist das hochtönende Reden heute an der Spitze stehend, alles führend. Es *mußte* diese Saat mit Schnelligkeit zu solcher Blüte kommen, um nun reifend seinen wahren Kern zu zeigen, womit es als unbrauchbar dann zusammenbricht.

Es *mußte* reifen unter dem erhöhten Drucke aus dem Licht, muß wie in einem Treibhaus in die Höhe schießen, um in seiner Hohlheit jeden Halt verlierend, niederstürzend alles unter sich mit zu begraben, was leichtsinnig vertrauend oder eigensüchtig hoffend unter seinem Schutze sich geborgen wähnte.

Die Zeit der Ernte ist schon angebrochen! Damit fallen alle Folgen falschen Redens nunmehr auf den einzelnen zurück wie auf die ganzen Massen, die solch Reden förderten.

Die Reife für die Ernte bringt es auch *natürlich* mit sich, und es zeigt die strenge Folgerichtigkeit der Auswirkungen göttlicher Gesetze, daß die größten Schwätzer jetzt am Ende auch den stärksten Einfluß und die größte Macht erhalten müssen, als Höhepunkt und Früchte dieser steten falschen Anwendung des Wortes, dessen geheimnisvolles Wirken die törichte Menschheit nicht mehr kennen konnte, weil sie sich dem Wissen davon lange schon verschloß.

Auf die Stimme des warnenden Gottessohnes Jesus hat sie nicht gehört, der schon damals sagte:

»Eure Rede sei Ja oder Nein; denn was darüber ist, das ist vom Übel!«

Es liegt in diesen Worten mehr, als Ihr Euch dachtet; denn sie bergen für die Menschheit Aufbau oder Niedergang!

Ihr habt durch Euren Hang zum vielen und unnützen Reden *Niedergang* gewählt, der Euch bereits geworden ist. Er zeigt Euch vor dem allgemeinen Sturze im Gericht zuletzt auch noch ganz deutlich zur Erleichterung der rettenden Erkenntnis alle Früchte, die Ihr durch die falsche Anwendung des Wortes selbst herbeigezwungen habt.

Die wechselwirkende Gewalt hebt nun die Meister Eurer eignen Sünden an die Spitze, so, daß Ihr davon erdrückt zu werden droht, damit Ihr im Erkennen Euch endlich davon befreit oder daran zugrunde geht.

Das *ist* Gerechtigkeit und Hilfe gleichzeitig, wie sie nur Gottes Wille in seiner Vollkommenheit Euch bieten kann!

Seht Euch doch um! Ihr *müßt* es ja erkennen, wenn Ihr es nur wollt. Und die noch darin zögern, denen wird der Schleier, den sie selbst sich vor die Augen halten, von den Früchten ihres Wollens noch gewaltsam fortgerissen durch noch übleres Erleiden als bisher, damit gesäubert werde diese Erde von dem Drucke Eurer großen Schuld!

Die ganze Menschheit hat daran gewirkt, nicht einzelne allein. Es sind die Blüten alles falschen Tuns vergangener Jahrhunderte, die heute nun für das Gericht in diesen letzten Früchten reifen mußten, um mit dieser Reife zu vergehen.

Das leichtfertige, sinnen- und gedankenlose, immer aber falsche Schwätzen, das gegen die Schöpfungsurgesetze schwingt, mußte sich bis zu der *allgemeinen* Krankheit steigern, die es heute zeigt, und muß nun auch in Fieberschauern wie im Sturm die Früchte abwerfen … sie fallen in der Menschheit Schoß.

Kein Volk ist deshalb zu bedauern, welches nun darunter stöhnen muß und leiden; denn es sind Früchte des *eigenen* Wollens, die genossen werden müssen, auch wenn sie faul und bitter schmecken und Verderben bringen vielen, weil aus Giftsaat auch nur Gift geerntet werden kann. Ich sagte schon, wenn Ihr Disteln säet, kann daraus kein Weizen wachsen!

So kann auch nie aus Hetzreden, Verhöhnungen und Schädigungen Eurer Nebenmenschen irgendwelcher Aufbau sich ergeben; denn jede Art und Weise kann ja *Gleiches* nur gebären, kann auch nur Gleichart anziehen! Dieses Gesetz der Schöpfung dürft Ihr *nie* vergessen! Es wirkt sich *selbsttätig* aus, und alles Menschenwollen kann niemals etwas dagegen tun! Niemals, hört Ihr es wohl? Prägt es Euch ein, damit Ihr immer darauf achtet in Eurem Denken, Reden, Tun; denn daraus sprießt alles und erwächst Euer Geschick! Erhoffet also niemals etwas anderes als immer nur als Frucht die gleiche Art der Saat!

Das ist doch schließlich nicht so schwer, und doch fehlt Ihr gerade darin immer wieder! Die Schmähung kann nur wieder Schmähung bringen, Haß nur Haß und Mord nur Mord. Vornehmheit aber, Frieden, Licht und Freude kann wiederum auch nur aus der *vornehmen* Denkungsart entspringen, niemals anders.

Befreiung und Erlösung liegt nicht im Geschrei der einzelnen und Massen. Ein Volk, das sich von Schwätzern führen läßt, muß unbedingt mit Recht in einen schlechten Ruf, in Not und Tod, in Jammer und in Elend kommen; es wird gewaltsam in den Schmutz gestoßen.

Und wenn die Frucht und Ernte sich bisher so oft noch nicht in *einem* Erdenleben zeigte, sondern erst in späteren, so ist es nunmehr anders; denn die Erfüllung des Heiligen Gotteswillens erzwingt *unmittelbare* Auslösung des sämtlichen Geschehens auf der Erde und damit auch die Lösung aller Schicksale der Menschen und der Völker! Endabrechnung!

Hütet deshalb Euer Wort! Mit Sorgfalt achtet Eurer Rede; denn auch das Menschenwort ist Tat, die allerdings nur in der Ebene der feinen Grobstofflichkeit Formen schaffen kann, welche sich auswirkend in alles Irdische versenken.

Doch wähnet nicht, daß sich Versprechungen nach deren Wortlaute dabei erfüllen und zur Tat gedeihen, wenn der Sprecher nicht die *reinsten* Absichten dabei in seiner Seele trägt, sondern die Worte formen *das*, was aus dem *Innersten des Sprechers* heraus gleichzeitig mit ihnen schwingt. So kann dasselbe Wort zweierlei Auswirkungen bringen, und Wehe dort, wo es nicht wahr in voller Reinheit schwang!

Von Eurem bisherigen Nichtsdarüberwissen nehme ich den Schleier, damit

Ihr bewußt die üblen Folgen nun durchleben könnt und daraus Nutzen ziehet für die Zukunft.

Zur Hilfe gebe ich Euch deshalb noch:

Achtet auf Euer Wort! Eure Rede sei einfach und wahr! Sie birgt in sich nach dem Heiligen Willen Gottes eine Fähigkeit zu formen, aufbauend oder auch verheerend, je nach der Art der Worte und des Sprechers.

Vergeudet diese hohen Gaben nicht, welche Euch Gott so gnadenvoll gewährte, sondern sucht sie richtig zu erkennen in ihrem ganzen Wert. Die Kraft der Rede wurde Euch bisher zum Fluch durch solche Menschen, die als luziferische Trabanten Mißbrauch damit trieben in übler Folge des verbogenen und einseitig gezüchteten Verstandes!

Hütet Euch deshalb vor Menschen, die viel reden; denn mit diesen geht Zersetzung. *Aufbauende* in dieser Schöpfung aber sollt *Ihr* werden, keine Schwätzer!

Achtet auf Euer Wort! Sprecht nicht, nur um zu reden. Und redet nur, wann, wo und wie es nötig ist! Es soll ein Abglanz in dem Menschenworte liegen von dem Gotteswort, das Leben ist und ewig Leben bleiben wird.

Ihr wißt, die ganze Schöpfung schwingt im Wort des Herrn! Gibt Euch das nicht zu denken? Die Schöpfung schwingt in Ihm wie auch Ihr selbst, die Ihr zur Schöpfung ja gehört; denn sie erstand aus Ihm und wird durch dieses Wort gehalten.

Es ist den Menschen klar gekündet worden:

»Im Anfang war das Wort! Und das Wort war bei Gott! Und *Gott* war das Wort!«

Darin ruhet für Euch alles Wissen, wenn Ihr es doch nur schöpfen würdet. Aber Ihr lest darüber hin und achtet dessen nicht. Es sagt Euch deutlich:

Das Wort kam *aus* Gott! Es war und ist ein Teil aus Ihm.

Ein kleiner Abglanz von der Macht des *lebendigen* Gotteswortes, das alles in sich trägt, alles umfaßt, was außerhalb Gottes ist, ein kleiner Abglanz davon liegt auch in dem *Menschenworte!*

Das Menschenwort vermag zwar seine Wirkung nur bis in die Ebenen der feinen Grobstofflichkeit zu versenden, aber das genügt, um Menschen- und auch Völkerschicksale in Rückwirkung zu formen *hier auf Erden!*

Denket daran! Wer vieles redet, steht nur auf dem Boden des verbogenen, einseitig großgezüchteten Verstandes! Das gehet immer Hand in Hand. Daran erkennt Ihr es! Und es sind Worte der irdischen Niederungen, welche niemals aufzubauen fähig sind. Doch das Wort *soll* aufbauen nach dem göttlichen Gesetz. Wo es diesem Gebote nicht gehorcht, dort kann es nur das Gegenteil erzeugen.

Achtet deshalb stets auf Euer Wort! Und *steht* zu Eurem Wort! Es soll der rechte Weg dazu Euch noch gelehret werden in dem Aufbaue des Reiches Gottes hier auf Erden.

Ihr müßt die Kraft der Worte erst erkennen lernen, die Ihr so leichtfertig und spielerisch bisher entwertet habt.

Denkt nur einmal an das Heiligste Wort, das Euch gegeben ist, an das Wort: GOTT!

Ihr sprecht sehr oft von Gott, *zu* oft, als daß darin noch *jene* Ehrfurcht klingen könnte, die erkennen läßt, daß Ihr dabei das Rechte auch *empfindet,* die Ehrfurcht, welche Euch das hohe Wort in andachtsvoller Hingabe nur *flüstern* läßt, um es vor jeder Art Entweihung sorgfältig zu schützen.

Aber was habt Ihr Menschen aus dem Heiligsten aller Begriffe in dem Wort gemacht! Statt Euren Geist für diesen hehrsten Ausdruck demutsvoll und freudig zu bereiten, daß er sich dankbar öffne einer unsagbaren Strahlungskraft der wesenlosen Lichterhabenheit wirklichen Seins, die Euch wie aller Kreatur zu atmen erst gewährt, erkühntet Ihr Euch, ihn herabzuziehen in die Niederungen Eures kleinsten Denkens, spielerisch ihn zu verwenden als ein Alltagswort, welches in Euren Ohren dadurch nur zu leerem Schall sich bilden mußte und so in Euren *Geist* nicht Eingang finden kann.

Es ist dann selbstverständlich, daß sich dieses höchste aller Worte anders auswirkt als bei denen, welche es in rechter Ehrfurcht und Erkenntnis flüstern.

Achtet deshalb *aller* Worte; denn sie bergen für Euch Freude oder Leid, sie bauen auf oder zersetzen, sie bringen Klarheit, können aber auch verwirren, je nach der Art, *wie* sie gesprochen sind und angewendet werden.

Ich will Euch später auch Erkenntnis *dafür* geben, so daß Ihr *danken* könnt mit *jedem* Wort, das Euch der Schöpfer jetzt zu sprechen noch gewährt! Dann sollet Ihr auch irdisch glücklich sein, Friede wird herrschen hier auf dieser bisher unruhigen Erde.

DAS WEIB DER NACHSCHÖPFUNG

Mit diesen Worten ist die wundeste Stelle in der Nachschöpfung berührt. *Der* Punkt, welcher der größten Änderung bedarf, der nachhaltigsten Reinigung.

Wenn sich der Mann der Nachschöpfung zum Sklaven seines eigenen Verstandes machte, so frevelte die Frau weit mehr.

Mit größter Feinheit der Empfindungen gerüstet, sollte sie sich spielend aufschwingen zur Reinheit lichter Höhen und die Brücke bilden für die ganze Menschheit zu dem Paradies. *Das Weib!* Fluten des Lichtes sollten es durchfließen. Die ganze körperliche, grobstoffliche Anlage ist darauf eingestellt. Die Frau braucht nur ehrlich zu wollen, und alle Nachkommen aus ihrem Schoße *müssen* stark geschützt von Lichtkraft schon vor der Geburt umgeben sein! Es wäre gar nicht anders möglich, da jede Frau in ihrem Reichtum an Empfindung fast ganz allein die Geistesart der Frucht bedingen kann! Deshalb bleibt sie in *erster* Linie verantwortlich für alle Nachkommen!

Sie ist auch sonst noch reich beschenkt durch unbegrenzte Einflußmöglichkeiten auf das ganze Volk, ja, auf die ganze Nachschöpfung. Ihr Ausgangspunkt der stärksten Kraft ist für sie Heim und Herd! Nur dort liegt ihre Stärke, ihre unbegrenzte Macht, nicht aber in dem öffentlichen Leben! Im Heime und in der Familie wird sie durch ihre Fähigkeiten Königin. Vom stillen, trauten Heime aus reicht ihre einschneidende Wirksamkeit durchs ganze Volk der Gegenwart und Zukunft, greift in alles ein.

Nichts ist, wo nicht ihr Einfluß unbedingt zur Geltung kommen kann, wenn sie *dort* steht, wo die ihr innewohnenden *weiblichen* Fähigkeiten voll zur Blüte sich entfalten. Doch nur, wenn die Frau wirklich *weiblich* ist, erfüllt sie die Bestimmung, die ihr von dem Schöpfer zugewiesen ist. Dann ist sie ganz, was sie sein kann und soll. Und nur die echte Weiblichkeit erzieht wortlos den Mann, der Himmel stürmen möchte, gestützt durch dieses stille Wirken, das ungeahnte Macht enthält. Dieser wird dann aus innerer Natürlichkeit heraus die echte Weiblichkeit zu schützen suchen, gern und freudig, sobald sie nur erst *echt* sich zeigt.

Doch die heutige Frauenwelt tritt ihre eigentliche Macht und ihre hohe Aufgabe mit Füßen, geht blind daran vorüber, zertrümmert frevelnd alle Heiligtümer, die sie in sich trägt, und wirkt statt aufbauend zersetzend, als das schlimmste aller Gifte in der Nachschöpfung. Sie stößt den Mann und auch die Kinder mit sich in die Tiefe.

Seht Euch das Weib von heute an! Laßt einmal einen Strahl des Lichtes auf sie fallen mit der ganzen Unerbittlichkeit und Nüchternheit, die stets Begleitbedingungen der Reinheit sind.

Ihr werdet schwerlich noch die hohen Werte echter Weiblichkeit erkennen, in denen jene reine Macht entfaltet werden kann, welche allein der feineren Empfindsamkeit der Weiblichkeit gegeben ist, damit sie nur zum *Segen* angewendet werden soll.

Ein Mann kann diese durchgreifende Art niemals entfalten. Das stille Weben jener unsichtbaren Kraft, welche der Schöpfer durch das Weltall gehen läßt, erfaßt *zuerst* und voll *das Weib* mit seinem zarteren Empfinden. Der Mann empfängt sie nur teilweise und setzt sie in Taten um.

Und wie die lebendige Kraft des Schöpfers allen Menschen unsichtbar verbleibt, während sie doch das ganze Weltall hält, ernährt, bewegt und treibt, *so* ist das Weben jeder echten Weiblichkeit gewollt; *dafür* ist sie geschaffen, *das* ist ihr hohes, reines, wunderbares Ziel!

Der Ausdruck »schwaches Weib« ist lächerlich zu sagen; denn das Weib ist seelisch stärker als ein Mann. Nicht in sich selbst, sondern durch seine engere Verbindung mit der Schöpfungskraft, die ihm die zartere Empfindungsfähigkeit gewährt.

Und das ist aber nun gerade das, was die Frau heute zu verbergen sucht; sie gibt sich Mühe, es zu verrohen oder ganz zu unterdrücken. In grenzenloser Eitelkeit und Dummheit gibt sie das Schönste und Wertvollste hin, was ihr gegeben war. Sie macht sich dadurch zu einer vom Lichte Ausgestoßenen, welcher der Weg zurück verschlossen bleiben wird.

Was sind nun dadurch diese Nachbildungen einer königlichen Weiblichkeit geworden! Mit Grauen muß man sich von ihnen wenden. Wo sieht man bei der Frau von heute noch die echte Scham, als zarteste Empfindung *edler* Weiblichkeit. Sie ist so wild verzerrt, daß sie der Lächerlichkeit preisgegeben werden muß.

Die Frau von heute schämt sich zwar, ein langes Kleid zu tragen, wenn die Mode kurz vorschreibt, sie schämt sich aber nicht, bei Festlichkeiten nahezu dreiviertel ihres Körpers zu entblößen, ihn den Blicken aller darzubieten. Und dabei selbstverständlich nicht den Blicken nur, sondern beim Tanzen unausbleiblich auch den Händen! Bedenkenlos würde sie auch noch mehr enthüllen, wenn es die Mode will, wahrscheinlich nach den jetzigen Erfahrungen auch alles!

Das ist nicht zuviel gesagt. Wir hatten davon ja des Schmachvollen bisher genug. Es war kein falsches, sondern leider nur zu wahres Wort, wenn da gesagt wurde: »Die Frau beginnt sich *an*zuziehen, um zur Nachtruhe zu gehen!«

Zarte Empfindungen bedingen außerdem auch Schönheitssinn! Unzweifelhaft. Wenn man aber jetzt noch die weiblichen Empfindungszartheiten darnach bewerten will, so ist es schlecht damit bestellt. Die Art der Kleider kündet doch wohl oft und laut genug das Gegenteil, und diese dünnbestrumpften Beine einer Frau oder gar Mutter sind sehr schlecht mit Weibeswürde zu vereinen. Der Bubikopf, moderner Frauensport verunstalten nicht minder echte Weiblichkeit! Koketterie ist dann die unausbleibliche Gefolgschaft eitler Modenarrheiten, die an Gefahren für den Körper und die Seele wirklich nichts zu wünschen übriglassen, nicht zum Kleinsten auch für das schlichte Familienglück. So manche Frau zieht oft genug grobe und eigentlich beleidigende Schmeichelei von irgendeinem Nichtstuer dem treuen Wirken ihres Ehemannes vor.

So könnte viel, noch sehr viel als sichtbares Zeugnis angeführt werden, daß eine Frau von heute für ihre *eigentliche* Aufgabe in dieser Nachschöpfung verloren ist! Und damit alle hohen Werte, die ihr anvertraut wurden und über die sie nunmehr Rechenschaft zu geben hat. Fluch diesen inhaltlosen Menschen! Sie sind nicht etwa Opfer der Verhältnisse, sondern sie zwangen die Verhältnisse herbei.

Die großen Fortschrittsreden ändern daran nichts, daß diese Fortschrittseiferer mit ihren treuen Nachfolgern nur tiefer, immer tiefer sinken. Sie alle haben ihre eigentlichen Werte schon verschüttet. Der größte Teil der Frauenwelt verdient nicht mehr, den Ehrennamen Weib zu führen! Und Männer können sie nie vorstellen noch werden, so bleiben sie zuletzt nur Drohnen in der Nachschöpfung, die ausgerottet werden müssen nach den unabbiegbaren Gesetzen der Natur.

Die Frau steht in der Nachschöpfung am wenigsten von allen Kreaturen auf dem Platze, an dem sie stehen sollte! Sie ist in ihrer Art die traurigste Gestalt geworden aller Kreaturen! Sie *mußte* ja verfaulen an der Seele, da sie leichtfertig ihr edelstes Empfinden, ihre reinste Kraft äußerer, lächerlicher Eitelkeit opfert und dadurch der Bestimmung ihres Schöpfers lachend höhnt. Rettung ist bei solcher Oberflächlichkeit versagt; denn Worte würden die Frauen verwerfen oder überhaupt nicht mehr verstehen und erfassen können.

So muß erst aus den Schrecknissen heraus das neue, wahre Weib erstehen, welches die Mittlerin wird und damit auch den Grund zu geben hat für neues, gottgewolltes Leben und Menschenwirken in der Nachschöpfung, die dann von Gift und Fäulnis frei geworden ist!

ERGEBENHEIT

»Dein Wille geschehe!« An Gott glaubende Menschen sprechen diese Worte in Ergebenheit! Eine gewisse Wehmut schwingt dabei aber stets in ihren Stimmen oder liegt in den Gedanken, den Empfindungen. Fast ausschließlich werden diese Worte dort verwendet, wo *Leid* eingezogen ist, das *unabwendbar* blieb. Dort, wo der Mensch erkennt, daß er nichts mehr dagegen tun konnte.

Dann spricht er, wenn er gläubig ist, in tatloser Ergebenheit: *»Dein Wille geschehe!«*

Es ist aber nicht Demut, die ihn also sprechen läßt, sondern die Worte sollen Selbstberuhigung verschaffen einer Sache gegenüber, wo er machtlos war.

Das ist der Ursprung der Ergebenheit, welche der Mensch in solchem Fall zum Ausdruck bringt. Wäre ihm jedoch die kleinste Möglichkeit geboten, etwas daran abzuändern, so würde er nicht nach dem Willen Gottes fragen, sondern die Ergebung wäre schnell wieder geändert in die Form: *»Mein* Wille geschehe!«

So ist der Mensch! – – –

»Herr, wie Du willst, so mach's mit mir!« und ähnliche Gesänge sind bei Beerdigungen oft zu hören. Im Inneren trägt aber jeder leidtragende Mensch das unerschütterliche Wollen: »Wenn ich es ändern könnte, würde ich es sofort tun!«

Die menschliche Ergebenheit ist *niemals* echt. In tiefsten Gründen einer Menschenseele liegt das Gegenteil verankert. Aufbäumen gegen das Geschick, das sie betrifft, und gerade dieses Aufbegehren läßt es ihr zum Leide werden, das sie »niederdrückt« und beugt.

Das Ungesunde in diesem Geschehen liegt in falscher Anwendung des Sinnes dieser Worte: »Dein Wille geschehe!« Sie gehören nicht dorthin, wo Mensch und Kirchen sie verwenden.

Der Wille Gottes liegt in den Gesetzen dieser Schöpfung! Sobald der Mensch nun sagt: »Dein Wille geschehe!«, so ist das gleichbedeutend mit der

Versicherung: »Ich will Deine Gesetze in der Schöpfung achten und befolgen!« Achten heißt *be*achten, beachten aber verlangt, darnach zu leben! Nur so kann der Mensch den Willen Gottes achten!

Wenn er ihn aber beachten, wenn er darnach leben will, so muß er ihn in erster Linie auch *kennen!*

Das ist aber gerade jener Punkt, an dem die Erdenmenschheit sich in ärgster Art verging! Der Mensch kümmerte sich bisher niemals um die Gesetze Gottes in der Schöpfung! Also nicht um den Heiligen Willen Gottes! Und doch spricht er immer und immer wieder: »Dein Wille geschehe!«

Ihr seht, wie gedankenlos der Erdenmensch Gott gegenübertritt! Wie sinnlos er die hohen Christusworte anzubringen sucht. Winselnd, oft in Leid sich windend, als Geschlagener sich fühlend, aber nie in freudigem Geloben!

»Dein Wille geschehe«, sagt in Wirklichkeit: »Ich will darnach wirken« oder: »Ich will Deinen Willen!« Ebensogut kann auch gesagt werden: »Ich will Deinem Willen gehorchen!«

Doch wer gehorcht, *tut* auch etwas. Ein Gehorchender ist nicht untätig, das liegt schon in dem Worte selbst. Der Gehorchende *führt etwas aus.*

Sowie der Mensch von *heute* aber spricht: »Dein Wille geschehe!«, so will er *selbst nichts tun*, sondern legt in sein Empfinden den Sinn: »Ich halte still, *mach Du es!«*

Darin fühlt er sich groß, glaubt sich selbst überwunden zu haben und »aufzugehen« in dem Willen Gottes. Der Mensch dünkt sich damit sogar erhaben über alle, glaubt einen ungeheueren Aufschwung getan zu haben.

Alle diese Menschen sind aber unbrauchbare Schwächlinge, Nichtstuer, Schwärmer, Phantasten und Fanatiker, doch keine brauchbaren Glieder in der Schöpfung! Sie zählen unter die, welche bei dem Gericht verworfen werden müssen; denn sie wollen keine *Arbeiter* sein in dem Weinberge des Herrn! Die Demut, deren sie sich rühmen, ist nur Trägheit. Sie sind faule Knechte!

Leben verlangt der Herr, das in *Bewegung* liegt! –

Ergebung! Das Wort soll es für Gottgläubige gar nicht geben! Setzt nur an dessen Stelle »frohes Wollen«! Gott will nicht stumpfe Ergebenheit von den Menschen, sondern freudiges Wirken!

Seht Euch die sogenannten »Gottergebenen« erst einmal richtig an. Es sind Heuchler, welche eine große Lüge in sich tragen!

Was nützet ein ergebungsvoller Blick nach oben, wenn dieser Blick gleichzeitig listig, lüstern, hochmütig und eingebildet, boshaft in seine Umgebung schaut! So etwas macht nur *doppelt* schuldig.

Die Ergebenen tragen die Lüge in sich; denn Ergebenheit vereinbart sich niemals mit »Geist«! Also auch nicht mit einem Menschengeist! Alles, was »Geist« ist, kann die Fähigkeit wahrer Ergebenheit gar nicht in sich zum Leben bringen! Wo es versucht wird, muß es künstlich bleiben, Selbsttäuschung also oder gar bewußte Heuchelei! Doch niemals kann es echt empfunden sein, weil es der Menschengeist als geistig seiend nicht vermag. Der Druck, unter dem der Menschengeist steht, läßt die Fähigkeit einer Ergebenheit nicht zum Bewußtsein kommen, er ist zu stark dazu. Und deshalb kann der Mensch sie auch nicht ausüben.

Ergebenheit ist eine Fähigkeit, die nur im Wesenhaften liegt! Zum Ausdruck kommt sie echt seiend nur bei dem Tier. Das *Tier* ist seinem Herrn ergeben! Der Geist aber kennt die Bezeichnung nicht! Deshalb bleibt sie auch *immer* unnatürlich für den Menschen.

Den Sklaven wurde die Ergebenheit mit Mühe und mit Strenge anerzogen, weil sie den Tieren gleichgewertet waren im Verkauf und Kauf, als ein persönlicher Besitz. Doch wirklich echt vermochte die Ergebenheit in diesen Sklaven nie zu werden. Entweder war es Stumpfheit, Treue oder Liebe, welche sich unter der Ergebenheit verbarg und sie zum Ausdruck brachte, nie wahrhaftige Ergebenheit. Das Sklaventum ist unter Menschen unnatürlich.

Die Ergebenheit des Wesenhaften findet ihre Steigerung im Geistigen in der bewußten und gewollten Treue! Was also in dem Wesenhaften die Ergebenheit bedeutet, ist in dem Geistigen die Treue!

Ergebenheit geziemt dem Menschen nicht; weil er vom Geiste ist! Achtet nur aufmerksamer auf die Sprache selbst, sie drückt in ihren Worten schon das Rechte aus, trägt wahren Sinn in sich. Gibt Euch das rechte Bild.

»Ergib Dich!« spricht zum Beispiel auch der Sieger zum Besiegten. In diesen Worten liegt der Sinn: »Liefere Dich mir aus, auf Gnade und Ungnade, also bedingungslos, so daß ich über Dich verfügen kann nach meinem Sinn, auch über Leben oder Tod!«

Der Sieger aber handelt darin unrecht; denn der Mensch hat sich auch in dem Siege nach den Gottgesetzen streng zu richten. Mit jeder Unterlassung darin macht er sich sonst schuldig vor dem Herrn. Die Wechselwirkung trifft ihn dann gewiß! Es ist so in dem einzelnen wie auch bei ganzen Völkern!

Und jetzt ist die Zeit da, wo sich nun alles, alles lösen muß, was bisher in der Welt geschah! Was Unrecht war, was *heute* vorgeht auf der Erde, *es bleibt nicht ein Wort ungesühnt!*

Diese Sühne ist nicht einer späten Zukunft vorbehalten, sondern schon der *Gegenwart!*

Das *schnelle* Lösen *aller* Wechselwirkungen ist nun nicht etwa dem Schöpfungsgesetz entgegenstehend, sondern es liegt ganz richtig im Gesetze selbst.

Der Gang des Räderwerkes wird zur Zeit beschleunigt durch die verstärkte Lichtstrahlung, die Endauswirkungen erzwingt, indem sie vorher alles steigert bis zur Frucht und Überreife, damit das Falsche darin selbst zerfällt und absterbend sich richtet, während Gutes frei wird von dem bisherigen Druck des Falschen und erstarken kann!

In naher Zeit verstärkt sich diese Strahlung so, daß in sehr vielen Fällen eine Wechselwirkung *sofort* kommt, *unmittelbar!*

Das ist die Macht, welche die Erdenmenschen bald erschrecken wird, und die sie dann in Zukunft fürchten müssen! Aber nur *die* haben mit Recht zu fürchten, welche *Unrecht* taten. Ob sie sich dabei selbst im Rechte fühlten oder andere es glauben machen wollten, rettet sie nicht vor dem Schlag der Wechselwirkung, welche in den *Gottgesetzen* wirkt!

Auch wenn die Menschen andere Gesetze auf der Erde sich erdachten, unter deren Schutze viele irrig, unrecht handeln in dem Wahne, daß sie damit auch im Rechte sind, es entlastet sie nicht um ein Stäubchen ihrer Schuld.

Die Gottgesetze, also Gottes Wille, kümmern sich nicht um die Anschauungen dieser Erdenmenschen, die sie in den Erdgesetzen niederlegten, auch wenn die ganze Welt sie jetzt für recht empfand. Was nicht den Gottgesetzen gemäß ist, dorthin trifft auch der Schlag des Schwertes nun! In der Auslösung richtend!

Freuen können sich nun alle die, so nach den Gottgesetzen *unschuldig* gelitten haben unter Menschen; denn sie werden nunmehr Recht erhalten, während ihre Widersacher oder Richter überliefert sind der Gottgerechtigkeit.

Freuet Euch; denn diese Gottgerechtigkeit ist nahe! Sie wirkt bereits in allen Landen auf der Erde! Seht Euch die Wirren an! Sie sind die Folgen des *nahenden* Gotteswillens! Es ist die einsetzende Reinigung!

Aus diesem Grunde lebt sich *jetzt* schon alles in sich tot, was falsch unter den Menschen ist, in Wirtschaft, Staat, der Politik, den Kirchen, Sekten, Völkern, den Familien und auch im Einzelmenschen! Alles, alles wird jetzt vor das Licht gezerrt, *daß es sich zeige* und *gleichzeitig darin richte!* Auch das, was bisher noch verborgen ruhen konnte, es *muß* sich zeigen, wie es *wirklich* ist, muß sich betätigen und so zuletzt an sich und anderen verzweifeln, in sich zerfallen und zerstäuben.

So brodelt es unter dem Drucke des Lichtes heute schon in allen Landen, allerorten. Jede Not wächst an, bis die Verzweiflung kommt und endlich nur noch Hoffnungslosigkeit verbleibt mit dem Bewußtsein, daß die Rettenwollenden *nur leere Worte* hatten neben selbstsüchtigen Wünschen, aber keine Hilfe bringen konnten! Geistige Streiter brausen über alle Köpfe hin und schlagen scharf, wo sich ein Kopf nicht beugen will.

Dann ersteht erst rechter Boden, der wiederum um *Gottes* Hilfe fleht! Nach Mord und Brand, Hunger, Seuchen und Tod, nach dem Erkennen eigener Unfähigkeit.

Der große Aufbau setzet ein.

Frei sollen die Zerbrochenen dann werden, frei vom Druck des Dunkels! Sie sollen aber frei auch werden *in sich selbst!* Frei in sich selbst werden aber kann ein jeder nur *allein.* Doch dazu muß er wissen, was Freiheit bedeutet, was sie *ist.*

Frei ist nur der Mensch, der in den Gesetzen Gottes lebt! So und nicht anders steht er unbedrückt und unbeengt in dieser Schöpfung. Alles hilft ihm dann, anstatt sich in den Weg zu legen. Es »dienet« ihm, weil er es in der rechten Weise nützt.

Gottes Gesetze in der Schöpfung sind in Wirklichkeit nur alles das, was jeder Mensch zu dem gesunden, frohen Leben in der Schöpfung nötig hat. Sie sind ihm gleichsam Nahrung für das Wohlbefinden! Nur wer den Gotteswillen kennt und darnach lebt, ist wirklich frei! Ein jeder andere muß sich in viele Fäden der Gesetze dieser Schöpfung binden, da er sich selbst hinein verwickelt.

Die Schöpfung ist im Gotteswillen erst erstanden, in seinen Gesetzen. Gemeinsam wirkend, senken sich diese Gesetzesfäden immer tiefer und erzwingen überall Bewegung zur Entwickelung, verzweigen sich in der Entwickelung notwendig selbst auch immer mehr und mehr, während sich um die Fäden in der laufenden Bewegung dauernd neue Schöpfung formt. So geben die Gesetze gleichzeitig den Halt, Bestehensmöglichkeit und Weiterausbreitung der Schöpfung.

Nichts ist ohne diesen Gotteswillen, der allein Bewegung gibt. Alles in der Schöpfung richtet sich darnach.

Der Menschengeist allein hat sich *nicht* eingefügt in diese Fäden! Er verwirrte sie, und damit sich, da er nach *seinem* Willen neue Wege gehen wollte und die fertigen, bestehenden nicht achtete.

Die Lichtverstärkung bringt darin nun Änderung. Die Fäden aller Gottgesetze in der Schöpfung werden mit verstärkter Kraft geladen, daß sie sich machtvoll spannen. Durch diese ungeheuere Anspannung schnellen sie zurück in ihre ursprüngliche Lage. Dabei wird das Verwirrte und Verknotete entwirrt mit einer Plötzlichkeit und Unaufhaltsamkeit, daß das Geschehen einfach niederreißt, was in der Schöpfung nicht der rechten Lage sich noch anzupassen fähig ist!

Was es auch sei, ob Pflanze oder Tier, ob Berge, Ströme, Länder, Staaten oder Mensch, es bricht zusammen, was sich nicht im letzten Augenblick als echt und gottgewollt erweisen kann!

TRÄGHEIT DES GEISTES

IRDISCH erkennbar dröhnen nun die Schläge der Weltenuhr die zwölfte Stunde durch das All! Bang hält die Schöpfung ihren Atem an, furchtsam duckt sich alle Kreatur; denn *Gottes* Stimme schwingt herab und fordert! Fordert Rechenschaft von Euch, die Ihr in dieser Schöpfung leben durftet!

Ihr habt das Lehen schlecht verwaltet, das Euch Gott in Liebe überließ. Ausgestoßen werden nunmehr alle Knechte, die an *sich* nur dachten, nie an ihren Herrn! Und alle die, welche sich selbst zum Herrn zu machen suchten. –

Ihr Menschen stehet scheu vor meinen Worten, denn Ihr sehet Strenge nicht als göttlich an! Doch dies ist *Eure* Schuld allein, weil Ihr Euch alles Göttliche, alles von Gott Herabkommende bisher weichlich liebend und alles vergebend dachtet, da die Kirchen es Euch also lehrten!

Diese falschen Lehren aber waren nur verstandesmäßige Berechnungen, welche als Ziel den Massenfang der Erdenmenschenseelen in sich trugen. Zu jedem Fange braucht man einen Köder, welcher anziehend auf alles wirkt, auf das es abgesehen ist. Die rechte Auswahl eines Köders ist die Hauptsache für jeden Fang.

Da dieser nun den *Menschenseelen* galt, wurde geschickt mit *deren* Schwächen ein Plan aufgebaut. Das Lockmittel mußte der Hauptschwäche entsprechen! Und diese Hauptschwäche der Seelen war Bequemlichkeit, die Trägheit ihres Geistes!

Die Kirche wußte ganz genau, daß der Erfolg für sie groß werden mußte, sobald sie *dieser* Schwäche weit entgegenkam und nicht etwa verlangte, daß sie abzulegen sei!

Mit dieser richtigen Erkenntnis zimmerte sie den Erdenmenschen einen breiten und bequemen Weg, der angeblich zum Lichte führen sollte, hielt ihn lockend diesen Erdenmenschen vor, die lieber ein Zehntel ihrer Arbeitsfrüchte gaben, auf den Knien lagen, hundertfach Gebete murmelten, als auch *nur einen Augenblick sich geistig* zu bemühen!

Die Kirche nahm ihnen die Geistesarbeit deshalb ab, vergab auch alle Sünden, wenn die Menschen ihr irdisch und äußerlich gehorsam waren und ausführten, was *die Kirche* irdisch von ihnen verlangte!

Sei es nun in den Kirchbesuchen, Beichten, in der Anzahl von Gebeten, in den Abgaben oder in den Geschenken und Vermächtnissen, gleichviel, die *Kirche* war damit zufrieden. Sie ließ die Gläubigen in einem Wahne, daß für alles, was sie für die *Kirche* gaben, ihnen auch ein Platz im Himmelreich erstand.

Als ob die Kirche diese Plätze zu vergeben hätte!

Die Leistungen und der Gehorsam aller Gläubigen aber verbindet diese nur *mit ihrer Kirche,* nicht mit ihrem Gott! Die Kirche oder deren Diener können einer Menschenseele nicht ein Stäubchen ihrer Schuld abnehmen oder gar vergeben! Ebensowenig wie sie eine Seele heilig sprechen dürfen, um damit einzugreifen in vollkommene, ewige Schöpfungsurgesetze Gottes, welche unverrückbar sind!

Wie können *Menschen* es wagen, über Dinge abzustimmen und auch zu entscheiden, welche in der Allmacht, der Gerechtigkeit und der Allweisheit Gottes ruhen! Wie dürfen Erdenmenschen ihren Nebenmenschen derartiges glaubhaft machen wollen! Und nicht geringer frevelhaft ist es von Erdenmenschen, solche Anmaßungen gläubig hinzunehmen, die so deutlich nur Herabzerrung der Größe Gottes in sich tragen!

Derartig Unglaubliches kann nur bei den gedankenlosen Herdenmenschen möglich werden, die sich durch solches Tun einen Erkennungsstempel größter Geistesträgheit geben; denn einfachstes Nachdenken muß jedermann sofort und leicht erkennen lassen, daß solche Anmaßungen nicht einmal mit Menschheitsdünkel oder Größenwahn erklärbar sind, sondern daß darin schwere Gotteslästerungen liegen!

Unheimlich muß die Wechselwirkung werden!

Die Zeit der Langmut Gottes ist nun auch vorüber. Heiliger Zorn schlägt in die Reihen dieser Frevler ein, welche die Erdenmenschheit damit zu betören suchen, um ihr Ansehen zu steigern und zu wahren, während sie in sich genau empfinden, daß es sich hierbei um Dinge handelt, zu denen aufzuschwingen sie niemals berechtigt werden können!

Wie dürfen sie verfügen über das Reich Gottes in der Ewigkeit? Der Strahl göttlichen Zornes wird sie auferwecken aus dem unerhörten Geistesschlafe über Nacht und . . . *richten!*– – –

Was gibt ein Mensch mit dem Kirchengehorsam seinem Gott! Er hat dabei in sich nicht einen einzigen, *natürlichen* Empfindungsdrang, der ihm allein aufwärts zu helfen fähig ist.

Ich sage Euch, die Menschen können Gott in Wirklichkeit nur dienen mit gerade *dem*, was durch die Kirchen *nicht* zum Leben kam: mit dem *eigenen* Denken, *selbständigen* Prüfen! Ein jeder hat *allein* die Mühlen zu durchwandern, das Räderwerk der göttlichen Gesetze in der Schöpfung. Und deshalb ist es nötig, daß *ein jeder selbst* die Art der Mühlen und den Gang derselben kennenlernt zu rechter Zeit.

Gerade das aber haben so manche Kirchen vorenthalten in Beharrlichkeit, damit die Gläubigen nicht zu dem notwendigen *eigenen* Nachdenken und Empfinden kommen konnten. Dadurch beraubten sie den Menschen jenes Stabes, der allein ihn ungefährdet führen kann und lichtwärts lenkt, und suchten dafür jedem Menschen eine Deutung aufzuzwingen, die in Befolgung nur der *Kirche* Nutzen bringen mußte. Nutzen, Einfluß und Macht!

Nur mit *Regewerden des eigenen Geistes* können Menschenseelen ihrem Schöpfer dienen! Damit in erster Linie aber gleichzeitig auch sich selbst. Allein ein Menschengeist, der hell und wach in dieser Schöpfung steht, bewußt ihrer Gesetze, sich diesen einfügt in dem Denken und dem Tun, *der* ist Gott wohlgefällig, weil er dann den Daseinszweck damit erfüllt, den jeder Menschengeist in dieser Schöpfung trägt!

Das aber liegt niemals in den Gebräuchen, die die Kirchen von den Gläubigen verlangen! Denn diesen fehlt Natürlichkeit und freie Überzeugung, Wissen, als *Haupterfordernis* des wahren Gottesdienens! Es fehlt die Frische und die Freude, hilfreich alle Kreatur zu fördern, deren Seelen aufjauchzen zu lassen in dem Glücke des Bewußtseins, mitwirken zu können an der Schönheit dieser Schöpfung, als ein Stück von ihr, dem Schöpfer *damit* dankend und ihn ehrend!

Statt frohe, freie Gottverehrer hat die Kirche Kirchensklaven sich erzogen! In der Menschheit freien Aufblick hat sie *sich* geschoben! Damit wahres Licht verdunkelnd. Hat die Menschengeister nur gebunden und geknebelt, anstatt zu erwecken, zu befreien. Sie hat die Geister frevelnd in dem Schlaf verhalten, unterdrückt, das Wissenwollen und das Wissen selbst ihnen verwehrt mit Vorschriften, welche dem Gotteswillen widersprechen, ihm entgegenstehen! Dies alles, um *eigene* Macht sich zu erhalten.

Wie die Kirchen schon früher vor dem Quälen, Foltern, vor dem Morde nicht zurückschreckten in vielfältiger Art, so scheuen sie sich heute nicht, Mitmenschen zu verleumden, ihnen Übles nachzureden, deren Ansehen zu untergraben, gegen sie zu hetzen, ihnen alle zugänglichen Hemmungen auf ihren Weg zu legen, wenn diese sich nicht in die Schar der Kirchensklaven willig einreihen wollen! Sie wirken mit den unlautersten Mitteln nur für *ihren* Einfluß, *ihre* Erdenmacht.

Gerade dieses kommt nun in der Wechselwirkung auch zuerst ins Wanken und zum Stürzen; denn es ist das Gegenteil von dem, wie *Gott* es will! Es zeigt, wie weit entfernt sie davon sind, *Gott* demütig zu dienen! –

Endlose Scharen ließen sich durch Lockung zugelassener Trägheit des Geistes hinziehen zum einschläfernden Schoß der Kirchen! Der frevelhafte Wahn billiger Sündenablösung wurde geglaubt, und mit den geistesträgen Mengen mehrte sich der Erdeneinfluß mit dem Endziel einer Erdenmacht! Die Menschen sahen nicht, daß mit der falschen Anschauung und Lehre jede Heilige Gerechtigkeit des Allmächtigen Gottes verdunkelt wurde und beschmutzt, sie sahen nur den damit vorgetäuschten breiten und bequemen Weg zum Lichte, welcher in Wirklichkeit gar nicht besteht! Er führt in dem willkürlichen Vergebungswahne zu dem Dunkel und zu der Vernichtung!

Die gottfeindliche Selbstherrlichkeit aller Kirchen trennt ihre Gläubigen von Gott, anstatt sie zu ihm hinzuführen. Die Lehren waren falsch! Doch das hätten die Menschen *selbst* und leicht erkennen müssen, da sie dem einfachsten Empfinden von Gerechtigkeit ja deutlich widersprechen! Und deshalb sind die Kirchengläubigen *genau so schuldig* wie die Kirchen selbst!

Die Kirchen verkünden in den Worten Christi aus dem Evangelium Johannes':

»Wenn aber jener, der Geist der Wahrheit, kommen wird, der wird Euch in alle Wahrheit leiten. Und wenn derselbige kommt, der wird die Welt strafen um der Sünde und um der Gerechtigkeit willen! Und wird bringen das Gericht. Ich aber gehe zum Vater und Ihr werdet mich hinfort nicht sehen. Ich bin vom Vater ausgegangen und kommen in die Welt. Wiederum verlasse ich die Welt und gehe zum Vater!«

Verständnislos werden die Worte in den Kirchen vorgelesen; denn es wird von dem Gottessohne ja ganz klar gesagt, daß ein *anderer* kommt als er, die Wahrheit zu verkünden und das Gericht zu bringen. Der Geist der Wahrheit, welcher ist das lebendige Kreuz! Und doch lehrt die Kirche auch hierin falsch und gegen diese klaren Worte.

Trotzdem auch Paulus einst an die Korinther schrieb: »*Unser* Wissen ist Stückwerk. Wenn aber kommen wird das Vollkommene, so wird das Stückwerk aufhören!«

Darin zeigt der Apostel, daß das Kommen dessen, der die vollkommene Wahrheit künden wird, erst zu erwarten ist und des Gottessohnes Verheißung darüber nicht auf die bekannte Ausgießung der Kraft des Heiligen Geistes bezogen werden soll, die damals bereits vorüber war, als Paulus diese Worte schrieb.

Er bezeugt damit, daß die Apostel diese Kraftausgießung *nicht* für die Erfüllung der Sendung des Trösters, des Geistes der Wahrheit, hielten, wie es jetzt im Pfingstfest sonderbarerweise viele Kirchen und Gläubige auszulegen suchen, weil ihnen diese Dinge anders nicht in ihren Glaubensaufbau passen, sondern eine Lücke bilden würden, die bedenkliche Erschütterungen dieses falschen Baues bringen müßte.

Doch es nützet ihnen nichts; denn die Zeit der Erkenntnis alles dessen ist nun da und alles Falsche stürzt!

Bisher konnte der Menschheit noch kein wahres Pfingsten werden, die Erkenntnis in der Geisterweckung konnte ihr nicht kommen, da sie sich so vielen falschen Deutungen ergab, an denen namentlich die Kirchen großen Anteil haben!

Es wird ihnen nichts nachgelassen an der großen Schuld! –

Nun steht Ihr Menschen staunend vor dem neuen Wort, und viele von Euch sind gar nicht mehr fähig zu erkennen, daß es aus den lichten Höhen kommt, weil es so anders ist, als Ihr Euch eingebildet habt! Lebt doch auch noch in Euch zum Teil die zähe Schläfrigkeit, in die Euch Kirchen und die Schulen hüllten, damit Ihr brave Anhänger verbleibt und nicht Verlangen nach dem Wachsein Eures eignen Geistes tragt!

Was *Gott* verlangt, das war dem Erdenmenschen bisher gleichgiltig! Ich aber sage Euch noch einmal: »Der breite und bequeme Weg, welchen die Kirchen bisher vorzutäuschen sich bemühten um des eignen Vorteils willen, *er ist falsch!* In dem dabei verheißenen, willkürlichen Vergebungswahne führt er nicht zum Licht!«

DER ERDENMENSCH VOR SEINEM GOTT

MENSCHEN, wie zeigtet Ihr Euch bisher Eurem Gotte gegenüber! Ihr suchtet ihn in Heuchelei zu täuschen, wie Ihr Euch selbst auch täuschen wolltet mit der falschen Frömmigkeit, die immer nur auf Euren Lippen lag, an der jedoch der Geist nie Anteil nahm. *Ihr* setztet Regeln und Gebräuche ein, in Euren Tempeln, Euren Kirchen, ohne darnach zu fragen, ob diese Art *Gott* wohlgefällig war. Wenn sie nur *Euch* gefielen, dann war damit für Euch der Gottesdienst erledigt!

Seht Ihr denn nicht, wie anmaßend das alles war? *Ihr* wolltet jede Art bestimmen. Nach *Gottes* Willen fragtet Ihr dabei niemals. Was *Ihr* für groß bezeichnetet, das sollte auch von Gott in gleichem Maße angenommen werden. Ihr wolltet Gott *Euere* Anschauungen als berechtigt aufzwingen in allen Dingen, gleichviel, womit Ihr Euch befaßtet.

Was *Ihr* für recht hieltet, sollte von Gott als recht belohnt werden, was *Ihr* als unrecht haben wolltet, sollte Gott bestrafen.

Nie habt Ihr ernstlich darnach forschen wollen, was *Gott* für recht erkennt und was vor *Seinem* Auge unrecht ist. Ihr kümmertet Euch nicht um göttliche Gesetze, nicht um den unverbiegbaren Heiligen Willen Gottes, der seit Ewigkeit bestand und sich noch nie verändert hat, auch nie verändern wird!

An ihm zerbrecht Ihr nun und alles falsche Menschenwerk mit Euch, das sich Gesetze schuf, die *Euren Erdenwünschen* dienen sollen. Ihr Menschen selbst aber stehet vor Gott als ränkevolle, saumselige Knechte, die *seines* Willens niemals achteten in Eigensucht, in Eigendünkel und in lächerlichem Alleswissenwollen.

Knechte waret Ihr und seid Ihr noch, die sich als Herren dünkten und in Hochmut und aus Geistesfaulheit alles zu bekämpfen und herabzuzerren suchten, was sie nicht verstehen konnten, wenn es nicht im Einklang stand zu der Erreichung der niedrigen Erdenzwecke, die sie als Höchstes angesehen haben wollten.

Unselige, die Ihr so freveln konntet! Alles sollte *Euch* nur dienen, *sogar die Gesetze!* Nur was Euch diente, gleichgiltig, in welcher Form, nur was Euch half zu der Erfüllung Eures irdischen Begehrens, *das* allein erkanntet Ihr für recht, und nur von solchen Dingen wolltet Ihr noch wissen.

Wird aber nun einmal von Euch verlangt, daß Ihr selbst dienen sollt mit Eifer und in Treue Eurem Herrn, dem Ihr das Sein verdankt, so seid Ihr ganz erstaunt, da Ihr ja meint, daß nur Er selbst Euch dienen soll mit seiner Kraft, mit seiner Herrlichkeit und seiner großen Liebe!

Wie könnte es nach Eurer großen Meinung von Euch selbst wohl *anders* sein! Dachtet Ihr doch, daß es genug des Gottesdienstes sei, wenn Ihr Gott anerkennt und in Gedanken ihn um Hilfe bittet zur Erfüllung aller Wünsche, die Ihr in Euch tragt. Daß Er also, mit klaren Worten ausgedrückt, *Euch diene* mit der Allmacht, die ihm eigen ist, und Euch das Leben schön gestalte! Etwas anderes kommt Euch nicht in den Sinn.

Bitten ist in den besten Fällen Euer Gottesdienst gewesen!

Überlegt es Euch nur einmal ganz genau; es war noch niemals anders.

Erfaßt Euch denn nicht Scham und Zorn zugleich über Euch selbst, wenn Ihr Euch einmal dahingehend prüft?

Die größte Zahl der Menschen denkt, daß dieses Erdensein nichts anderes zum Ziele hat als den Zweck irdischen Erwerbes! Im besten Fall auch noch den Zweck einer Familie und Kinder! Wer nicht so *denkt,* der *handelt* doch darnach! Was soll aber unter derartigen Voraussetzungen eine Fortpflanzung, wie Ihr sie nennt, die doch in Wirklichkeit gar keine Fortpflanzung bedeutet, sondern nur die Möglichkeiten gibt zu Inkarnierungen anderer Menschengeister, damit sich diese weiterhin vervollkommnen und alte Fehler ablegen. Durch Euer Tun vergrößert Ihr Euere Schuldenlast; denn damit haltet Ihr alle die Geister von dem Aufstieg ab, die Ihr als Eure Kinder für die gleichen leeren Zwecke auferzieht!

Was ist der Aufbau eines Erdenreiches, wenn es nicht zu Gottes Ehre gilt, wenn es nicht in dem Gottessinne wirkt, den Ihr noch gar nicht kennt und bisher auch nicht kennenlernen wolltet, da *Euer* Sinn Euch höher steht als alles andere. Ihr wollt nur *Euch* befriedigen, um dann von Gott noch zu erwarten, daß Er Euer Machwerk segnen soll! Zum Dienen und zur Pflichterfüllung Eurem Gotte gegenüber habt Ihr keine Lust.

Zerschmettert wird das eigenbrötlerische Tun der Erdenmenschheit nun, welche in ihrem Wahn den Namen Gott in alles Falsche noch hineinzuziehen wagt, das Heiligste damit beschmutzend!

Herabgestoßen werdet Ihr vom Throne Euerer Verstandesklügelei, damit wenigstens einige noch unter Euch die Fähigkeit erlangen, in reiner Demut aufzunehmen wahre Weisheit aus göttlichen Höhen, welche Euch allein zu Menschen machen kann; denn freiwillig würdet Ihr niemals dazu reifen.

Was Euch nicht paßt, begeifert Ihr, und schnell hebt Ihr die Steine auf, um derart Unbequemes aus der Welt zu schaffen, das Euch stören will, Euch selbst noch weiterhin zu huldigen.

Ihr jubelt lieber luziferischen Trabanten zu, die Euren Eitelkeiten schmeicheln und den Eigendünkel schüren, um Euch dann um so sicherer vom Lichte abzuschneiden und in Geistesträgheit zu erhalten, die zum Todesschlafe führen muß für Euer eigentliches Sein!

Ich aber sage Euch, daß Ihr nun auferwecket werdet aus dem Rausch, dem schwülen Taumel, der Euch eisern schon umklammert hält. Ihr müßt erwachen *gegen* Euer Wollen, sei es auch nur, um mit der furchtbarsten Verzweiflung noch im letzten Augenblicke zu erkennen, was Ihr freiwillig aufgegeben habt mit frevelhafter Lauheit, bevor Ihr in den Pfuhl gestoßen werdet, der Euch als begehrenswert erscheint!

Gereinigt wird die Erde nun und alle Welt! Nichts soll mehr von dem Schmutze übrig bleiben, damit in Frieden und in Freude die Geschöpfe dienen können ihrem Herrn, dem allmächtigen Gotte, der in seiner Liebe ihnen einst gewährte, alle Segnungen der Schöpfung bewußt zu genießen.

Wer wieder Trübung darein bringen will, indem er die Gesetze Gottes in der Schöpfung unbeachtet läßt oder sogar ihnen entgegenwirkt, wird unerbittlich ausgeschaltet; denn er bringt mit solchem Tun nur Neid, Haß, Leid, Krankheit und Tod für Euch!

All diese Trübsal kann Euch nur noch ferne bleiben, wenn Ihr das *Wort des Höchsten* wirklich zu erkennen sucht und achtet! Dazu muß es jedoch vorerst in *seiner rechten Art* verstanden sein! Ihr habt es aber bisher stets nur so gedeutet, wie es Euch *selbst* gefiel! Und nicht, wie es von Gott gegeben war zu Eurer Hilfe, Eurer Rettung aus der schwersten Not!

Ihr schrecktet jedoch nicht davor zurück, selbst das Heilige Wort zum Sklaven Eures Hochmutes zu machen, damit es durch Entstellung seines wahren Sinnes *Euch* nur diene, anstatt daß *Ihr* ihm dient um des eigenen Heiles willen in *dem* Sinne, wie es Euch gegeben ward!

Was habt Ihr aus dem Gotteswort in Eueren Erklärungen und schon in seiner Niederschrift gemacht! Daß Ihr darüber streiten könnt, daß Ihr als Erdenmenschen Euch zusammensetzt und hin und her beratet, das ganz allein schon zeugt von unsicherem Grunde und von Unklarheiten dessen, das Ihr aufzustellen wagtet als das reine, hehre Gotteswort! Das Wort des Herrn ist unantastbar, einfach, klar, und ehern eingemeißelt in die Schöpfung.

Dort, wo es nicht verdüstert und verschoben ist, gibt es kein Deuteln, kein Beraten! Es ist verständlich *jeder* Kreatur.

Euch aber war die Größe dieser Einfachheit noch zu gering in Eurem lächerlichen Dünkel! Ihr arbeitetet in der Düsterheit der Werkstatt Eueres Gehirnes mühselig daran herum, bis Ihr es *so* verbiegen, formen konntet, wie es *Euch* gefiel, so daß es Euren kleinen Erdenwünschen, Euren Schwächen und auch Eurem großen Denken von Euch selbst und Eurer Wichtigkeit entsprach.

Ihr schufet damit ein Gebilde, das Euch dienen mußte, welches Eurer Eitelkeit gefiel.

Denn nichts als die niedrigste Eitelkeit ist auch jene Demut, die Ihr zeigt, wenn Ihr von Euren großen Sünden sprecht, für die ein *Gott* das Opfer der Entsühnung brachte. *Für Euch ein Gott!* Wie wertvoll müßt Ihr Euch doch dünken! Und Ihr braucht weiter nichts dabei zu tun, als Euch gnädig auf vieles Werben hin einmal herbeizulassen, nur um den Erlaß zu bitten!

Es muß bei dem Gedankengang doch selbst dem Dünkelhaftesten in seiner heuchlerischen Demut etwas schwül zu Mute werden.

Das ist aber nur eins von vielen. *Alles* habt Ihr so verbogen, was Euer Verhältnis der sich selbst bewußten Kreatur dem großen Schöpfer gegenüber klären soll!

Nichts davon blieb unter dem Dünkel dieser Erdenmenschheit rein und hehr. Deshalb verschob sich auch von selbst die rechte Einstellung zu Gott und wurde falsch.

Selbstüberhebend guten Lohn erwartend oder in verachtenswerter Weise bettelnd, *so* nur standet Ihr vor Eurem Herrn, wenn Ihr Euch überhaupt einmal die Mühe und die Zeit genommen habt, wirklich an ihn zu denken, gezwungen durch so manche Not, welche Euch treffen mußte in der Wechselwirkung Eures Tuns!

Nun aber müßt Ihr endlich wach werden und müßt die Wahrheit nehmen, wie sie *wirklich ist,* nicht wie *Ihr* sie Euch denkt! Zusammenbricht damit das Falsche, die Lücken heuchlerischen Besserwissenwollens werden offenbar.

Nichts kann sich mehr verbergen in dem Dunkel; denn es wird durch Gottes Willen nunmehr Licht, damit das Dunkel falle und vergehe!

Licht wird nun auch auf der Erde und in der ganzen großen Stofflichkeit! Zündend erstrahlet es in allen Teilen, zersetzend und verbrennend alles Übel und auch alles Übelwollen! Das Falsche muß sich zeigen, wo immer es sich zu verbergen sucht, muß in sich selbst zusammenbrechen vor dem Strahl des Gotteslichtes, das die ganze Schöpfung nun erhellt! Hinab wird alles sinken, was nicht nach den herrlichen Gesetzen Gottes ist und leben will, hinab in den Kreis der Vernichtung, wo es niemals wieder auferstehen kann!

ES SOLL ERWECKET WERDEN ALLES TOTE IN DER SCHÖPFUNG, DAMIT ES SICH RICHTE!

JÜNGSTES Gericht! Jede Verheißung, die damit zusammenhängt, kündet von Auferweckung aller Toten für das Endgericht. In den Begriff des Ausdruckes wurde von diesen Menschen aber wiederum ein Irrtum eingelegt; denn es soll nicht heißen: Auferweckung *aller* Toten, sondern Auferweckung all*es* Toten! Das ist: Belebung alles dessen, was ohne Bewegung in der Schöpfung ist, damit es für das Gottgericht *lebendig* werde, in der Betätigung erhöhet oder ausgerottet!

Nichts bleibet jetzt bewegungslos; denn die lebende Kraft, die jetzt verstärkt durch alle Schöpfung flutet, drängt und drückt, zwingt alles zur Bewegung. Darin wird es erstarken, auch das, was bisher ruhte oder schlummerte. Es wird erweckt, gekräftigt und *muß* damit sich betätigen, wird in erwachender Betätigung so gut wie an das Licht gezerrt, auch wenn es sich verbergen wollte. Man kann auch sagen, es kommt selbst ans Licht und muß sich zeigen, kann nicht weiterschlummern, wo immer es vorhanden ist. Mit volkstümlichen Worten: »Es kommt an den Tag!«

Alles wird Leben, Betätigung in dieser ganzen Schöpfung durch das neue Eindringen des Lichts! Das Licht zieht dabei machtvoll an ... ob mit oder ob ohne Wollen des in dieser Schöpfung Ruhenden, sich vielleicht gar Versteckenden, und es kommt auch zuletzt mit diesem Lichte in Berührung, kann ihm nicht entrinnen, auch wenn es Flügel einer Morgenröte hätte, kein Ort in der gesamten Schöpfung kann ihm Schutz davor gewähren. Nichts bleibt unbeleuchtet.

In der Bewegung des Herangezogenwerdens aber muß an diesem Licht zerschellen und verbrennen, was die Strahlung nicht verträgt, was also nicht in sich schon selbst nach diesem Lichte strebt. Lichteingestelltes aber wird erblühen und erstarken in der Reinheit seines Wollens!

So ist es auch mit allen *Eigenschaften* dieser Erdenmenschenseelen. Was bisher darin tot zu ruhen schien, was schlummerte, den Menschen selbst oft unbekannt, es wird unter der Kraft erwachen und erstarken, wird zum

Gedanken und zur Tat, damit es sich nach seiner Art in der Betätigung selbst richte an dem Licht! Bedenkt, es kommt zum Leben, was auch *in Euch* ruht! Darin liegt Auferweckung alles Toten! Lebendiges Gericht! Jüngstes Gericht!

Ihr müßt dabei mit allem in Euch fertig werden, müßt Euch reinigen, oder Ihr zergehet mit dem Übel, wenn es übermächtig in Euch werden kann. Dann *hält* es Euch, schlägt über Eurem Kopfe mit schäumendem Aufzischen zusammen, um Euch mitzuzerren in den Abgrund der Zersetzung; denn es kann nicht weiterhin bestehen in dem Glanz göttlicher Kraft! – –

Euch gab ich nun das Wort, das den Weg zeigt, der Euch in dem Erwachen dieser Schöpfung unbeirrbar nach den lichten Höhen führt, der Euch nicht stürzen läßt, was immer auch geschieht und in Euch aufzuflammen sucht! Habt Ihr den Blick in treuer Überzeugung nach dem Licht gerichtet, habt Ihr mein Wort richtig erfaßt, in Euren Seelen aufgenommen, so steigt Ihr ruhig aufwärts aus den Wirren, gereinigt und geläutert, frei von allem, was Euch einstens hätte hindern können an dem Eintritt in das Paradies.

Wachet und betet deshalb, daß Ihr nicht den klaren Blick Euch trüben laßt durch Eitelkeit und Dünkel, als die ärgsten Fallstricke für diese Erdenmenschen! Wahret Euch! Wie Ihr den Boden in Euch nun bereitet habt, so wird es Euch geschehen in der Schöpfungsreinigung!

DAS BUCH DES LEBENS

So wie die Dunkelheit zog über Golgatha, als Jesus, das lebende Licht, von dieser Erde schied, so zieht sie nun über die Menschheit, ihr das große Leid zurückbringend, das sie der Gottesliebe zufügte, in der grausamen Art des listigen, jedes Empfindungsschwingens ganz unfähigen Verstandes, der als stärkstes Werkzeug Luzifers Euch heilig war! –

Jetzt versucht es nur, Ihr Menschen, Euch mit Euerem Verstand vor Gottes Allheiligem Zorn zu schützen, wenn Ihr es könnt! Wehrt Euch gegen die Allmacht Dessen, Der Euch gnadenvoll *den* Teil der Schöpfung zur Benutzung überließ, den Ihr verwüstet habt, beschmutzt gleich einem Stall verwahrlosester Tiere, so daß nur noch Leid und Elend darinnen wohnen können, weil sich vor Eurem falschen Tun und dunklen Wollen aller Friede und die Freude flüchten, jede Reinheit schaudernd sich verbirgt.

Versucht, vor Gottes unverbiegbarer Gerechtigkeit Euch zu verstecken! Sie trifft Euch *überall* in unerbittlicher Vollziehung des göttlichen Willens, ohne etwas nachzulassen von der ungeheuren Schuld, die Ihr auf Euch geladen habt in Eigensinn und Trotz.

Ihr seid gerichtet, noch bevor Ihr ein Wort der Entschuldigung zu stammeln fähig werdet, und alles Bitten, alles Flehen, alles Lästern oder Fluchen hilft Euch nichts; denn Ihr habt nun die letzte Frist zur Einkehr und zur Umkehr unverzeihbar nur zur Pflege Eurer Laster angewendet und vergeudet! –

Ich sage Euch dies nicht als Warnung; denn dafür ist es zu spät. Es liegt mir fern, noch weiterhin zu mahnen, wie ich seit Jahren es getan. Ihr sollt nur in dem kommenden *Erleben* daran denken! Deshalb spreche ich noch einmal aus, was diese Zeit für Euch enthält. Vielleicht wird Euch das Wissen davon manches Leid *erleichtern,* wenn es auch nichts mehr verhindern kann.

Ihr wißt, es ist das Abtragen der Schuld, die Ihr Euch selbst und freiwillig auf Eure Schultern legtet, da Euch niemand dazu gezwungen hat. Wenn Ihr durch meine Worte in dem Leide zur Erkenntnis kommen könnt und dabei

Sehnsucht nach dem Licht und nach der Reinheit in Euch aufersteht, die sich zu einer demutsvollen Bitte formt, so kann Euch noch Rettung im Versinken werden; denn die Liebe Gottes bleibet wach.

Dann dürft Ihr auch das neue Leben sehen, das der Herr nur *denen* schenken wird, die willig in den heiligen Gesetzen seiner Schöpfung schwingen, die sein Haus, in welchem Ihr nur Gäste seid, befreit halten von allem lichtfeindlichen Tun und die nicht wiederum die schönen Gärten frevlerisch verwüsten, an deren Herrlichkeit und Reinheit sie sich immerdar erfreuen sollen, um darinnen zu erstarken.

Oh Ihr Verblendeten, warum wolltet Ihr nicht erwachen! So vieles Schwere konnte Euch erspart bleiben. So aber muß sich Euer Sein in graue Schleier tiefer Wehmut hüllen, aus denen Euch nur durch die scharfen Blitze des Heiligen Gotteszornes noch einmal Befreiung und Erlösung werden kann!

Und dieser Zorn wird über Euch hereinbrechen mit ungeahnter Macht im Heiligen Gericht! –

Doch das Gericht ist *anders,* als Ihr es Euch denkt. Ihr wißt von einem Buch des Lebens, das vom Richter Gottes zur bestimmten Stunde aufgeschlagen wird für einen *jeden!*

Das Buch des Lebens zeigt *die Namen* aller Kreaturen, die zum Leben kamen, und sonst nichts.

Die beschriebenen Blätter aber, die zu dem großen Buch des Lebens gehören, die das Für und Wider eines jeden Gedankens und eines jeden Tuns des einzelnen zeigen, sind *die Seelen selbst,* denen sich alles aufgeprägt hat, was sie im Wandel ihres Seins erlebten oder wirkten.

Darin ist für den Richter alles Für und Wider klar zu lesen. Doch das Lesen denkt Ihr Euch auch wieder falsch. Es ist auch dies viel einfacher, als Ihr Euch vorzustellen sucht.

Der Richter läßt nicht jede Seele einzeln vor sich treten, vor seinen Stuhl, sondern er sendet in dem Auftrag Gottes seine Schwertschläge *ins All!* Die Schwertschläge sind *Strahlungen,* die ausgehen und *alles* in der Schöpfung treffen!

Erkennt die große Einfachheit und überraschende Natürlichkeit! Der Richter schickt die Strahlen nicht bewußt oder gewollt zu diesen oder jenen, nein, er schickt sie einfach *aus* auf Gottes Heiligen Befehl; denn es ist *Gottes* Kraft, nichts anderes könnte in dieser Weise wirken als sein Allheiliger Wille!

Die Strahlungsschläge oder Strahlungen durchdringen also die gesamte Schöpfung, doch in einer Stärke, wie sie *bisher nie gewesen* ist.

Nichts vermag sich zu verbergen vor der Wirkung! Und so trifft der Strahl der Gotteskraft auch *jede Seele* im Gesetz des Schöpfungswirkens zu bestimmter Stunde.

Alles, was die Menschenseele dann bei diesem Auftreffen des Gottesstrahles, der ihr gar nicht sichtbar wird, noch an sich trägt, muß aufleben und auch zur Auswirkung gelangen, zur Betätigung, damit es *darin* seinen letzten Ringschluß zieht, der diese Seele niederdrückt oder erhebt.

Was eine solche Seele in dem Wandel ihres Seins schon abzulegen fähig war an Falschem oder Üblem, durch schöpfungsgesetzmäßige Auslösungen im Erleben, ist gelöscht und so, als ob es nie vorhanden war; es hängt dadurch nicht mehr an ihr, ist ihr dann nicht mehr aufgeprägt. Sie ist davon befreit und rein, es kann ihr deshalb keinen Schaden bringen.

Nur das, was seinen Ringschluß *noch nicht* fand und deshalb auch noch an ihr hängt, mit ihr verbunden ist, wird zu dem Ringschluß in dem Druck des Lichtes ohne weiteres gezwungen, indem es auflebend sich in Betätigungsversuchen *zeigt* und darin auch den Schlag erhält, der ihm gebührt.

Die jeweiligen Schläge sind genau nach Stärke des eigenen Wollens, das sich in *Wechselwirkung* auslösend *gegen* die Seele richtet als den Ausgangspunkt! Es wird jetzt alles von dem unwiderstehlichen Drucke des Lichtes verstärkt und zurückgedrängt zu dem Ausgangspunkt, zur Seele, sei es nun Gutes oder Übles.

Und alles das, was sonst im schwerfälligen Laufe der verdichteten, verhärteten Umgebung aller Menschenseelen auf der Erde vielleicht noch viele tausend Jahre nötig gehabt hätte, sich im Ring zu schließen, wird in wenig Monde nun gepreßt, in dem von allen Menschen unerwarteten Bewegungsantrieb durch die Kraft der Schläge aus dem Licht.

So wirkt das Weltgericht in seiner einfachen Natürlichkeit! Es *ist* diesmal das Euch so oft verkündete *»Jüngste Gericht«!* Doch seine Auslösungen sind ganz anders, als Ihr es Euch dachtet. Was Euch darüber früher schon gekündet worden ist, geschah *in Bildern,* weil Ihr es anders gar nicht verstanden hättet.

An Hand der Gralsbotschaft jedoch geht Euer Wissen von dem Wirken in der Schöpfung weiter, und es kann Euch deshalb immer mehr gesagt werden; denn heute könnt Ihr es durch meine Botschaft schon verstehen.

Die Schwertschläge des Jüngsten Tages stoßen als starke Lichtstrahlungen in die Schöpfung und fließen durch die sämtlichen Kanäle, welche durch die selbsttätigen Auswirkungen göttlicher Gesetze in der Schöpfung schon gebildet worden sind, denen alles Empfinden, Denken, Wollen und auch Tun der Menschen als Ausgangspunkte zu Grunde liegen.

Deshalb werden die richtenden Strahlen durch diese vorhandenen Kanäle mit untrüglicher Sicherheit zu allen Seelen geleitet und wirken sich dort dem Zustand der betreffenden Seelen entsprechend aus, doch *so* beschleunigt, daß deren ganzes Sein zum *letzten Ringschluß* alles bisherigen Wirkens innerhalb weniger Monate gebracht wird, diese dem tatsächlichen Befunde ganz genau entsprechend hebt oder stürzt, belebt und stärkt oder vernichtet!

So ist das Gericht! *Heute* könnt Ihr durch die Botschaft den also geschilderten Vorgang verstehen.

Früher hättet Ihr es nicht begreifen können, und es mußte deshalb alles in einfachen Bildern gekündet werden, die dem Wirken des Vorganges ungefähr entsprechen. –

Und diese Schläge des Jüngsten Gerichtes sind schon unterwegs zu Euch, zu einem jeden in der Schöpfung, gleichviel, ob er mit oder ohne Erdenkörper ist.

Die ersten haben Euch bereits erreicht und alles lebet auf, was noch an Euren Seelen hängt.

Doch auch die *letzten* Schläge, welche die Vernichtung oder die Erhebung bringen, sind mit alles überwältigender Schärfe ausgesendet, um die Reinigung auf dieser Erde zu vollenden! Sie jagen bereits auf die Menschheit zu, und nichts vermag sie irgendwo zu hemmen. Zu der von Gott genau bestimmten Stunde wird die Menschheit unerbittlich, doch gerecht davon getroffen sein!

DAS REICH DER TAUSEND JAHRE

Sagenhaft schwebt es in den Gedanken vieler Menschen, die von der Verheißung wissen, doch begriffslos, ohne Form, weil niemand sich die rechte Vorstellung davon zu machen weiß!

Das Reich der Tausend Jahre! Immer von neuem gingen Wissenwollende daran, eine Erklärung aufzustellen über die Art der Verwirklichung der großen Zeit des Friedens und der Freude, welche darin liegen soll. Es ist aber noch nie gelungen, der Wahrheit sich zu nähern! Alle gingen falsch, weil sie den Erdenmenschen eine viel zu große Rolle dabei einräumten, wie es immer ist bei allem, was die Menschen denken. Sie ließen außerdem bisherige Begriffe gelten, bauten darauf auf, und deshalb mußte jeder dieser Bauten schon von vornherein als unrichtig betrachtet werden, gleichviel, wie er beschaffen war.

Und dann vergaß der Mensch dabei die Hauptsache! Er rechnete nicht mit der ebenfalls verheißenen Bedingung, daß *vor* dem Friedensreich der Tausend Jahre *alles neu* zu werden hat in dem Gericht! Das ist die notwendige Grundlage des neuen Reiches. Auf bisherigem Boden kann es nicht erstehen! *Alles* Alte hat vorher erst neu zu werden!

Das bedeutet aber nicht, daß Altes frisch erstarken soll in gleicher, seitheriger Form, sondern der Ausspruch »neu« bedingt eine Veränderung, Umänderung des Alten!

Das zu bedenken unterließ der Mensch bei seinem Grübeln, kam deshalb nie weiter in der Vorstellung.

Das, was am meisten sich vorher in dem Gericht verändern muß, ist der Mensch selbst; denn er allein hat die Verwirrung in die Nachschöpfung gebracht. Von ihm, aus seinem falschen Wollen, ging das Unheil in die Welt.

Die ursprüngliche Schönheit, Reinheit und Gesundheit, welche stets die Folge eines Schwingens in den Schöpfungsurgesetzen ist, wurde durch falsches Wollen dieser Menschheit nach und nach verbogen und entstellt. Es konnten sich nur Zerrbilder noch formen in der unaufhaltsamen Entwickelung, anstatt gesundes Reifen der Vollkommenheit entgegen!

Stellt Euch einmal den Töpfer vor, an seinem Drehstein sitzend, vor sich Ton, der in seiner Geschmeidigkeit zu jeder Form sich drehen läßt. Der Drehstein aber wird nicht von dem Töpfer selbst bewegt, sondern von einem Treibriemen, den wiederum die Kraft einer Maschine nicht zum Stillstand kommen läßt.

Durch einen Druck der Finger formt sich nun der Ton in andauernder Drehung, die der Stein vollführt, auf den der Ton gelegt wurde. *Wie* nun der Finger drückt, *so* bildet sich die Form, sie kann schön, kann unschön, häßlich werden.

In gleicher Art wirkt auch des Menschen Geist in dieser Welt, der Nachschöpfung. Er übt die Führung durch sein Wollen aus, also den Druck, als Geist auf manches Wesenhafte, das die Fein- und auch die Grobstofflichkeit formt. Das Wesenhafte ist für einen Geist der Finger, der den Druck nach seinem Wollen ausübt. Der Ton ist die Feinstofflichkeit und die Grobstofflichkeit, doch die Bewegung, welche unabhängig von dem Menschengeiste läuft, sind die selbsttätigen Bewegungen der Schöpfungsurgesetze, die, Strömungen gleichend, unaufhaltsam der Entwickelung zutreiben alles dessen, was der Mensch in seinem Wollen formt.

So ist des Menschengeistes Wollen verantwortlich für vieles, was sich in der Nachschöpfung entwickelt; denn *er* übt als Geist den Druck, welcher die Art der Form bestimmt. Er kann nichts wollen, ohne gleichzeitig zu formen! Gleichviel, was es ist! Damit kann er sich auch dieser Verantwortung für alles von ihm Formgeschaffene niemals entziehen. Sein Wollen, Denken und sein Tun, alles nimmt Form an im Getriebe dieser Welt. Daß es der Mensch nicht wußte oder auch nicht wissen wollte, liegt an ihm, ist seine Schuld. Sein Nichtwissen verändert nicht die Wirkung.

So hielt er durch sein falsches Wollen, seinen Eigensinn und Eigendünkel nicht nur jedes wahre Aufblühen zurück, sondern verdarb die Nachschöpfung und wirkte statt zum Segen nur zum Schaden!

Ermahnungen durch Propheten, durch den Gottessohn dann selbst, genügten nicht, ihn umzustellen, damit er den rechten Weg einschlüge! Er *wollte* nicht und nährte seinen Dünkel eines Weltbeherrschers immer mehr, in dem der Keim zu seinem notwendigen Untergange schon verborgen lag, der mit dem Dünkel wuchs, die Katastrophen vorbereitete, die nun sich lösen müssen nach dem urewigen Gesetze in der Schöpfung, das der Mensch versäumte zu erkennen, weil sein Herrendünkel ihn daran hinderte.

Kommende Schrecknisse haben die Ursache allein in dem Verbiegen der göttlichen Urgesetze durch das falsche Wollen dieser Menschengeister in der Nachschöpfung! Denn dieses falsche Wollen führte alle selbsttätig sich auswirkenden Kraftströmungen zur Verwirrung. Aber nicht ungestraft kann deren Lauf verändert werden, da sie, verknotet und verwirrt, sich dann *gewaltsam* lösen zu bestimmter Zeit. Die Lösung und Entwirrung zeigt sich in den Auswirkungen, die wir Katastrophen nennen. Gleichviel, ob es im Staatswesen, in den Familien, bei Einzelmenschen oder ganzen Völkern, oder bei den Naturgewalten vor sich geht.

Damit bricht alles Falsche in sich selbst zusammen, sich richtend durch die Kraft, die in den Strömungen vorhanden ist, welche vom Menschheitsdünkel falsch geleitet wurden, anders, als es Gott gewollt; denn diese Strömungen können *nur* Segen schaffen dann, wenn sie *die* Wege gehen, welche ihnen urgesetzlich vorgesehen sind, also vom Schöpfer aus bestimmt wurden. Nie anders.

Deshalb konnte das Ende auch vorausgesehen werden schon vor Tausenden von Jahren, weil es bei der falschgewollten Einstellung der Menschen gar nicht anders kommen konnte, da die Endauswirkung jeglichen Geschehens immer an die Urgesetze streng gebunden bleibt.

Da nun die Menschengeister die vollkommene Unfähigkeit bewiesen haben, ihre Aufgabe in dieser Schöpfung zu erkennen, da sie ihr Nichtwollen einer Erfüllung durch Zurückweisung und falsche Deutung aller Warnungen Berufener und der Propheten, sogar der des Gottessohnes selbst, bewiesen, und ihre Feindschaft durch die Kreuzigung besiegelten, greift Gott nunmehr *gewaltsam* ein.

Deshalb das Reich der Tausend Jahre!

Nur mit *Gewalt* kann der Nachschöpfung noch geholfen werden, sowie der Menschheit, die bewies, daß sie mit freiem Wollen niemals zu bewegen war, den rechten Weg zu gehen, den sie in der Schöpfung gehen muß, um gottgewollt darin zu sein und segenbringend auch zu wirken als *die* Kreatur, die sie als geistig seiend wirklich ist.

Aus diesem Grunde wird die Menschheit nun in dem Gericht *entrechtet*, wird für eine Zeit *enterbt* des bisherigen Rechtes, daß der *Menschenwille* führend, formend diese Nachschöpfung beherrscht! Enterbt für tausend

Jahre, damit endlich Frieden werden kann und Lichtwärtsstreben nach den Urgesetzen in der Schöpfung, denen der Mensch bisher feindlich gegenüberstand.

Die Möglichkeit und die Gewähr des langersehnten Friedensreiches gibt also Enterbung aller bisherigen Menschheitsrechte in der Nachschöpfung! *So* steht der Mensch vor seinem Gott! *Dafür* muß er sich jetzt verantworten. *Das* ist der Sinn und die Notwendigkeit des tausendjährigen Gottesreiches hier auf Erden. Eine traurige Wahrheit, die beschämender für diese Menschheit nicht sein kann! Aber ... die einzige Hilfe.

So wird das Reich der Tausend Jahre *eine Schule für die Menschheit*, in der sie lernen soll, *wie* sie in dieser Nachschöpfung zu stehen hat, zu denken und zu tun, um die ihr zustehende Aufgabe auch richtig zu erfüllen und dadurch selbst glücklich zu sein!

Für tausend Jahre ist zu diesem Zweck der Menschheitswille als beherrschend in der Nachschöpfung nun unterbunden, nachdem in dem Gericht vernichtet wurde, was er falsch gesät und falsch geführt!

Während der tausend Jahre herrscht allein der Gotteswille, dem jeder Menschengeist sich fügen muß, sobald er das Gericht bestehen konnte!

Kommt aber dann noch einmal ein Versagen wie bisher, so muß die Menschheit mit der völligen Vernichtung rechnen!

So ist das Reich der Tausend Jahre und sein Zweck! Die Menschheit hat sich dies in ihrem Eigendünkel und der Einbildung eigener Wichtigkeit ganz anders vorgestellt. Aber sie wird es lernen und erleben müssen, wie es wirklich ist!

Auch darin liegt nur eine *Gnade* Gottes zu helfen denen, welche wirklich reinen Wollens sind!

EIN NOTWENDIGES WORT

WAHRE Dich, Menschengeist; denn Deine Stunde ist gekommen! Zum Frevel nur benützest Du die Zeit, die Dir zu der Entwickelung bewilligt ist, nach der Du sehnsuchtsvoll verlangtest!

Hüte Dich in Deinem so vermessenen Verstandesdünkel, der Dich dem Dunkel in die Arme warf, das heute triumphierend seine Krallen in Dich schlägt!

Blick auf! Du stehst im göttlichen Gericht!

Erwachet und erzittert, die Ihr in Beschränktheit und verengtem Blick das goldne Kalb der irdischen Vergänglichkeit umschwärmt, den Motten gleich von falschem Glanze angezogen. Euretwegen zerschlug Moses einst im Zorne der Enttäuschung jene Tafeln der Gesetze Eures Gottes, die Euch helfen sollten zu dem Aufstiege zum Licht.

Dieses Zerschlagen war das lebende Symbol dafür, daß die gesamte Menschheit eine Kenntnis dieses Gotteswillens nicht verdiente, des Willens, welchen sie in leichtfertigem Tun und irdischem Sichüberheben ablehnte, um einen selbstgeformten Götzen zu umtanzen und damit ihren eigenen Wünschen nachzugehen!

Nun aber kommt das Ende in der letzten Rückwirkung, den Folgen, der Vergeltung! Denn an diesem einst so leichtfertig verworfenen Willen werdet *Ihr* nunmehr zerschellen!

Da hilft kein Klagen mehr, kein Bitten; denn Jahrtausende wurde Euch Zeit gegeben zur Besinnung! Ihr aber hattet niemals Zeit dazu! Ihr wolltet nicht und dünkt Euch heute noch in unverbesserlicher Überhebung gar zu weise. Daß *gerade darin* sich die größte Dummheit zeigt, wollt Ihr nicht einsehen. Damit seid Ihr in dieser Welt zuletzt zum lästigen Gewürm geworden, das nichts anderes mehr kennt, als eigensinnig alles Licht zu schmähen, weil Ihr in der Beharrlichkeit, im Dunkel nur zu graben, jede Möglichkeit verloren habt, den Blick im Suchen frei emporzurichten, Licht zu erkennen oder zu ertragen.

Damit seid Ihr nunmehr gezeichnet durch Euch selbst!

Geblendet werdet Ihr deshalb zurücktaumeln, sobald das Licht wieder erstrahlt, und dabei rettungslos versinken in die Schlucht, welche sich hinter Euch schon jetzt geöffnet hat, um die also Verworfenen dann aufzusaugen!

In unentrinnbarer Umklammerung sollt Ihr darin gebunden sein, damit nun alle die, welche dem Lichte nachzustreben sich bemühen, den Weg dazu in seliger Erkenntnis frei finden von Eurer Anmaßung und Euerem Verlangen, Flitter anstatt reinen Goldes anzunehmen! Sinkt hinab in jenes todbringende Grauen, das Ihr Euch bereitet habt in hartnäckigstem Streben! In Zukunft sollt Ihr die göttliche Wahrheit nicht mehr trüben können!

Wie eifern sie, die kleinen Menschlein, ihr lächerliches Scheinwissen weit in den Vordergrund zu schieben, und wie verwirren sie dadurch so viele Seelen, die zu retten sein würden, wenn sie nicht Geistesstrauchrittern verfielen, welche ähnlich Wegelagerern den rechten Pfad die erste Strecke noch umschleichen, wobei sie *anscheinend* den gleichen Weg verfolgen. Was ist es aber, das sie wirklich bieten? Mit großer Geste und mit abgebrauchten Worten stellen sie sich stolz und breit auf Überlieferungen, deren eigentlichen Sinn sie nie verstanden.

Der Volksmund hat dafür ein gutes Wort: Sie dreschen leeres Stroh! Leer, weil sie die eigentlichen Körner nicht mit aufgehoben haben, für die ihnen das Verständnis fehlt. Solcher Beschränktheit muß man überall begegnen; mit stumpfsinniger Beharrlichkeit pochen sie auf Sätzen anderer herum, weil sie nicht selbst etwas dazuzugeben haben.

Tausende sind es, die dazu gehören, und abermals Tausende, welche sich einbilden, *allein* den wahren Glauben zu besitzen! Demutsvoll warnen sie mit innerer Genugtuung vor Hochmut dort, wo etwas über ihr Begreifen geht! *Das sind die Schlimmsten mit!* Gerade diese sind schon jetzt verworfen, weil ihnen in ihrer Glaubensverstocktheit nie mehr zu helfen sein wird. Es nützt dann kein Entsetzen mehr, kein Klagen und kein Bitten, wenn sie einmal einsehen, daß es ein Irrtum war. Sie wollten es nicht anders, haben ihre Zeit verfehlt. Es soll ihnen nicht nachgetrauert werden. Jeder Augenblick ist viel zu kostbar, um an solche Allesbesserwissenwollende noch vergeudet werden zu können; denn diese kommen doch nie mehr aus ihrer Hartnäckigkeit zum Erwachen, sondern werden darin blind zugrunde gehen! Mit schleimig-widerlichen Worten und Versicherungen ihrer Gottesgläubigkeit, ihres nur eingebildeten Christuserkennens!

Nicht besser daran sind die Massen derer, die ihren Gottesdienst verrichten mit der Regelmäßigkeit und Pflicht anderer Arbeiten, als notwendig und dienlich, zweckmäßig. Auch zum Teil aus Gewohnheit oder weil es »Sitte« ist. Vielleicht auch aus naiver Vorsicht, weil man schließlich »doch nicht wissen kann, wozu es letzten Endes gut ist«. *Wie Hauch im Winde werden sie vergehen!* –

Da sind die Forscher eher zu bedauern, die in wirklich ernstem Forschersinn versäumen, sich aus dem Gestrüpp noch zu erheben, in dem sie unermüdlich wühlen, und dabei vermeinen, *darin* einen Weg zum Anfange der Schöpfung aufzufinden. Es nützt trotzdem alles nichts und findet kein Entschuldigen! Auch sind es wenige, sehr wenige. Der Hauptteil der sich Forscher Nennenden verliert sich in nichtssagenden Spielereien.

Der große Rest der Menschheit aber *hat nicht Zeit* für »Insichlauschen«. Es sind anscheinend sehr geplagte Erdenmenschen, genug mit Arbeit überhäuft, um die Erfüllung der irdischen Wünsche zu erhalten, Notwendigkeiten eines jeden Tages, schließlich aber auch darüber weit hinausgehende Dinge. Sie merken nicht, daß sich mit der Erfüllung auch die Wünsche steigern, womit ein Endziel nie sich zeigt, der Strebende somit auch *nie* zur Ruhe kommen kann, nie Zeit findet zu *innerem* Erwachen! Ganz ohne hohes Ziel für die Ewigkeit läßt er sich durch sein Erdendasein hetzen, versklavt dem irdischen Begehren.

Von diesem Tun ermattet, muß er schließlich auch den Körper pflegen, durch Ruhen, Abwechslung, Zerstreuung. So bleibt ihm selbstverständlich keine Zeit zu Außerirdischem, zu Geistigem! Meldet sich aber hier und da einmal ganz leise die Empfindung für das »nach dem Tode«, so wird er bestenfalls auf Augenblicke etwas nachdenklich, doch läßt er sich niemals davon ergreifen und erwecken, sondern drängt dann unwirsch alles Derartige schnell zurück mit Klagen, daß er ja nicht kann, auch wenn er wirklich wollte! Ihm fehlt dazu auch *jede* Zeit!

So mancher will dafür die Möglichkeit sogar von *anderen* geschaffen sehen. Es kommt nicht selten auch dabei zu Anklagen gegen das Schicksal und zu Murren gegen Gott! Bei allen denen ist natürlich jedes Wort verloren, weil sie *niemals* erkennen *wollen*, daß es nur an ihnen selbst gelegen hat, dies anders zu gestalten!

Für sie gibt es nur *irdische* Notwendigkeit, die sich mit den Erfolgen stets erhöht. Sie haben niemals *ernsthaft* etwas anderes gewünscht. Immer schufen sie dagegen Hindernisse aller Arten. Leichtsinnig wurde es an fünfte, sechste

Stelle fortgeschoben, zu der man erst in arger Not oder beim Sterben kommt. Es blieb für alle zeithabende Nebensache bis heute!

Und gab sich doch einmal *deutlich erkennbar die Gelegenheit,* sich damit ernsthaft zu befassen, erstanden sofort neue Extrawünsche, die weiter nichts als Ausreden bedeuten, wie: »Ich will *vorher erst* noch dies und jenes tun, dann bin ich gern bereit dazu.« Genau wie Christus einst schon sagte!

Nirgends ist der Ernst zu finden, der zu diesem Notwendigsten aller Dinge unbedingt gehört! Es schien ihnen zu weit entfernt. Aus diesem Grunde sind sie *alle* nun verworfen, alle! Nicht einer davon wird den Eingang in das Gottesreich erhalten!

Faule Früchte für den Aufstieg, die nur weiter Fäulnis um sich breiten. Nun überlegt Euch selbst, wer *dann* noch übrig bleiben kann! Ein trauriges Bild! Doch leider nur zu wahr. –

Und wenn nun das Gericht die Menschheit mürbe macht, so werden sie gar schnell im Staube knien! Doch denkt Euch *heute* schon einmal hinein, *wie* sie dann knien: in aller Jämmerlichkeit, doch zugleich auch wieder anmaßend; denn wiederum nur klagend, *bittend, daß ihnen geholfen werden soll!*

Die schwere Last, die sie sich auferlegten und die sie endlich zu zermalmen droht, *soll ihnen abgenommen* werden! *Das* ist ihr Bitten dann! Hört Ihr es wohl? Die Bitten sind um Abwendung der Qual, nicht ein Gedanke aber dabei an die eigene innere Besserung! Nicht *ein* ehrlicher Wunsch für freiwillige Änderung des bisherigen falschen Sinnens, rein irdischen Trachtens! Nicht *ein* Erkennenwollen und mutiges Zugeben der bisherigen Irrtümer und Fehler.

Und wenn der Menschensohn dann in der großen Not unter sie tritt, da werden sich wohl alle Hände nach ihm strecken, wimmernd, flehend, doch wiederum nur in der Hoffnung, daß er ihnen *hilft nach ihren Wünschen,* also ihre Qual beendet, sie zu neuem Leben führt!

Er aber wird diese Verlangenden zum größten Teile von sich stoßen wie giftiges Gewürm! Denn alle solche Flehenden würden nach einer Hilfe sofort wieder in die alten Fehler fallen, die Umgebung mitvergiften. Er wird *nur die* annehmen, die ihn um die Kraft bitten, sich endlich aufzuraffen zu dauernder Besserung, die demutsvoll alle bisherige Verstocktheit abzuwerfen sich bemühen, das Wort der Wahrheit aus dem Lichte freudig als Erlösung grüßen! –

Ein Verstehen der Gralsbotschaft, wie auch vorher der Botschaft des Gottessohnes wird aber nur dann möglich, wenn ein Menschengeist *alles* zur Seite wirft, was er sich in eingebildetem Verstehen aufbaute, *und ganz von vorn beginnt!* Sie müssen vorher darin werden wie die Kinder! Ein Herüberführen aus den jetzigen Irrtümern ist unmöglich. Es muß ein vollständiges *Neues* werden von Grund an, das aus der Einfalt und der Demut aufwächst und erstarkt.

Würde den Menschen so geholfen werden, wie sie es erbitten in der Stunde der Gefahr und Not, so wäre alles schnell wieder vergessen, sobald der Schrecken nur von ihnen weggenommen ist. Skrupellos würden sie wieder mit ihrem Unverstande kritisierend statt erwägend einsetzen.

Zeitverschwendung solcher Arten ist für die Zukunft ganz unmöglich, da das Bestehen dieses Weltenteiles seinem Ende zuzueilen hat. Es heißt nunmehr für jeden Menschengeist: Entweder – Oder! Rettung aus den selbstgeschaffenen Verstrickungen oder den Untergang darin!

Die Wahl ist frei. Die Folgen aber des Entschlusses sind bestimmt und unabänderlich!

Wie in Erlösung von einem großen Drucke werden die Geretteten dann aufatmen und aufjubeln, nachdem das widerliche, unsaubere Dunkel mit seinen ihm gern anhängenden Kreaturen durch die Schwertstreiche des Lichtes endlich dahin sinken mußte, wohin es gehört!

Dann wird die Erde rein von allen Pestgedanken jungfräulich erstehn, und Friede allen Menschen blühn!

DER GROSSE KOMET

WISSENDE sprechen schon seit Jahren von dem Kommen dieses besonders bedeutungsvollen Sternes. Die Zahl derer, welche ihn erwarten, vermehrt sich dauernd; mehr und mehr verdichten sich die Andeutungen, so, daß er in Wirklichkeit wohl auch bald zu erwarten ist. Doch *was* er eigentlich bedeutet, was er bringt, woher er kommt, das ist noch nicht so recht erklärt.

Man will wissen, daß er Umwälzungen bringt von einschneidender Art. Doch dieser Stern bedeutet mehr.

Bethlehemstern *kann* er genannt werden, weil er von ganz gleicher Art ist, wie dieser es war. Seine Kraft saugt Wasser hoch empor, bringt Wetterkatastrophen und noch mehr. Die Erde bebt, wenn seine Strahlen sie umfangen.

Seit dem Geschehen in Bethlehem ist Gleiches nicht dagewesen. Wie der Bethlehemstern löste sich auch dieser von dem ewigen Reiche des Urgeistigen zu einer Zeit, daß er auf dieser Erde genau zum Wirken kommt, wenn die Jahre geistiger Erleuchtung über alle Menschheit gehen sollen.

Der Stern hat seinen Weg in *gerader* Linie von dem ewigen Reiche bis zu diesem Weltenteile. Sein Kern ist mit hoher, geistiger Kraft gefüllt; er umhüllt sich mit der Stofflichkeit und wird dadurch auch den Erdenmenschen sichtbar werden. Sicher und unentwegt verfolgt der Komet seine Bahn und wird zu rechter Stunde auf dem Plane sein, wie schon Jahrtausende vorher bestimmt gewesen ist.

Die ersten, unmittelbaren Einwirkungen haben in den letzten Jahren bereits begonnen. Wer das nicht sehen und nicht hören will, wer alles schon geschehene *Außergewöhnliche* noch als alltäglich hinzustellen nicht als lächerlich empfindet, dem ist natürlich nicht zu helfen. Er will entweder Vogel Strauß spielen aus Furcht, oder er ist belastet mit ärgster Beschränkung. Beide Arten muß man ruhig ihre Wege gehen lassen, kann über ihre leicht widerlegbaren Behauptungen nur lächeln.

Wissenden aber könnte auch gesagt werden, wohin die ersten *starken* Strahlen treffen. Doch da die Strahlen nach und nach die ganze Erde mit umfassen, so hat es keinen Zweck, ausführlicher darüber zu berichten. Es dauert Jahre bis zu diesem Punkt und Jahre, ehe er die Erde wieder aus dem Einflusse entläßt.

Und *dann* ist sie *gereinigt* und *erfrischt* in *jeglicher Beziehung*, zum Segen und zur Freude der Bewohner. Nie war sie schöner, als sie dann sein wird. Deshalb soll jeder Gläubige mit ruhigem Vertrauen in die Zukunft blicken, nicht erschrecken, was auch in den nächsten Jahren kommen mag. Wenn er vertrauensvoll zu Gott aufblicken kann, wird ihm kein Leid geschehen.

DER WELTENLEHRER

WELTENLEHRER heißt er nicht etwa, weil er die Welt belehren soll, vielleicht eine Religion gründet, welche die Welt, in engerem Sinne die Erde oder noch besser die Erdenmenschheit, vereinigt oder die Erde beherrscht, sondern Weltenlehrer wird er genannt, weil er die »Welt« *erklärt,* die Lehre über die Welt bringt. Das, was der Mensch wirklich wissen muß! Er lehrt die »Welt« *erkennen,* in ihrem selbsttätigen Wirken, damit der Erdenmensch sich darnach richten kann und ihm dadurch der Aufstieg bewußt möglich wird, in Erkenntnis der eigentlichen Weltgesetze!

Es handelt sich also um eine Weltenlehre, Belehrung über die Welt, die Schöpfung.

Hinter diesem *echten* Weltenlehrer steht wie einst bei Christus, den *reinen Hellsehenden* sichtbar, strahlend das große *Erlöserkreuz!* Man kann auch sagen: *»Er trägt das Kreuz!«* Das hat jedoch mit Leiden und Märtyrertum nichts zu tun.

Es wird dies eins der Zeichen sein, das »lebendig leuchtend« kein noch so geschickter Gaukler oder Magier vorzutäuschen vermag, und woran die unbedingte Echtheit seiner Sendung zu erkennen ist!

Dieser außerirdische Vorgang ist nicht etwa zusammenhanglos, nur willkürlich, also nicht unnatürlich. Man versteht den Zusammenhang sofort, sobald man den wirklichen Sinn des eigentlichen »Erlöserkreuzes« weiß. Das Erlöserkreuz ist nicht gleichbedeutend mit dem Leidenskreuze Christi, wodurch die Menschheit ja auch nicht erlöst werden konnte, wie ich in dem Vortrage »Der Kreuzestod des Gottessohnes und das Abendmahl« eingehend schildere und vielfach wiederhole. Es ist etwas ganz anderes, wiederum anscheinend Einfaches und doch gewaltig Großes!

Das Kreuz war schon vor Christi Erdenzeit bekannt. Es ist das Zeichen göttlicher Wahrheit! Nicht nur das Zeichen, sondern die lebendige Form dafür. Und da Christus der Bringer göttlicher Wahrheit war, der unverfälschten, und aus der Wahrheit kam, mit ihr in unmittelbarer Verbindung stand, ein Stück davon in sich trug, haftete sie auch lebendig in ihm und an ihm!

Sie ist *sichtbar* in dem lebendigen, also leuchtenden und selbsttätig *strahlenden* Kreuze! Man kann sagen, sie ist das Kreuz selbst. Dort, wo dieses strahlende Kreuz ist, ist damit auch die Wahrheit, weil dieses Kreuz von der Wahrheit nicht zu trennen geht, sondern beides eins ist, *weil dieses Kreuz die sichtbare Form der Wahrheit zeigt.*

Das Strahlenkreuz oder das strahlende Kreuz *ist* also die Wahrheit in ihrer ureigenen Form. Und da durch die Wahrheit allein der Mensch aufsteigen kann, nicht anders, so findet der Menschengeist auch nur in Erkenntnis oder Kenntnis der göttlichen Wahrheit wirkliche *Erlösung!*

Da nun wiederum allein in der Wahrheit die Erlösung liegt, folgert daraus, daß das Kreuz, also die Wahrheit, das erlösende Kreuz ist oder das *Erlöserkreuz!*

Es ist das Kreuz des Erlösers! *Der Erlöser aber ist die Wahrheit* für die Menschheit! Nur die Kenntnis der Wahrheit und die damit verbundene Benützung des in der Wahrheit liegenden, oder in der Wahrheit gezeigten Weges kann den Menschengeist aus seiner jetzigen Umnachtung und Verirrung nach dem Lichte emporführen, befreien, erlösen aus dem derzeitigen Zustande. Und da der gesandte Gottessohn und der nun kommende Menschensohn die *alleinigen* Bringer der *ungetrübten* Wahrheit sind, diese in sich tragen, müssen beide naturgemäß auch untrennbar das Kreuz in sich tragen, also Träger des Strahlenkreuzes, Träger der Wahrheit sein, Träger der Erlösung, die in der Wahrheit für die Menschen ruht. Sie bringen die Erlösung in der Wahrheit denen, die sie aufnehmen, die also den gezeigten Weg gehen. – Was gilt daneben alles menschenkluge Reden? Es wird verblassen in der Stunde der Not.

Deshalb sagte der Gottessohn zu den Menschen, daß diese das *Kreuz* aufnehmen und ihm folgen sollten, das heißt also, *die Wahrheit aufzunehmen und darnach zu leben!* Sich einzufügen in die Schöpfungsgesetze, zu lernen, diese genau zu verstehen und sie in ihren selbstarbeitenden Auswirkungen nur zum Besten zu benützen.

Was aber hat der beschränkte Menschensinn wieder aus dieser einfachen und natürlichen Tatsache gemacht! Eine von Gott und dem Gottessohne nicht gewollte Leidenslehre! Und damit wurde ein *falscher* Weg eingeschlagen, der mit dem gezeigten Wege nicht in Einklang steht, sondern weitab führt vom Gotteswillen, der nur zu der Freude anstatt zu dem Leiden führen will.

Es ist natürlich für die Menschheit ein furchtbares Symbol, daß der Gottessohn damals von ihr gerade an die irdisch wiedergegebene Form der Gestaltung der Wahrheit genagelt und zu Tode gemartert wurde, also an dem Symbol der Wahrheit, die er brachte, irdisch zugrunde ging! Das Leidenskreuz der Kirchen ist aber *nicht* das Erlöserkreuz!

»Der in der Kraft und in der Wahrheit steht« heißt es von dem Gottessohne. Die Kraft ist der Gotteswille, der Heilige Geist. Seine sichtbare Form ist die Taube. Die sichtbare Form der Wahrheit ist das selbsttätig strahlende Kreuz. Beides sah man lebendig an dem Gottessohne, weil er darin stand. Es war also eine bei ihm natürliche und selbstverständliche Erscheinung.

Dasselbe wird man auch am Menschensohne sehen! Die Taube über ihm, das Erlöserkreuz hinter ihm; denn er ist wiederum untrennbar damit verbunden als der Wahrheitsbringer, »der in der Kraft und in der Wahrheit steht«! *Es sind die untrügbaren Zeichen seiner echten Sendung zur Erfüllung der Verheißungen.* Die Zeichen, die nie nachzuahmen gehen, unvernichtbar sind, warnend und trotz der Furchtbarkeit des Ernstes auch verheißend! Vor ihnen ganz allein muß alles Dunkel weichen!

Schaut auf! Sobald die unerbittlichen Vorboten seines Kommens sich gemeldet haben, die den Weg für ihn reinfegen von den Hemmnissen, die Menschheitsdünkel darauf häuft, *wird die Binde von den Augen vieler fallen,* die begnadet sind, ihn *also* zu erkennen! Laut werden sie dann Zeugnis geben *müssen,* gezwungen von der Kraft des Lichtes.

Kein einziger der heute noch so zahlreichen falschen Propheten und auch Führer vermag *dem* gegenüber zu bestehen; denn in den beiden hohen Zeichen, welche niemand tragen kann außer dem Gottessohne und dem Menschensohne, spricht Gott selbst für seinen Diener, alle Menschenklugheit muß darob verstummen. –

Achtet auf die Stunde, sie wird näher sein als *alle* denken.

DER FREMDLING

DUNKEL lagerte wieder über der Erde. Triumphierend beschattete es die Menschen und versperrte den Weg nach dem urgeistigen Reiche. Das Gotteslicht war von ihnen gewichen. Der Körper, der als irdisches Gefäß dazu gedient hatte, hing blutend und zerstört am Kreuze, als Opfer des Protestes derer, denen es das Glück und den heiligen Frieden bringen wollte.

Auf dem Gipfel der gesamten Schöpfung, in der strahlenden Nähe Gottes, steht die Gralsburg als Tempel des Lichtes. In dieser herrschte große Trauer über die verirrten Menschengeister in der Tiefe, die sich in blindem Besserwissenwollen der Wahrheit feindselig verschlossen und bis zu dem Verbrechen an dem Gottessohne von dem haßerfüllten Dunkel peitschen ließen. Schwer senkte sich der von der Menschheit in dieser Art geschaffene Fluch auf alle Welt und drückte sie in nur noch größere Begriffsbeschränkung. –

Mit ernstem Staunen sah ein Jüngling von der Gralsburg aus das ungeheuere Geschehen ... der zukünftige Menschensohn. Er war zu dieser Zeit bereits in seiner Ausbildung begriffen, die Jahrtausende in Anspruch nahm; denn wohlgerüstet sollte er hinab in jene Niederungen, wo das Dunkel durch der Menschen Wollen herrschte.

Da legte sich dem Träumenden sanft eine Frauenhand auf die Schulter. Die Königin der Weiblichkeit stand neben ihm und sprach in liebevoller Traurigkeit:

»Laß das Geschehen auf Dich wirken, lieber Sohn. *So* ist der Kampfplatz, den Du zu der Stunde der Erfüllung zu durchschreiten haben wirst; denn auf die Bitte des gemordeten Heilandes gewährt Gottvater, daß Du vor dem Gericht den Abtrünnigen noch einmal sein Wort verkündest, um die zu retten, die noch darauf hören wollen!«

Stumm senkte der Jüngling sein Haupt und schritt zu innigem Gebet um Kraft, da der Widerhall so großer Gottesliebe machtvoll in ihm wogte!

Schnell schwang die Kunde von der letzten, nochmaligen Gnadenmöglichkeit durch alle Sphären, und viele Seelen flehten Gott um die Gewährung, mithelfen zu dürfen an dem großen Werke der Erlösung aller derer, die den Weg zu Gott noch finden wollen. Gottvaters Liebe ließ es mancher Seele zu, der es zum Aufwärtskommen Vorteil brachte. In dankerfüllter Freude leistete die Schar der so Begnadeten jubelnd ein Treugelöbnis für Erfüllung der gewährten Dienensmöglichkeit.

So wurden *die* Berufenen gebildet, welche sich dem Gottgesandten später zur Verfügung halten sollten, wenn dessen Stunde der Erfüllung auf der Erde kam. Mit Sorgfalt wurden sie für diese Aufgaben entwickelt und zu rechter Zeit auf Erden inkarniert, damit sie fertig sein konnten, sobald der Ruf an sie erging, *auf den zu lauschen ihre erste Pflichterfüllung blieb.*

Unterdessen wurde das Vermächtnis des gemordeten Gottessohnes, sein lebendiges Wort, auf Erden nur zu Eigenzwecken ausgenützt. Den Menschen fehlte dabei jeder Begriff der wahren Christusprinzipien. Sie lebten sich im Gegenteil in eine so falsche, rein irdische Liebedienerei hinein, daß sie zuletzt alles andere als nicht von Gott kommend ablehnten, und heute noch ablehnen und anfeinden, was nicht in dieser von ihnen gewünschten widerlichen Weichlichkeit sich zeigt, was nicht einen gleichen, so ungesunden, sklavischen Menschheitskult treibt.

Alles, wo als Grundlage die menschliche Oberhoheitsanerkennung fehlt, wird einfach als falsch und nicht zu Gottes Wort gehörend bezeichnet. Unter diesem Gebaren verbirgt sich aber in Wirklichkeit nichts anderes als die ängstliche Sorge, daß die schon längst empfundene Hohlheit des falschen Baues offenbar werden könnte.

Das hatte man aus dem heiligen Vermächtnis des Gottessohnes gemacht! Unter solchen erniedrigenden Voraussetzungen gab man seine klaren Worte allzumenschlich deutend weiter. Mit Menschenschwächen buhlend wurden Anhänger geworben, bis man etwas Erdenmacht entfalten konnte, auf die das letzte Ziel immer gerichtet blieb. Dann aber zeigte man sehr bald in bestialischen Grausamkeiten, wie weit entfernt die Träger des verkannten Christusprinzipes von dessen wirklichem Verständnis waren, wie wenig sie es lebten.

Dauernd und immer schärfer wurde der Beweis erbracht, daß gerade die Christusprinzipträger-sein-Wollenden die ärgsten Feinde und größten Beleidiger des wirklichen Christusprinzipes waren, schamlos und unverzeihbar! Die ganze Geschichte nach Christi Erdensein zeigt mit Beginn der Kirchen in unauslöschbar eingegrabenen und eingebrannten Runen diese Tatsachen so klar, daß sie nie bestritten oder abgeschwächt zu werden vermögen. Das Schandmal der bewußten Heuchelei wurde durch die lange Geschichte der Einzel- und Massenmorde unter sträflichen Gottanrufungen unverhüllbar errichtet, woran noch heute an vielen Stellen weitergebaut wird, nur in veränderten, der Jetztzeit angepaßten Formen.

So nahm das Dunkel immer mehr an Schwärze zu, dank der Bereitwilligkeit aller Menschengeister, je mehr sich die Zeit näherte, in der der Menschensohn auf Erden inkarniert zu werden hatte.

Freudige Bewegung in den Elementen kündete die irdische Geburt. Engel geleiteten ihn liebevoll hinab auf diese Erde. Urgeschaffene bildeten einen festen Wall um ihn und seine Erdenkindheit. Sonnig durfte seine Erdenjugend sein. Wie einen Gruß Gottvaters sah er abends strahlend den Kometen über sich, den er als selbstverständlich, als zu den Gestirnen gehörend betrachtete, bis ihm die Binde vorgelegt wurde, die er in seiner bitteren Erdenausbildung zu tragen hatte.

Fremd schien es dann um ihn zu sein, nur eine hohe, unstillbare Sehnsucht füllte seine Seele, die sich bis zur Unrast steigerte, zu dauerndem, nervösem Suchen. Sie ließ sich durch nichts stillen, was die Erde bot.

Die feinstoffliche Binde vor den Augen, stand er nun auf feindlichem Gebiete dem Dunkel gegenüber, auf einem Kampfplatze, wo alles Dunkel fester Fuß aufsetzen konnte als er selbst. Deshalb lag es in der Natur der Sache, daß überall, wo er etwas zu unternehmen suchte, kein Widerhall erklingen konnte und kein Erfolg erwuchs, sondern nur das Dunkel immer feindlich aufzischte.

Solange die Zeit der Erfüllung für ihn nicht gekommen war, konnte das Dunkel immer stärker bleiben und ihn dort irdisch schädigen, wo er sich irgendwie irdisch betätigte; denn alles Irdische *mußte* dem Gottgesandten ganz naturgemäß nur feindlich gegenüberstehen, weil alles Menschenwollen heute *gegen* wahren Gotteswillen sich gerichtet hat, trotz angeblichen Suchens nach der Wahrheit, hinter dem sich immer nur der Eigendünkel birgt in vielerlei Gestaltungen. Leicht fand das Dunkel überall willige Kreaturen, um den Lichtgesandten aufzuhalten, ihn empfindlich schmerzend zu verletzen.

So wurde seine Erdenlernzeit zu dem Weg des Leidens.

So, wie das Geistige in großer Kraft anscheinend magnetartig anziehend und haltend auf das Wesenhafte, Feinstoffliche und Grobstoffliche wirkt, in gleicher und noch viel stärkerer Art muß das, was seinen Ursprung über dem Geistigen in der Nachschöpfung hat, auf *alles* unter ihm wirken. Als natürliches Geschehen, das nicht anders möglich ist. Es sieht in der Wirkung einer Anziehungskraft jedoch nur ähnlich. Anziehungskraft in dem bekannten Sinne hat nur die Gleichart gegenseitig.

Hierbei handelt es sich aber um die bestehende *Macht des Stärkeren* in rein sachlichem, edelstem Sinne! Nicht irdisch-menschlich gedacht; denn in der Grobstofflichkeit ist dieses Gesetz wie alles andere in seiner Auswirkung durch Zutun der Menschen verroht. Die natürliche Auswirkung dieser herrschenden Macht zeigt sich in äußerer Form wie ein magnetartiges Anziehen, Zusammenfassen, Zusammenhalten, Beherrschen.

Aus diesem Gesetz heraus fühlten sich nun auch die Menschen zu diesem verhüllten, stärkeren Fremdling aus der Höhe magnetartig hingezogen, wenn auch vielfach feindlich widerstrebend. Die dichten Hüllen, die er um sich trug, vermochten nicht ganz das Durchdringen dieser auf der Erde fremden Kraft zu dämmen, während diese wiederum auch noch nicht frei erstrahlen konnte, um *die* unwiderstehliche Macht auszuüben, die sie nach dem Abfallen der auferlegten Hüllen zur Stunde der Erfüllung hat.

Das brachte Zwiespalt unter die Empfindungen der Menschen. Das Sein des Fremdlings ganz allein erweckte schon in ihnen bei Zusammenkommen Hoffnungsgedanken der verschiedensten Arten, die sich leider aus ihrer Gesinnung heraus immer nur in irdische Wünsche verdichteten, welche sie in sich nährten und steigerten.

Der Fremdling aber konnte derartige Wünsche nie beachten, da seine Stunde noch nicht war. Dadurch sahen sich viele in ihrer eigenen Einbildung oft schwer getäuscht, fühlten sich sogar sonderbarerweise betrogen. Sie überlegten nie, daß es in Wirklichkeit *nur ihre eigenen* selbstsüchtigen Erwartungen gewesen waren, die sich nicht erfüllten, und luden, in ihrer Enttäuschung darüber empört, die Verantwortung dafür dem Fremdling auf. Doch dieser rief sie nicht, sondern sie drängten sich ihm auf und hängten sich an ihn, aus diesem ihnen unbekannten Gesetze heraus, und wurden für ihn oft eine schwere Last, mit der er durch *die* Erdenjahre wanderte, die ihm für seine Lernzeit vorgesehen waren.

Die Erdenmenschen empfanden bei ihm Geheimnisvolles, Unbekanntes, das sie nicht erklären konnten, ahnten eine verborgene Macht, welche sie nicht verstanden, und vermuteten deshalb in ihrer Unkenntnis zuletzt natürlich nur gewollte Suggestion, Hypnose und Magie, je nach der Art ihres Unverständnisses, während von diesem allem nichts in Betracht kam. Die ursprüngliche Zuneigung, das Bewußtsein fremdartigen Angezogenwerdens verwandelte sich dann sehr oft in Haß, der sich in moralischen Steinwürfen und Beschmutzungsversuchen austobte gegen den, von dem sie zu früh viel erwartet hatten.

Niemand nahm sich die Mühe einer gerechten Selbstprüfung, die ergeben hätte, daß der in anderen Anschauungen und Idealen für sich lebende Fremdling der von den sich Andrängenden Ausgenützte war, nicht aber, daß dieser jemand ausgenutzt hätte, wie die Andrängenden in der Bitterkeit über entgangene Wunscherfüllungen eines bequemen Lebens sich und anderen einzureden versuchten. Blind quittierte man erwiesene Freundlichkeit mit sinnlosem Haß und Feindschaft, ähnlich der Judas-Handlung.

Aber der Fremdling auf der Erde mußte alles über sich ergehen lassen, war es ja nur eine ganz natürliche Folge seines Seins, solange die Menschheit in Verirrung lebte. Daran allein vermochte er, dem alles üble Tun und Denken vollkommen artfremd war, zu erkennen, wessen die Erdenmenschen in ihrer Art fähig wurden. Solches Erleben brachte jedoch gleichzeitig auch die für ihn notwendige Härtung, die sich langsam wie eine Rüstung um seine sonst allzeit vorhandene Hilfsbereitschaft legte und so eine Kluft riß zwischen dieser und der Menschheit... durch die Seelenwunden, welche trennend wirkten und nur durch die vollständige Änderung der Menschheit wieder heilen können. Diese ihm geschlagenen Wunden bildeten von dieser Stunde an nun die Kluft, welche zu überbrücken nur *der* Mensch vermag, *der ganz* die Straße der Gesetze Gottes wandelt. Diese allein kann als Brücke dienen. Ein jeder andere muß in der Kluft zerschmettern; denn es gibt zur Überschreitung keinen anderen Weg. Und davor stehenbleiben bringt Vernichtung.

Zu genauer Stunde erfüllte sich schon vor dem Ende dieser schweren Lernzeit die Zusammenkunft mit *der* Gefährtin, welche als ein Teil von ihm gemeinsam mit ihm durch das Erdenleben wandern sollte, um nach göttlicher Bestimmung mitzuwirken an der großen Aufgabe. Sie, selbst ein Fremdling auf der Erde, trat in eigener Erkenntnis freudig in den Gotteswillen ein, um dankbar darin aufzugehen.

Dann kam die Zeit erst für Berufene, die Gott ihr Treuegelöbnis zu dem

Dienste einst gegeben hatten! Die Gewährung ihrer Bitte war mit Sorgfalt durchgeführt. Zu rechter Zeit erfolgte Inkarnierung auf der Erde. Unter treuer Führung wurden sie irdisch gerüstet für die jeweilige Aufgabe mit allem dem, was sie zu der Erfüllung nötig hatten. Es wurde ihnen zugeführt, geschenkt, so auffallend, daß sie es gar nicht anders als ein Geschenk betrachten konnten, als Lehen für die Stunde der Erfüllung ihres einstigen Versprechens.

Pünktlich kamen sie mit dem Gesandten in Berührung, durch sein Wort, dann auch persönlich ... aber viele davon ahnten wohl den Ruf, empfanden Ungewohntes in der Seele, doch sie hatten sich in ihrem Erdenlaufe unterdessen von rein Irdischem und zum Teil sogar von dem Dunkel so umstricken lassen, daß sie nicht die Kraft aufbringen konnten, sich zum wahren Dienst zu überwinden, um dessentwillen sie für diese große Zeit zur Erde durften.

Einige zeigten wohl den schwachen Willen zur Erfüllung, doch die Erdenfehler hielten sie davon zurück. Es gab auch leider solche, die wohl in den Weg ihrer Bestimmung traten, doch von vornherein für sich dabei in *erster* Linie irdischen Vorteil suchten. Sogar von ernsthaft Wollenden erwarteten mehrere, daß der, dem *sie* zu dienen hatten, ihren Weg zu der Erfüllung ebnen sollte, anstatt umgekehrt.

Nur wenige, einzelne, zeigten sich wirklich so, daß sie in ihre Aufgabe hineinzuwachsen fähig waren. Diesen wurde dann zur Stunde der Erfüllung zehnfach Kraft gegeben, so daß die Lücken nicht mehr fühlbar blieben und sie in Treue sogar mehr zu leisten fähig wurden, als die große Schar es je vermocht hätte. –

Mit Trauer sah der Fremdling auf der Erde die Verheerungen unter der Schar der Berufenen. *Das war eine der bittersten Erfahrungen für ihn!* Soviel er auch gelernt hatte, soviel er durch die Menschen selbst erlitt ... vor dieser letzten Tatsache stand er verständnislos; denn er fand für das Versagen keinerlei Entschuldigung. Nach seiner Auffassung konnte doch ein Berufener, der in Gewährung seiner Bitten extra geführt und inkarniert wurde, nicht anders, als in freudigster Erfüllung seine Aufgabe getreu zu lösen! Wofür war er sonst auf der Erde! Weshalb wurde er treu geschützt bis zu der Stunde, da ihn der Gesandte brauchte! Alles wurde ihm nur geschenkt um seines notwendigen Dienens willen.

Deshalb geschah es, daß der Fremdling, als er nun den ersten der Berufenen begegnete, dort voll vertraute. Er sah sie nur als Freunde an, die überhaupt nicht anders denken, empfinden und handeln konnten, als in unerschütterlichster Treue. Galt es doch das Höchste, Köstlichste, was einem Menschen widerfahren durfte. Nicht ein Gedanke kam ihm an die Möglichkeit, daß auch Berufene in ihrer Wartezeit unrein geworden sein konnten. Für ihn war es unfaßbar, daß ein Mensch bei solcher Gnade frevelnd den eigentlichen Zweck seines Erdenseins zu versäumen und vertändeln vermochte. Sie erschienen ihm mit ihren anhaftenden Fehlern nur sehr hilfsbedürftig. ... So traf ihn die Furchtbarkeit einer Erkenntnis um so härter, als er erleben mußte, daß der Menschengeist auch in solchen außergewöhnlichen Fällen nicht zuverlässig ist und sich unwert der höchsten Gnade auch bei treuester geistiger Führung zeigt!

Erschüttert sah er plötzlich vor sich die Menschheit in ihrer unsagbaren Minderwertigkeit, Verworfenheit. Sie wurde ihm zum Ekel.

Drückender fiel das Elend auf die Erde. Immer deutlicher zeigte sich die Haltlosigkeit des falschen Aufbaues alles bisherigen Menschenwirkens. Offenbarer trat das Zeugnis ihres Unvermögens an den Tag. Alles kam bei steigender Verworrenheit langsam ins Wanken, nur das eine nicht: der Menschendünkel eignen Könnenwollens.

Gerade dieser sproßte üppiger denn je, was auch natürlich war, da Dünkel stets den Boden der Beschränktheit braucht. Anwachsen der Beschränktheit muß auch üppiges Emporwuchern des Dünkels nach sich ziehen.

Die Sucht nach Geltung stieg zu fiebernder Verkrampfung. Je weniger der Mensch zu geben hatte, je mehr die Seele in ihm angstvoll nach Befreiung schrie, welche das Sinken ahnend nur zu gut empfand, desto aufdringlicher suchte er dann in falschem Ausgleichungsbedürfnis den *äußeren Erdentand,* menschliche Auszeichnungen. Wenn sie auch oft in stillen Stunden endlich Zweifel fühlten an sich selbst, so wollten sie darum nur um so eifriger wenigstens noch als wissend *gelten.* Um *jeden* Preis!

So ging es rasend abwärts. In dem angstgebärenden Erkennen kommenden Zusammenbruchs suchte sich zuletzt ein jeder zu betäuben, je nach seiner Art, und ließ das Unerhörte laufen, wie es lief. Er schloß die Augen vor der drohenden Verantwortung.

»Weise« Menschen aber kündeten die Zeit des Kommens eines starken Helfers aus der Not. Die meisten davon wollten jedoch diesen Helfer in sich selbst erkennen, oder, wenn Bescheidenheit vorhanden war, ihn wenigstens in ihrem Kreise finden.

»Gläubige« beteten zu Gott um Hilfe aus den Wirrnissen. Aber es zeigte sich, daß diese Erdenmenschlein schon bei ihrer Bitte in Erwartung der Erfüllung Gott innerlich Bedingungen zu stellen suchten, indem sie diesen Helfer *so* zu haben wünschten, wie er *ihren Ansichten* entsprach. So weit gehen die Früchte irdischer Beschränktheit. Die Menschen können glauben, daß ein Gottgesandter sich mit Erdentand zu schmücken nötig hat! Erwarten, daß er sich nach ihren so beschränkten Erdenmeinungen richten muß, um von ihnen dadurch anerkannt zu werden, ihren Glauben, ihr Vertrauen *damit* zu erringen. Welch unerhörter Dünkel, welche Anmaßung liegt schon allein in dieser Tatsache! Der Dünkel wird zur Stunde der Erfüllung arg zerschmettert sein mit allen denen, die im Geiste solchem Wahne huldigten! –

Da rief der Herr nach seinem Diener, der als Fremdling auf der Erde schritt, damit er rede, Botschaft gebe allen darnach Dürstenden!

Und siehe, das Wissen der »Weisen« war falsch, die Gebete der Gläubigen unecht; denn sie öffneten sich nicht der Stimme, welche aus der Wahrheit kam und deshalb auch nur dort erkannt zu werden vermochte, wo der Tropfen Wahrheit in dem Menschen nicht verschüttet war durch Erdenfehlerhaftigkeit, Verstandesmacht und alle diese Dinge, die geeignet sind, den Menschengeist vom rechten Wege abzudrängen und zum Sturz zu bringen.

Nur dort konnte sie Widerhall erwecken, wo das Bitten aus wirklich demütiger, ehrlicher Seele kam.

Der Ruf ging aus. Wohin er traf, brachte er Unruhe, Zersplitterung. Doch an den Stellen, wo er ernst erwartet wurde, Frieden und Glückseligkeit.

Das Dunkel kam in unruhige Bewegung und ballte sich noch dichter, schwerer, schwärzer um die Erde. Feindselig fauchte es schon hier und da empor und zischte hassend in die Reihen derer, die dem Rufe folgen wollten. Eng und enger aber kreiste es um *die Berufenen,* die durch Versagen in die Dunkelheit versinken mußten, der sie damit freiwillig die Hand geboten hatten. Ihr früheres Gelöbnis band sie geistig fest an den Gesandten, zog sie zu ihm hin zur Stunde nahender Erfüllung, während ihre Fehler aber hemmend wirkten und zurückstießen von ihm, weil dadurch keine Bindung mit dem Lichte möglich war.

Daraus konnte nun wiederum nur eine Brücke für den Haß erstehen, für den ganzen Haß des Dunkels gegen alles Lichte. Und so verschärften sie den

Leidensweg des Lichtgesandten bis zum Golgatha, den zu erschweren sich die größte Zahl der Menschheit nur zu gern anschloß, besonders die, so wähnten, selbst den Weg des Lichtes schon zu kennen und zu gehen, wie einstmals Pharisäer und die Schriftgelehrten.

Das alles schuf eine Lage, wo die Menschheit noch einmal beweisen konnte, daß sie heute wiederum genau dasselbe tun würde, was sie einst an dem Gottessohne schon verbrach. Diesmal nur in moderner Form, die Kreuzigung symbolisch durch versuchten *moralischen Mord,* der nach den Gesetzen Gottes *nicht weniger sträflich ist als körperlicher Mord.*

Es war Erfüllung nach der letzten leichtsinnig versäumten Gnadensmöglichkeit. Verräter, falsche Zeugen und Verleumder kamen aus der Schar Berufener. Immer mehr Gewürm des Dunkels wagte sich heran, da es sich sicher wähnte, weil der Fremdling auf der Erde in Erfüllung vor dem Schmutze schwieg, wie ihm geboten war, und wie auch einst der Gottessohn nicht anders tat vor der johlenden Menge, die ihn als Verbrecher an das Kreuz gefestigt haben wollte.

Doch als die treubrüchigen Abtrünnigen in ihrem blinden Hasse sich schon vor dem Siege wähnten, das Dunkel wiederum das Werk des Lichtes für vernichtet hielt, weil es den Träger dieses Werkes irdisch ganz unmöglich gemacht hoffte, da offenbarte Gott diesmal *mit Allmacht Seinen Willen!* Und dann ... erzitternd sanken auch die Spötter auf die Knie, aber ... es war für sie zu spät!

RETTUNG! ERLÖSUNG!

Rettung! Erlösung! Wie oft haben Menschen sich von diesen Worten schon ein falsches Bild gemacht, wenn sie bedingungslose Hilfe aus dem Lichte darin sehen wollten unter Ausschluß der Allheiligen Gerechtigkeit! Es liegt darin vollständige Verirrung, die sich heute schon in allem zeigt, was Menschensinn erdenkt. Sie wollen Gott zu ihrem hilfsbereiten Sklaven machen, der nur für das Wohl der kleinen Erdenmenschen zugelassen werden soll.

Fragt Euch nur selbst einmal darüber, ohne Selbstbeschönigung beleuchtet Euere Gedanken, blickt sachlich klar bis auf den Grund, dann werdet Ihr bekennen müssen, daß das ganze Denken niemals anders eingestellt gewesen ist, als daß Euch Gott auf Euer Bitten hin stets dienend helfen soll, um Euer Wünschen zu erfüllen.

Gewiß, Ihr nennt es nicht mit der Bezeichnung, welche der Art Eures Wesens nahekommen würde, sondern Ihr umschreibt wie immer Euer falsches Wollen, legt Euch Mäntelchen der vorgetäuschten Demut um und sprecht nur vom »Gewähren« anstatt Dienen, doch das ändert nichts daran, daß Euer ganzes Tun sogar bei dem Gebet vom Übel ist und nicht Gott wohlgefällig werden kann!

Seid endlich einmal wahr gegen Euch selbst und zittert beim Erkennen dessen, wie Ihr bisher stets vor Eurem Gotte standet, eigenwillig, anmaßend und unzufrieden, heuchlerisch aus Oberflächlichkeit heraus, in Not und Leid nur an Ihn denkend, damit Er Euch helfe aus den Folgen Eures Tuns, bei dem Ihr vorher niemals darnach fragtet, ob auch Euere Entschlüsse in dem Rahmen *Seines* Wollens liegen.

Was seid Ihr Menschen vor der Allmacht und Erhabenheit des Herrn, den Ihr *so* für Euch walten lassen wollt, wie es Euch wohlgefällt! Mit welcher Dünkelhaftigkeit wollt Ihr hier auf der Erde *die* Gesetze durchzwingen, die Eurer kleinen Denkungsart entstammen und die nicht im Einklang stehen mit den göttlichen Gesetzen, die Er in die Schöpfung legte. Ihr führet so oft Euer falsches Wollen mit einer vor Gott unverantwortlichen Klügelei und argen

Denkungsweise durch, Eure Nächsten damit schädigend, um selbst Vorteile zu erhalten, sei es in Geld und Gut oder an Ansehen bei denen, für die Ihr es tut.

Nun wird sich alles das schwer auf Euch wälzen mit Bergeslast; denn nichts von allem Eurem falschen Tun konnte in dem Gesetz der Wechselwirkung aufgehoben werden als gelöst, es sei denn, daß Ihr selbst Euch davon löstet durch die Änderung in Eurem Wollen zu dem Guten.

Die den Sturz der aufgehäuften Massen der Vergeltung noch hemmenden Hindernisse werden weggerissen! Unaufhaltsam wälzt sich alles auf die Erdenmenschheit nieder, die in Geistesträgheit und in Dünkelhaftigkeit verharren will, um ihren Willen durchzusetzen, der sich weit vom Gotteswillen lange schon entfernte.

Das aber ist das Ende für die Herrschaft alles Dunkels auf der Erde! Sie bricht zusammen und reißt alle Menschen mit sich, die sich ihr gesellten.

Aber mitten durch krachendes Tosen der Zusammenbrüche schwingt das Wort! Sieghaft zieht es durch die Lande, damit sich noch retten kann, wer sich ehrlich darum *bemüht*.

Darin ruht die Bedingung, daß ein jeder Mensch sich selbst zu mühen hat, das Wort des Herrn als Rettung zu erkennen! Läßt er zweifelnd diese letzte Möglichkeit an sich vorüberziehen, ohne sie mit aller Kraft zu nützen, kommt er nie mehr in die Lage und der Augenblick ist für ihn ewiglich verloren, daß er in ihm die Erlösung findet.

Rettung, Erlösung wird ihm einzig in dem Wort, das er aufnehmen muß, um darnach lebend sich zu lösen von den Banden, die ihn niederhalten in Verkennung und Verbiegung der tatsächlichen Begriffe.

Am schlimmsten wurdet Ihr vergiftet und gefährdet durch die falsche Darstellung der Gottesliebe, die Ihr aller Frische, aller Kraft und Klarheit zu entkleiden suchtet und sie dafür mit der ungesunden Weichlichkeit und schadenbringender Nachgiebigkeit umhülltet, was Euch allesamt in Geistesträgheit und damit in das Verderben stürzen mußte.

Hütet Euch vor der verderbenbringenden Verbiegung des Begriffes der Heiligen Gottesliebe! Ihr fallt damit in einen anfangs angenehmen Schlummer, der zum Todesschlafe wird.

In Nachgiebigkeit und alles verzeihensollender Güte liegt keine *wahre* Liebe, sondern es ist dieses Falsche wie ein Rauschgift, das die Geister nur in Müdigkeit einwiegt und schwächt, zuletzt die vollkommene Lähmung bringt und den ewigen Tod erzwingt, da ein Erwachen noch zu rechter Zeit dabei nicht möglich ist.

Nur scharfe Kühle der göttlichen Reinheit kann die Müdigkeit durchdringen und der wahren Liebe den Weg bahnen, der zu Euren Geistern führt. Reinheit *ist* scharf, sie kennt keine Beschönigungen, aber auch nicht Entschuldigungen. Deshalb wird sie wohl manchem Menschen, der sich selbst nur zu gern etwas vorzutäuschen sucht, als rücksichtlos erscheinen müssen. Aber sie verletzt in Wirklichkeit nur dort, wo etwas nicht in Ordnung ist.

Weichlichkeit bringt Schaden, Euch selber und auch denen, denen Ihr damit gefällig zu sein glaubt. Ihr werdet einst von einem *Höheren* gerichtet in einer Art Gerechtigkeit, welche Euch fremd geworden ist seit langem durch Euch selbst; denn Ihr habt Euch davon entfernt.

Es ist die *Gottgerechtigkeit,* unwandelbar von Ewigkeit zu Ewigkeit, und unabhängig von der Menschen Meinung, frei von ihrer Gunst, von ihrem Haß und ihrer Bosheit, ihrer Macht. Sie ist *all*mächtig; denn sie ist von Gott!

Wenn Ihr nicht *alle* Kraft aufwendet, Euch zu lösen von dem Alten, werdet Ihr diese Gerechtigkeit auch nicht verstehen lernen. Ihr vermögt dann aber auch nicht in Euch neu zu werden! Und nur der *neue* Mensch, der in dem Wort des Lebens steht und nach dem Lichte strebt, erhält die Hilfen, die er nötig hat, um durch ein Gottgericht zu gehen.

Es muß der Mensch sich helfen durch das Wort, das ihm die Wege zeigt, die er zu gehen hat! Nur *so* kann er Erlösung finden, sonst wird sie ihm nicht zuteil! Er muß erstarken in dem Kampfe, den er für sich selber führt, oder er muß darin untergehen!

Erwacht und stellt Euch kämpfend gegen alles Dunkel, dann wird Euch auch helfende Kraft zuteil. Den Schwächlingen aber geht alles noch verloren, was sie an Kraft besitzen, da sie diese nicht richtig zu verwenden wissen. Es wird ihnen damit das wenige ihres Besitzes noch genommen, weil es in dem Gesetz der Anziehung der gleichen Art zu denen fließt, welche die Kraft in Eifer und der *rechten Art* verwenden. Damit erfüllet sich ein Wort uralter Verheißungen.

DIE SPRACHE DES HERRN

Heilige Pflicht des Menschengeistes ist es, zu erforschen, wozu er auf der Erde oder überhaupt in dieser Schöpfung lebt, in der er wie an tausend Fäden hängt. So klein dünkt sich kein Mensch, sich einzubilden, daß sein Dasein zwecklos wäre, wenn *er* es nicht zwecklos macht. Dazu hält er sich selbst auf jeden Fall für zu wichtig. Und doch vermögen sich nur wenig Erdenmenschen aus der Trägheit ihres Geistes mühevoll *so* weit zu lösen, um sich ernsthaft mit Erforschung ihrer Aufgabe auf Erden zu befassen.

Trägheit des Geistes ist es auch allein, die sie von anderen verfaßte feststehende Lehren anzunehmen willig macht. Und Trägheit liegt in der Beruhigung, zu denken, daß es Größe ist, am Glauben ihrer Eltern festzuhalten, ohne die darin enthaltenen Gedankengänge scharfen, sorgfältigen Eigenprüfungen zu unterziehen.

In allen diesen Dingen werden nun die Menschen eifrig unterstützt von den berechnenden und eigensüchtigen Vereinigungen, welche in der Ausdehnung an Zahl der Anhänger den besten Weg zu der Vergrößerung und Sicherung des Einflusses und damit Anwachsens der Macht zu haben glauben.

Weit liegt von ihnen wahres Gotterkennen; denn sie würden sonst den Menschengeist nicht binden in die Fesseln einer feststehenden Lehre, sondern müßten ihn zu der von Gott bestimmten Selbstverantwortung erziehen, welche *volle Freiheit des geistigen Entschlusses* grundsätzlich bedingt! Ein darin freier Geist allein kann zu dem wahren Gotterkennen kommen, das in ihm zu voller Überzeugung reift, die nötig ist für jeden, der zu lichten Höhen aufgehoben werden will; denn nur die freie, aufrichtige Überzeugung kann ihm dazu helfen. –

Ihr Menschen aber, was habt Ihr getan! Wie habt Ihr diese höchste Gnade Gottes unterbunden, frevlerisch verhindert, daß sie sich entwickeln kann und helfend allen Erdenmenschen *den* Weg öffnet, der sie sicher zu dem Frieden, zu der Freude und zum höchsten Glücke führt!

Bedenkt: auch in der Wahl, Zustimmung oder dem Gehorchen, das als

Folge der geistigen Trägheit vielleicht nur gewohnheitsmäßig vor sich geht, oder weil es bei anderen so üblich ist, *liegt ein persönlicher Entschluß,* der für den also Handelnden schöpfungsgesetzmäßige Selbstverantwortungen nach sich zieht!

Für die, so einen Menschengeist dazu veranlassen, geht eine Selbstverantwortung natürlich auch als unvermeidbar, unverrückbar Hand in Hand. Es läßt sich nicht das kleinste Denken oder Handeln ohne gleichartige Folgen aus der Schöpfung streichen, in deren Gewebe sich die Fäden für den einzelnen wie für die Massen spinnen, unbeirrt, der Auslösungen harrend, welche von den Urhebern, also Erzeugern, letzten Endes wiederum empfangen werden müssen, sei es nun als Leid oder als Freude, je nach der Art, wie sie von ihnen dereinst geboren wurden, nur gewachsen und damit verstärkt.

Ihr hängt in dem Gewebe Eures eigenen Wollens, Eures Tuns, und kommt nicht davon los, bevor die Fäden von Euch fallen können in der Ablösung.

Unter allen Kreaturen in der Schöpfung hat der Menschengeist als einzige den *freien Willen,* den er ja bis heute nicht erklären konnte, nicht verstand, weil er in seinen engen Grenzen des Verstandesgrübelns keine Anhaltspunkte als Beweise dafür fand.

Sein freier Wille liegt allein in dem *Entschlusse,* deren er ja stündlich viele fassen kann. Den Folgen aber eines jeden seiner eigenen Entschlüsse ist er in dem selbständigen Weben der Schöpfungsgesetze unbeirrbar unterworfen! Darin liegt seine Verantwortung, die untrennbar verbunden ist mit der Gewährung einer Willensfreiheit im Entschlusse, die dem Menschengeiste untrennbar gegeben eigentümlich ist.

Wo bliebe sonst die göttliche Gerechtigkeit, welche als Stütze, Ausgleich und Erhaltung alles Schöpfungswirkens in der Schöpfung fest verankert ist?

Sie zählt jedoch in ihren Auswirkungen nicht immer nur nach kurzer Spanne eines Erdenseins für einen Menschengeist, sondern es sind dabei ganz andere Bedingungen, wie Leser meiner Botschaft wissen.

Ihr habt mit vielen oberflächlichen Entschlüssen schon oft Unheil über Euch gebracht und zwingt es manchmal über Eure Kinder. Wenn Ihr auch selbst zu träge Euch erwieset, um die Kraft noch aufzubringen, selber zu entscheiden in dem innersten Empfinden, ohne Rücksicht auf Gelerntes, ob auch jedes Wort, welchem Ihr anzuhängen Euch entschlosset, Wahrheit in sich bergen kann, so solltet Ihr die Folgen Eurer Trägheit nicht noch Euren Kindern aufzuzwingen suchen, die Ihr damit in das Unglück stürzt.

Was also auf der einen Seite Geistesträgheit nach sich zieht, bewirkt bei anderen berechnender Verstand.

Durch diese beiden Feinde der geistigen Freiheit im Entschlusse ist die Menschheit nun gebunden bis auf wenige, welche den Mut noch aufzubringen sich bemühen, diese Bindung in sich zu zersprengen, um selbst wirklich Mensch zu werden, wie es in Befolgung göttlicher Gesetze liegt.

Die göttlichen Gesetze sind in allem wahre Freunde, sind helfende Gnaden aus dem Willen Gottes, der die Wege zu dem Heile damit öffnet jedem, welcher sich darum bemüht.

Es gibt nicht einen einzigen anderen Weg dazu als den, welchen die Gottgesetze in der Schöpfung deutlich zeigen! Die gesamte Schöpfung ist die Sprache Gottes, die zu lesen Ihr Euch ernstlich mühen sollt, und die gar nicht so schwer ist, wie Ihr es Euch denkt.

Ihr gehört zu dieser Schöpfung als ein Stück von ihr, müßt deshalb mit ihr schwingen, in ihr wirken, von ihr lernend reifen und dabei erkennend immer mehr emporsteigen, von einer Stufe zu der anderen, mitziehend in der Ausstrahlung, um zu veredeln alles, was auf Eurem Wege mit Euch in Berührung kommt.

Es wird sich dann von selbst ein schönes Wunder nach dem anderen um Euch herum entwickeln, die Euch wechselwirkend immer weiter heben.

Lernet in der Schöpfung Euren Weg erkennen, damit wißt Ihr auch den Zweck Eures Seins. Dankender Jubel wird Euch dann erfüllen und das höchste Glück, das ein Menschengeist zu tragen fähig ist, welches allein im Gotterkennen liegt!

Glückseligkeit des wahren Gotterkennens aber kann niemals aus angelerntem, blindem Glauben wachsen, noch viel weniger erblühen, sondern überzeugtes Wissen, wissende Überzeugung gibt dem Geiste allein das, was er dazu benötigt.

Ihr Erdenmenschen seid in dieser Schöpfung, um Glückseligkeit zu *finden!* In der Sprache, welche Gott lebendig zu Euch spricht! Und diese Sprache zu verstehen, sie zu lernen, Gottes Willen darin zu empfinden, *das* ist Euer *Ziel* im Wandel durch die Schöpfung. In der Schöpfung selber, zu der Ihr gehört, liegt die Erklärung Eures Daseins*zweckes* und gleichzeitig auch Erkennung Eures *Zieles!* Anders könnt Ihr beides niemals finden.

Das verlangt von Euch, daß Ihr die Schöpfung *lebet.* Leben oder *er*leben vermögt Ihr sie jedoch erst dann, wenn Ihr sie wirklich *kennt.*

Ich schlage Euch mit meiner Botschaft nun das Buch der Schöpfung auf! Die Botschaft zeigt Euch klar die Sprache Gottes in der Schöpfung, die Ihr verstehen lernen sollt, damit Ihr sie Euch ganz zu eigen machen könnt.

Stellt Euch einmal ein Menschenkind auf Erden vor, das seinen Vater oder seine Mutter nicht verstehen kann, weil es die Sprache niemals lernte, die sie zu dem Kinde sprechen. Was sollte wohl aus einem solchen Kinde werden?

Es weiß ja gar nicht, was man von ihm will, und wird dadurch aus einem Übel in das andere verfallen, sich ein Leid nach dem anderen zuziehen und zuletzt vielleicht für jeden Erdenzweck wie auch für Erdenfreude ganz unbrauchbar sein.

Muß nicht ein jedes Kind für sich allein die Sprache seiner Eltern *selbst* erlernen, wenn aus ihm etwas werden soll? Niemand kann ihm diese Mühe abnehmen!

Es würde sich sonst nie zurechtfinden, würde nie reifen und nie wirken können auf der Erde, sondern bliebe Hemmnis, Last für andere und müßte zuletzt abgetrennt werden, damit es nicht Schaden bringt.

Erwartet Ihr nun etwas anderes?

Die unvermeidliche Erfüllung einer solchen Pflicht des Kindes habt Ihr selbstverständlich Eurem Gotte gegenüber, dessen Sprache *Ihr* verstehen lernen müßt, sobald Ihr seine Hilfe wollt. Gott aber spricht zu Euch in seiner Schöpfung. Wenn Ihr darin vorwärts kommen wollt, so müßt Ihr diese seine Sprache erst erkennen. Versäumt Ihr es, so werdet Ihr getrennt von denen, die die Sprache kennen und sich darnach richten, weil Ihr sonst Schaden bringt und Hemmung, ohne daß Ihr vielleicht solches wirklich wollt!

Ihr müßt es also tun! Vergeßt das nicht und sorget dafür, daß es nun geschieht, sonst seid Ihr hilflos allem preisgegeben, was Euch droht.

Meine Botschaft wird Euch treuer Helfer sein!

INHALTSÜBERSICHT DER BÄNDE II UND III

Nun schreite rüstig aufwärts!

BAND II

- Die unbefleckte Empfängnis und Geburt des Gottessohnes
- Der Kreuzestod des Gottessohnes und das Abendmahl
- Steige herab vom Kreuze!
- Das ist mein Fleisch! Das ist mein Blut!
- Auferstehung des irdischen Körpers Christi
- Menschensinn und Gotteswille im Gesetz der Wechselwirkung
- Der Menschensohn
- Die Sexualkraft in ihrer Bedeutung zum geistigen Aufstiege
- Ich bin die Auferstehung und das Leben, niemand kommt zum Vater denn durch mich!
- Grobstofflichkeit, Feinstofflichkeit, Strahlungen, Raum und Zeit
- Der Irrtum des Hellsehens
- Arten des Hellsehens
- Im Reiche der Dämonen und Phantome
- Okkulte Schulung, Fleischkost oder Pflanzenkost
- Heilmagnetismus
- Lebet der Gegenwart!
- Was hat der Mensch zu tun, um eingehen zu können in das Gottesreich?
- Du siehst den Splitter in Deines Bruders Auge und achtest nicht des Balkens in Deinem Auge!
- Der Kampf in der Natur
- Ausgießung des Heiligen Geistes
- Geschlecht
- Kann Alter ein Hemmnis zu geistigem Aufstieg bilden?
- Vater, vergib Ihnen; denn sie wissen nicht was sie tun!
- Götter – Olymp – Walhall
- Kreatur Mensch
- Und tausend Jahre sind wie ein Tag!
- Empfindung
- Das Leben

Erweitere Dein Wissen!

BAND III

- Im Lande der Dämmerung
- Grübler
- Freiwillige Märtyrer, religiöse Fanatiker
- Gottesdiener
- Instinkt der Tiere
- Der Freundschaftskuß
- Das verbogene Werkzeug
- Das Kind
- Die Aufgabe der Menschenweiblichkeit
- Allgegenwart
- Christus sprach...!
- Schöpfungsgesetz »Bewegung«

HINWEIS DES VERLAGES:
Adressen für Auskünfte in den einzelnen Ländern:

Australien:	The Grail Movement of Australia Kalorama Chalet, Falls Road, Kalorama, Vic. 3766
Belgien:	Mouvement du Graal en Belgique Rue Desmedt 65, 1930 Zaventem Tel.: (02) 7 20 16 27
Brasilien:	Sociedade do Graal no Brasil Rua Haddock Lobo, 41 (CEP 01414) Caixa Postal 9598, Capital-São Paulo
Deutschland:	Stiftung Gralsbotschaft Lenzhalde 15, 7000 Stuttgart 1 Tel.: (0711) 29 43 55
Frankreich:	Éditions Françaises du Graal 23, rue Colbert 39100 Montreuil
Großbritannien:	The Grail Foundation of Great Britain 23, Hamilton Road, Sidcup, Kent Tel.: (01) 300/39 36
Italien:	Signora Vera Pein Via Barbotto 2680, 47025 Mercato Saraceno Tel.: (05 47) 9 01 11
Kanada:	Mouvement du Graal du Canada C.P. 993, Victoriaville, P.Q., G6P 8Y1 Tel.: 819-752-6072

Niederlande:	Stichting Graalsbeweging in Nederland Boomberglaan 57, 1217 RP Hilversum Tel.: (35) 47856
Nigeria:	Grail Movement – Nigeria Graillland, Iju Hill, P.O. Box 4157, Lagos
Österreich:	Verlag Alexander Bernhardt, Vomperberg A-6134 Vomp/Tirol Tel.: (05242) 2131
Schweiz:	Stiftung zur Verbreitung der Gralsbotschaft Sonnenweg 28a, 3073 Gümligen Tel.: (031) 524440
USA:	Grail Foundation of America 2081 Partridge Lane, Binghamton, New York 13903 Tel.: (607) 723-4501
Zaïre:	Le Message du Graal au Zaïre B.P. 8132, Kinshasa I Tel.: 23305

»Im Lichte der Wahrheit«
Gralsbotschaft

von Abd-ru-shin

Taschenbuch-Ausgabe Band I

Gesamtausgabe in drei Bänden

Preise entnehmen Sie bitte unserem Prospekt.

Übersetzungen liegen vor in
Englisch, Französisch, Italienisch, Niederländisch,
Portugiesisch, Spanisch, Tschechisch.

Auslieferung

Bundesrepublik Deutschland:

Verlag der Stiftung Gralsbotschaft

Lenzhalde 15 · 7000 Stuttgart 1

Telefon (0711) 29 43 55

Österreich:

Verlag Alexander Bernhardt

Vomperberg · 6134 Vomp, Tirol

Telefon (0 52 42) 21 31

Schweiz:

Buchvertrieb Albert Rutishauser

Rütihofstraße 40 · 8713 Ürikon ZH

Telefon (01) 9 26 21 40

oder über den Buchhandel